Friedhelm von Blumhaagen

NEUE ITALIENISCHE GRAMMATIK

Basic Edition

D1664769

dnf-Verlag

NEUE ITALIENISCHE GRAMMATIK, Basic Edition

von

Friedhelm von Blumhaagen

unter der Leitung
der Verlagsredaktion Sprachen, dnf-Verlag DAS NEUE FACHBUCH GmbH.

ISBN 978-3-89831-324-7

2. Auflage 11 | 10

© dnf-Verlag DAS NEUE FACHBUCH GmbH, Nürtingen 2010.

Vorwort

Die **Neue Italienische Grammatik, Basic Edition** ist ein **lehrbuchunabhängiges** Lern- und Nachschlagewerk, das die Grundlagen der italienischen Grammatik behandelt. Sie richtet sich an Studenten, Selbstlerner, Schüler und Volkshochschüler.

Besonderer Wert wurde auf einen **übersichtlichen Aufbau** gelegt, denn Übersichtlichkeit erleichtert das Lernen erheblich. So wurde stets darauf geachtet, dass die Einsparung von ein paar wenigen Seiten im Endeffekt nicht auf Kosten der Übersichtlichkeit ging.

Jeder Regel und ihrer Erklärung sind die entsprechenden **Beispiele** gegenübergestellt. So ist die Anwendung der Regel unmittelbar anhand der Beispiele nachvollziehbar. Die **deutsche Übersetzung** ist überall dort angegeben, wo Verständnisschwierigkeiten auftreten können.
Durch die Gegenüberstellung von Sachverhalten in **Tabellen** sind Unterschiede bzw. Parallelen sofort zu erkennen und leichter zu verstehen.
Komplexe Sachverhalte sind in ansprechend gestalteten **Übersichten** zusammengefasst. Diese kann man sich somit besser einprägen und verstehen.
Zu jedem Sachverhalt ist am rechten bzw. linken Seitenrand das entsprechende **Stichwort** gegeben. Man muss sich so nur das Stichwort merken und dieses dann mit dem entsprechenden Sachverhalt assoziieren.
Inhaltlich zusammengehörende Sachverhalte sind zusammen abgehandelt. Es konnte daher auf Querverweise und Fußnoten verzichtet und die damit verbundene Sucherei verhindert werden.
Alles Wesentliche ist farbig hervorgehoben. Auf **Fehlerquellen und Besonderheiten** wird durch ein Ausrufezeichen mit der entsprechenden Erklärung aufmerksam gemacht.

Umfangreiche **Übungen** am Ende eines Kapitels bieten ausführliche Möglichkeiten zu überprüfen, ob man das Gelernte verstanden hat. Zu jedem Übungssatz sind zwei Kontrollfelder zum Ankreuzen gegeben, die den Überbick über den eigenen Kenntnisstand ermöglichen. Ein Lösungsteil am Schluss des Buches stellt die **Lösungen zu jedem einzelnen Übungssatz** dar.

Alle **grammatischen Fachausdrücke mit** ihrer **italienischen Bedeutung** und nicht zuletzt dem entsprechenden **deutschen Begriff** (z. B. Tunwort) sind stets an Ort und Stelle und in einer ausührlichen Liste zum Nachschlagen erläutert.

Verfasser und Verlag

Inhaltsverzeichnis

Abkürzungen

Adj.	Adjektiv	Obj.	Objekt
adv.	adverbial	Obj.pron.	Objektpronomen
afferm.	affermativo		
Art.	Artikel	P.	Plural
		Part.	participio
best.	bestimmt	Pass.	passato
Best.	Bestimmung	Pass. Rem.	passato remoto
bzw.	beziehungsweise	Pers.	Person
		Pl.	Plural
Cond.	condizionale	Plur.	Plural
Cong.	congiuntivo	P. P.	passato prossimo
		P. R.	passato remoto
d. h.	das heißt	Pers.pron.	Personalpronomen
di-Ergänz.	di-Ergänzung	präd.	prädikativ
dir.	direkt	Pres.	presente
		Pron.	Pronomen
Ergänz.	Ergänzung	Pron.adv.	Pronominaladverb
etc.	etcetera		
etw.	etwas	qc	qualcosa
		qn	qualcuno
F. A.	futuro anteriore		
F. S.	futuro semplice	Refl.pron.	Reflexivpronomen
fem.	feminin, femminile	Rel.pron.	Relativpronomen
ff	fortfolgende		
Fut. Semp.	futuro semplice	S.	Singular
		Sg.	Singular
Gen.	Genus	Sing.	Singular
Ger.	gerundio	Subj.pron.	Subjektpronomen
		Superl.	Superlativ
Imp.	imperativo		
Imper.	imperfetto	T. P.	trapassato prossimo
Imperf.	imperfetto	T. R.	trapassato remoto
Ind.	Indikativ, indicativo	Tra.	trapassato
indir.	indirekt		
Inf.	infinito, Infinitiv	unbest.	unbestimmt
Int. pron.	Interrogativpronomen		
		Vermind.	Verminderung
jm.	jemandem	VG	Verbgruppe
jn.	jemanden	vgl.	vergleiche
Kon.	Konsonant	z. B.	zum Beispiel
Konj.	Konjunktiv		
mask.	maskulin, maschile		
Mod.	Modus		
negat.	negativo		
neutr.	neutrum		
Nu.	Numerus		

Das Alphabet (L'alfabeto)

Buchstabe	Aussprache	Buchstabe	Aussprache
a	[a]	n	[ɛnne]
b	[bi]	o	[o]
c	[tʃi]	p	[pi]
d	[di]	q	[ku]
e	[e]	r	[ɛrre]
f	[ɛffe]	s	[ɛsse]
g	[dʒi]	t	[ti]
h	[akka]	u	[u]
i	[i]	v	[vi, vu]
j	[i lunga]	w	[vu doppia]
k	[kappa]	x	[iks]
l	[ɛlle]	y	[ipsilon, i greca]
m	[ɛmme]	z	[dzɛta]

Die obigen Zeichen der internationalen Lautschrift werden wie folgt ausgesprochen:
[ʃ] stimmloses (scharfes) -sch (ähnlich dem deutschen -sch)
[ɛ] -ä bzw. offenes -e (wie zum Beispiel in *täte* bzw. *rette)*
[ʒ] stimmhaftes (weiches) -sch (wie zum Beispiel in *Genie)*
[ŋ] Verschmelzung von -n und -g wie in *singen*
[rr] gerolltes r

Die Betonung (L'accentazione)

Die folgenden Ausführungen stellen die Grundregeln der italienischen Betonung dar.

Die meisten italienischen Wörter werden auf der vorletzten Silbe betont.

- si-gno-re
- si-gno-ri-na

vorletzte Silbe

Die Betonung der dritt- und viertletzten Silbe ist im Italienischen weniger häufig.
Auf der drittletzten Silbe werden vor allem die Infinitive der meisten Verben auf -ere, die Verben in der 3. Person Plural (außer im futuro semplice) sowie die Verben in der 1. Person Plural des congiuntivo imperfetto betont.

- na-scon-de-re
- a-ma-no
- a-ma-va-no
- a-ma-ro-no
- a-me-reb-be-ro
- a-mi-no
- a-mas-se-ro
- a-mas-si-mo

dritt- und viertletzte Silbe

Wörter, die auf der letzten Silbe betont werden, müssen den Akzent erhalten.
Auf der letzten Silbe werden vor allem die Verben in der 1. und 3. Person Singular des futuro semplice und die Verben der 3. Person Singular des passato remoto betont.

- cit-tà
- per-ché
- tas-sì
- gio-ven-tù
- a-me-rò
- a-me-rà
- a-mò

letzte Silbe

Die Aussprache (La pronuncia)

Die folgenden Ausführungen stellen die Grundregeln der italienischen Aussprache dar, die dazu verhelfen sollen von der Aussprache auf die richtige Schreibung schließen zu können.

Die Voakel (Le vocali)

Die Vokale (Selbstlaute) sind Laute, bei deren Aussprache kein anderer Laut benötigt wird. Zu den Vokalen gehören a, e, i, o, u.

a	[a]	Helles, offenes -a.	• male • padre
e	[e]	Ooffenes oder geschlossenes -e.	• bene (offen) • generale (geschlossen)
i	[i]	Geschlossenes -i.	• bimbo • linea
o	[o]	Offenes oder geschlossenes -o.	• rosa (offen) • ora (geschlossen)
u	[u]	Geschlossenes -u.	• puro • sicurezza

Neben den reinen Vokalen gibt es noch Verbindungen aus zwei Vokalen, den Diphthongen (dittonghi).

ae, ea	[ae, ea]	Vokalverbindungen aus ton-	• paese	• beato
ai ia	[ai, ia]	starken (-a, -e, -o) und ton-	• parlai	• fiamma
ao oa	[ao, oa]	schwachen Vokalen (-i, -u)	• aorta	• coalizione
au ua	[au, ua]	(Diphthonge) werden zweisil-	• causa	• uguale
ei ie	[ei, ie]	big, jedoch nicht abgehackt,	• seicento	• pieno
eo oe	[eo, oe]	ausgesprochen.	• leone	• poesia
eu ue	[eu, ue]		• Europa	• influenzare
io oi	[io, oi]		• fiore	• noi
iu ui	[iu, ui]		• fiume	• cui
ou uo	[ou, uo]		• buono	

Die Konsonanten (Le consonanti)

Die Konsonanten (Mitlaute) sind Laute, für deren Aussprache noch ein anderer Laut benötigt wird. Zu den Konsonanten gehören alle Laute außer den Vokalen.

b	[b]	Diese Konsonanten werden	• bambino
d	[d]	wie die entsprechenden deut-	• domandare
f	[f]	schen Konsonanten ausge-	• frutto

k	[k]	sprochen, jedoch deutlicher. Die Konsonanten -k und -w kommen nur in Fremdwörtern vor.	▪ ketchup
l	[l]		▪ linea
m	[n]		▪ madre
n	[n]		▪ niente
p	[p]		▪ padre
qu	[kw]		▪ questo
w	[w]		▪ western

c	[tʃ]	Vor -e und -i wird es wie stimmloses -tsch ausgesprochen.	▪ centro ▪ cercare ▪ cinque
		Soll es vor -a, -o, -u wie [tʃ] ausgesprochen werden, muss nach dem -c ein -i eingefügt werden, wobei das -i nicht ausgesprochen wird.	▪ ciao ▪ cioccolata ▪ ciucciare
	[k]	Vor -a, -o, -u und vor Konsonant wird es wie [k] ausgesprochen.	▪ caldo ▪ cosa ▪ cultura ▪ crescere
		Soll -c vor -e und -i wie -k ausgesprochen werden, muss nach dem -c ein -h eingefügt werden.	▪ che ▪ cercherò ▪ chiesa ▪ chiedere

	-a	-e	-i	-o	-u	Kon.
c-	[ka]	[tʃe]	[tʃi]	[ko]	[ku]	[k...]
ch-		[ke]	[ki]			
ci-	[tʃa]			[tʃo]	[tʃu]	

g	[dʒ]	Vor -e und -i ist es ein stimmhaftes -dsch.	▪ gelato ▪ fuggire
		Soll es vor -a, -o, -u wie [dʒ] ausgesprochen werden, muss nach dem -g ein -i eingefügt werden, wobei das -i nicht ausgesprochen wird.	▪ giardino ▪ giorno ▪ giusto
	[g]	Vor -a, -o, -u und vor Konsonant wird es wie [g] ausgesprochen.	▪ gallina ▪ governare ▪ gutturale ▪ grazie
		Soll es vor -e und -i wie [g] ausgesprochen werden, wird nach dem -g ein -h eingefügt.	▪ spaghetti ▪ Inghilterra

	-a	-e	-i	-o	-u	Kon.
g	[g]	[dʒe]	[dʒi]	[go]	[gu]	[g...]
gh-		[ge]	[gi]			
gi-	[dʒa]			[dʒo]	[dʒu]	

gl	[ʎi] [gl]	Vor -i ist es ein mouilliertes -l, das aus der Verschmelzung von -l und -j entsteht. Am Wortanfang, außer bei dem Pronomen gli, und vor -a, -e und -o wird es wie -gl ausgesprochen.	▪ gli [ʎi] ▪ famiglia ▪ glicerina ▪ glaciale ▪ Inglese ▪ gloria
gn	[ɲ]	Es wird wie -nj wie in Champagner ausgesprochen.	▪ Bologna ▪ ogni
h	-	Das -h bleibt stumm (unausgesprochen).	▪ ho ▪ hanno
j		Es kommt nur in Fremdwörtern vor und behält meist die Aussprache der Herkunftssprache.	▪ jazz ▪ jeans ▪ jiddisch [yiddish]
r	[r]	Es ist ein gerolltes -r, bei dem die Zungenspitze die oberen Schneidezähne berührt.	▪ madre ▪ ricco ▪ rosso
s	[s]	Stimmloses -s am Wortanfang vor Vokalen, vor stimmlosen Konsonanten (-c, -f, -p, -q, -t), nach -l, -n und -r und gelegentlich zwischen Vokalen.	▪ sera ▪ scala ▪ sfatare ▪ spiegare ▪ corso ▪ curioso
v	[w]	Wird wie das deutsche -w ausgesprochen.	▪ valore ▪ vestito
x	[ks]	Wird wie -ks ausgesprochen und kommt nur in Fremdwörtern vor.	▪ xeno ▪ xenofobo ▪ xilofono
y	[j]	Wird wie das deutsche -j ausgesprochen und kommt nur in Fremdwörtern vor.	▪ yacht ▪ yoga ▪ yogurt
z	[ts]	Stimmloses oder stimmhaftes -ts.	▪ zero (stimmhaft) ▪ zuppa (stimmlos)

Verbformen und Verbarten (Il verbo e le sue forme)

Das Verb ist ein unentbehrlicher Teil eines Satzes. Es drückt einen oder Vorgang, eine Tätigkeit oder Handlung aus (Zeitwort, Tätigkeitswort, Tunwort).

Finite Verbformen (I verbi finiti)

Finite Verbformen sind Formen, bei denen Person (1., 2., 3. Person etc.) und Zahl (Singular oder Plural), Zeit (Präsens, Futur etc.) und Modus (Indikativ, congiuntivo etc.) gekennzeichnet sind.

- Compro un libro.
  (Indikativ Präsens, 1. Person Singular)
- Abbiamo letto questo libro.
- Luigi aprì la porta.
- Scrissi una lettera.

Infinite Verbformen (I verbi infiniti)

Infinite Verbformen sind Formen, die nicht durch Person und Zahl bestimmt sind. Hierzu zählen der Infinitiv, das Partizip und das gerundio.

- comprare
- comprato
- comprando

Transitive Verben (I verbi transitivi)

Transitive Verben sind Verben, die mit einem direkten Objekt stehen.

- Compro un libro.
- Stamattina ho scritto una lettera.

Intransitive Verben (I verbi intransitivi)

Intransitive Verben sind Verben, die ohne Objekt stehen.

- Sono malato.
- Sono partito stamattina.

Vollverben (I verbi)

Vollverben bilden das Prädikat alleine. Hierzu zählen alle Verben außer den Hilfsverben avere und essere.

- Compro un libro.
- Scrisse una lettera.
- Ho venduto una casa.

Hilfsverben (I verbi ausiliari)

Hilfsverben sind Verben, die für die Bildung der zusammengesetzten Zeiten und des Passivs benötigt werden Die Hilfsverben sind avere und essere.

- Abbiamo comprato un libro.
- Sono andato al mare.
- Gianna è invitata.

Modalverben (I verbi modali)

Modalverben sind Verben, die den Inhalt eines anderen Verbs abwandeln. Ihnen folgt stets ein Infinitiv. Hierzu zählen dovere (müssen), fare ((veran)lassen), lasciare ((zu)lassen), potere (können), sapere (wissen, können), volere (wollen).

- **Dobbiamo** fare tutto questo lavoro per domani.
- **Posso** farlo oggi.

Reflexive Verben (I verbi riflessivi)

Reflexive Verben bezeichnen dieselbe Person oder Sache wie das Subjekt. Diese Verben werden von einem Reflexivpronomen (mi, ti, si etc.) begleitet.

- **Luigi si lava.**
  (Luigi wäscht sich.)
- **La porta si apre.**
- **Gianna si annoia.**

Reziproke Verben (I verbi reciproci)

Reziproke Verben drücken die Gegenseitigkeit, Wechselbeziehung aus (einander, gegenseitig). Auch sie werden von einem Reflexivpronomen begleitet.

- **Ci conosciamo** da molto tempo.
  (Wir kennen uns/einander seit langem.)
- Gianna e Luigi **si amano** molto.

Unpersönliche Verben (I verbi impersonali)

Unpersönliche Verben werden nur in der 3. Person Singular und ohne eigenes Subjekt verwendet.

- **Bisogna** agire subito.
- **Mi piace** che Lei sia venuto così presto.

Die Konjugation (La coniugazione)

Konjugation (Beugung) bedeutet Abwandlung des Infinitivs des Verbs (z. B. amare) bezüglich Person und Zeit, d. h. der Verbstamm (z. B. am) wird nicht verändert, die Verbendung wird bezüglich der jeweiligen Person und Zeit entsprechend abgewandelt. Der Verbstamm wird ermittelt, indem man die zu einer Verbgruppe gehörende Endung (-are, -ere, -ire) vom Verb abtrennt (z. B. trennt man die Endung -are vom Verb amare erhält man am-). Die Personalpronomen werden meist weggelassen, sie dienen nur der Hervorhebung.

Die Verben lassen sich in die Verbgruppen
> von avere und essere,
> der Verben auf -ARE,
> der Verben auf -ERE und
> der Verben auf -IRE mit, ohne Stammerweiterung,

die wiederum zahlreiche Untergruppen bilden, einteilen. Die Konjugation der einzelnen Hauptgruppen ist im Folgenden anhand jeweils eines Beispielverbs dargestellt. Die einzelnen Untergruppen und ihre Besonderheiten sind in einer Zusammenfassung im Anschluss an die Hauptgruppen dargestellt.

Neben den charakteristischen Endungen der einzelnen Verbformen gibt es einige wichtige Ableitungsregeln, mit deren Hilfe ein Großteil der Formen gebildet werden kann.

Ableitung des imperfetto

Der vollständige Infinitivstamm bildet den Verbstamm des imperfetto. Die Endungen des imperfetto werden an diesen Verbstamm angehängt.

infinito	imperfetto
dire	
von dicere	dicevo, dicevi, diceva etc.

Ableitung des futuro und des condizionale

Futuro semplice und condizionale presente leiten sich direkt vom Infinitiv ab. Bei den Verben auf -ARE wird das -a der Infinitivendung zu -e.

infinito	futuro semplice	condizionale presente
amare	amerò etc.	amerei etc.
vendere	venderò etc.	venderei etc.
dormire	dormirò etc.	dormirei etc.

Ableitung des congiuntivo presente

Der Verbstamm der 1. Person Singular des presente bildet den Verbstamm des congiuntivo presente. Die Endungen des congiuntivo presente werden an diesen Verbstamm angehängt.

presente   congiuntivo presente
1. Pers. Sing.

    dic*o*   dic*a*, dic*a*, dic*a* etc.

Ableitung des congiuntivo imperfetto

Der vollständige Infinitivstamm bildet den Verbstamm des congiuntivo imperfetto. Die Endungen des congiuntivo imperfetto werden an diesen Verbstamm angehängt.

infinito   congiuntivo imperfetto
   dire
  von dic*ere*   dic*essi*, dic*essi*, dic*esse* etc.

Ableitung des imperativo affermativo

Die 2. Person Singular und Plural der Verben auf -ERE und -IRE des presente
liefert die 2. Person Singular und Plural des imperativo affermativo.
Bei den Verben auf -ARE wird die 3. Person Singular des presente in der 2.
Person Singular des imperativo übernommen.
Alle anderen Personen des imperativo affermativo können, bis auf die 2.
Person Plural, direkt von der entsprechenden Person des congiuntivo pre-
sente übernommen werden. Bei der 2. Person Plural des imperativo affer-
mativo wird direkt die 2. Person Plural des presente übernommen.
Die 1. Person Singular wird nicht berücksichtigt, da der imperativo nicht in der
1. Person Singular gebildet wird.

presente   imperativo
3. Pers. Sing.   2. Pers. Sing.

    am*a*   am*a*

presente   imperativo
2. Pers. Sing.   2. Pers. Sing.
   vend*i*   vend*i*
   dorm*i*   dorm*i*

congiuntivo presente imperativo
3. Pers. Sing.   3. Pers. Sing.
   am*i*   am*i*
   vend*a*   vend*a*
   dorm*a*   dorm*a*

congiuntivo presente
1. Pers. Plur.

> am *iamo*
> vend *iamo*
> dorm *iamo*

imperativo
1. Pers. Plur.

> am *iamo*
> vend *iamo*
> dorm *iamo*

presente
2. Pers. Plur.

> am *ate*
> vend *ete*
> dorm *ite*

imperativo
2. Pers. Plur.

> am *ate*
> vend *ete*
> dorm *ite*

congiuntivo presente
3. Pers. Plur.

> am *ino*
> vend *ano*
> dorm *ano*

imperativo
3. Pers. Plur.

> am *ino*
> vend *ano*
> dorm *ano*

Ableitung des imperativo negativo

Die Formen des imperativo negativo entsprechen den Formen des imperativo affermativo, denen non vorangestellt wird. In der 2. Person Singular steht jedoch der infinito.

infinito

> am *are*
> vend *ere*
> dorm *ire*

imperativo negativo
2. Pers. Sing.

> non   am *are*
> non   vend *ere*
> non   dorm *ire*

Ableitung des participio und des gerundio

Der vollständige Infinitivstamm bildet den Verbstamm des participio presente, des participio passato und des gerundio.

infinito	participio presente	participio passato	gerundio
am *are*	am *ante*	am *ato*	am *ando*
bere von bev *ere*	bev *ente*	bev *uto*	bev *endo*
dorm *ire*	dorm *ente*	dorm *ito*	dorm *endo*

Die folgenden Tabellen stellen die vollständige Konjugation der Verben avere und essere, die vollständige Konjugation der Hauptverbgruppen -ARE, -ERE, -IRE und eine Übersicht über die Endungen der Hauptverbgruppen sowie die von der regelmäßigen Konjugation abweichenden Verbformen der wichtigsten Verbuntergruppen dar.

Die Konjugation von avere (haben)

Mod.	Zeit	1. Person Singular		2. Person Singular		3. Person Singular	
	Pres.		ho		hai		ha
	Imperf.		avevo		avevi		aveva
	P. R.		ebbi		avesti		ebbe
Ind.	P. P.	ho	avuto	hai	avuto	ha	avuto
	T. P.	avevo	avuto	avevi	avuto	aveva	avuto
	T. R.	ebbi	avuto	avesti	avuto	ebbe	avuto
	F. S.		avrò		avrai		avrà
	F. A.	avrò	avuto	avrai	avuto	avrà	avuto
Cond.	Pres.		avrei		avresti		avrebbe
	Pass.	avrei	avuto	avresti	avuto	avrebbe	avuto
Cong.	Pres.		abbia		abbia		abbia
	Imperf.		avessi		avessi		avesse
	Pass.	abbia	avuto	abbia	avuto	abbia	avuto
	Tra.	avessi	avuto	avessi	avuto	avesse	avuto
Imp.	afferm.		-		abbi		abbia
	negat.		-	non	avere	non	abbia
Inf.	Pres.		avere				
	Pass.	aver(e)	avuto				
Part.	Pres.		avente				
	Pass.		avuto				
Ger.	Pres.		avendo				
	Pass.	avendo	avuto				

1. Person Plural		2. Person Plural		3. Person Plural	
	abbiamo		avete		hanno
	avevamo		avevate		avevano
	avemmo		aveste		ebbero
abbiamo	avuto	avete	avuto	hanno	avuto
avevamo	avuto	avevate	avuto	avevano	avuto
avemmo	avuto	aveste	avuto	ebbero	avuto
	avremo		avrete		avranno
avremo	avuto	avrete	avuto	avranno	avuto
	avremmo		avreste		avrebbero
avremmo	avuto	avreste	avuto	avrebbero	avuto
	abbiamo		abbiate		abbiano
	avessimo		aveste		avessero
abbiamo	avuto	abbiate	avuto	abbiano	avuto
avessimo	avuto	aveste	avuto	avessero	avuto
	abbiamo		abbiate		abbiano
non	abbiamo	non	abbiate	non	abbiano

Die Konjugation von essere (sein)

Mod.	Zeit	1. Person Singular		2. Person Singular		3. Person Singular	
	Pres.		sono		sei		è
	Imperf.		ero		eri		era
	P. R.		fui		fosti		fu
Ind.	P. P.	sono	stato(a)	sei	stato(a)	è	stato(a)
	T. P.	ero	stato(a)	eri	stato(a)	era	stato(a)
	T. R.	fui	stato(a)	fosti	stato(a)	fu	stato(a)
	F. S.		sarò		sarai		sarà
	F. A.	sarò	stato(a)	sarai	stato(a)	sarà	stato(a)
Cond.	Pres.		sarei		saresti		sarebbe
	Pass.	sarei	stato(a)	saresti	stato(a)	sarebbe	stato(a)
Cong.	Pres.		sia		sia		sia
	Imperf.		fossi		fossi		fosse
	Pass.	sia	stato(a)	sia	stato(a)	sia	stato(a)
	Tra.	fossi	stato(a)	fossi	stato(a)	fosse	stato(a)
Imp.	afferm.		-		sii		sia
	negat.		-	non	essere	non	sia
Inf.	Pres.		essere				
	Pass.	esser(e)	stato				
Part.	Pres.		essente				
	Pass.		stato				
Ger.	Pres.		essendo				
	Pass.	essendo	stato				

Das participio passato richtet sich bei allen mit essere konjugierten Verben in Person Singular) endet das participio passato auf -o, bei einem weiblichen auf cipio passato auf -i, bei mehreren weiblichen auf -e. Bei männlichen und weibli liches Subjekt unter mehreren weiblichen ist. Dies ist hier durch o(a) bzw. i(e) ge

1. Person Plural		2. Person Plural		3. Person Plural		
	siamo		siete		sono	
	eravamo		eravate		erano	
	fummo		foste		furono	
siamo	stati(e)	*siete*	stati(e)	*sono*	stati(e)	Angleichung des participio passato an das Subjekt
eravamo	stati(e)	*eravate*	stati(e)	*erano*	stati(e)	
fummo	stati(e)	*foste*	stati(e)	*furono*	stati(e)	
	saremo		sarete		saranno	
saremo	stati(e)	*sarete*	stati(e)	*saranno*	stati(e)	
	saremmo		sareste		sarebbero	
saremmo	stati(e)	*sareste*	stati(e)	*sarebbero*	stati(e)	
	siamo		siate		siano	
	fossimo		foste		fossero	
siamo	stati(e)	*siate*	stati(e)	*siano*	stati(e)	
fossimo	stati(e)	*foste*	stati(e)	*fossero*	stati(e)	
	siamo		siate		siano	
non	siamo	non	siate	non	siano	

Geschlecht und Zahl nach dem Subjekt, d. h. bei einem männlichen Subjekt (1. - 3.
-a. Bei mehreren männlichen Subjekten (1. - 3. Person Plural) endet das parti-
chen Subjekten endet das participio passato auf -i, selbst wenn nur ein männ-
kennzeichnet.

Die Konjugation der Verben auf -ARE

Mod.	Zeit	1. Person Singular		2. Person Singular		3. Person Singular	
	Pres.		amo		ami		ama
	Imperf.		amavo		amavi		amava
	P. R.		amai		amasti		amò
Ind.	P. P.	ho	amato	hai	amato	ha	amato
	T. P.	avevo	amato	avevi	amato	aveva	amato
	T. R.	ebbi	amato	avesti	amato	ebbe	amato
	F. S.		amerò		amerai		amerà
	F. A.	avrò	amato	avrai	amato	avrà	amato
Cond.	Pres.		amerei		ameresti		amerebbe
	Pass.	avrei	amato	avresti	amato	avrebbe	amato
Cong.	Pres.		ami		ami		ami
	Imperf.		amassi		amassi		amasse
	Pass.	abbia	amato	abbia	amato	abbia	amato
	Tra.	avessi	amato	avessi	amato	avesse	amato
Imp.	afferm.		-		ama		ami
	negat.		-	non	amare	non	ami
Inf.	Pres.		amare				
	Pass.	aver(e)	amato				
Part.	Pres.		amante				
	Pass.		amato				
Ger.	Pres.		amando				
	Pass.	avendo	amato				

1. Person Plural		2. Person Plural		3. Person Plural	
	am*iamo*		am*ate*		am*ano*
	am*avamo*		am*avate*		am*avano*
	am*ammo*		am*aste*		am*arono*
abbiamo	am*ato*	*avete*	am*ato*	*hanno*	am*ato*
avevamo	am*ato*	*avevate*	am*ato*	*avevano*	am*ato*
avemmo	am*ato*	*aveste*	am*ato*	*ebbero*	am*ato*
	am*eremo*		am*erete*		am*eranno*
avremo	am*ato*	*avrete*	am*ato*	*avranno*	am*ato*
	am*eremmo*		am*ereste*		am*erebbero*
avremmo	am*ato*	*avreste*	am*ato*	*avrebbero*	am*ato*
	am*iamo*		am*iate*		am*ino*
	am*assimo*		am*aste*		am*assero*
abbiamo	am*ato*	*abbiate*	am*ato*	*abbiano*	am*ato*
avessimo	am*ato*	*aveste*	am*ato*	*avessero*	am*ato*
	am*iamo*		am*ate*		am*ino*
non	am*iamo*	non	am*ate*	non	am*ino*

Die Konjugation der Verben auf -ERE

Mod.	Zeit	1. Person Singular		2. Person Singular		3. Person Singular	
	Pres.		temo		temi		teme
	Imperf.		temevo		temevi		temeva
	P. R.		temei		temesti		temé
			temetti		temesti		temette
Ind.	P. P.	ho	temuto	hai	temuto	ha	temuto
	T. P.	avevo	temuto	avevi	temuto	aveva	temuto
	T. R.	ebbi	temuto	avesti	temuto	ebbe	temuto
	F. S.		temerò		temerai		temerà
	F. A.	avrò	temuto	avrai	temuto	avrà	temuto
Cond.	Pres.		temerei		temeresti		temerebbe
	Pass.	avrei	temuto	avresti	temuto	avrebbe	temuto
Cong.	Pres.		tema		tema		tema
	Imperf.		temessi		temessi		temesse
	Pass.	abbia	temuto	abbia	temuto	abbia	temuto
	Tra.	avessi	temuto	avessi	temuto	avesse	temuto
Imp.	afferm.				temi		tema
	negat.			non	temere	non	tema
Inf.	Pres.		temere				
	Pass.	aver(e)	temuto				
Part.	Pres.		temente				
	Pass.		temuto				
Ger.	Pres.		temendo				
	Pass.	avendo	temuto				

	1. Person Plural		2. Person Plural		3. Person Plural
	tem*iamo*		tem*ete*		tem*ono*
	tem*evamo*		tem*evate*		tem*evano*
	tem*emmo*		tem*este*		tem*erono*
	tem*emmo*		tem*este*		tem*ettero*
abbiamo	tem*uto*	*avete*	tem*uto*	*hanno*	tem*uto*
avevamo	tem*uto*	*avevate*	tem*uto*	*avevano*	tem*uto*
avemmo	tem*uto*	*aveste*	tem*uto*	*ebbero*	tem*uto*
	tem*eremo*		tem*erete*		tem*eranno*
avremo	tem*uto*	*avrete*	tem*uto*	*avranno*	tem*uto*
	tem*eremmo*		tem*ereste*		tem*erebbero*
avremmo	tem*uto*	*avreste*	tem*uto*	*avrebbero*	tem*uto*
	tem*iamo*		tem*iate*		tem*ano*
	tem*essimo*		tem*este*		tem*essero*
abbiamo	tem*uto*	*abbiate*	tem*uto*	*abbiano*	tem*uto*
avessimo	tem*uto*	*aveste*	tem*uto*	*avessero*	tem*uto*
	tem*iamo*		tem*ete*		tem*ano*
non	tem*iamo*	non	tem*ete*	non	tem*ano*

Die Konjugation der Verben auf -IRE mit Stammerweiterung

Mod.	Zeit	1. Person Singular		2. Person Singular		3. Person Singular	
	Pres.		fin*isco*		fin*isci*		fin*isce*
	Imperf.		fin*ivo*		fin*ivi*		fin*iva*
	P. R.		fin*ii*		fin*isti*		fin*ì*
Ind.	P. P.	*ho*	fin*ito*	*hai*	fin*ito*	*ha*	fin*ito*
	T. P.	*avevo*	fin*ito*	*avevi*	fin*ito*	*aveva*	fin*ito*
	T. R.	*ebbi*	fin*ito*	*avesti*	fin*ito*	*ebbe*	fin*ito*
	F. S.		fin*irò*		fin*irai*		fin*irà*
	F. A.	*avrò*	fin*ito*	*avrai*	fin*ito*	*avrà*	fin*ito*
Cond.	Pres.		fin*irei*		fin*iresti*		fin*irebbe*
	Pass.	*avrei*	fin*ito*	*avresti*	fin*ito*	*avrebbe*	fin*ito*
Cong.	Pres.		fin*isca*		fin*isca*		fin*isca*
	Imperf.		fin*issi*		fin*issi*		fin*isse*
	Pass.	*abbia*	fin*ito*	*abbia*	fin*ito*	*abbia*	fin*ito*
	Tra.	*avessi*	fin*ito*	*avessi*	fin*ito*	*avesse*	fin*ito*
Imp.	afferm.				fin*isci*		fin*isca*
	negat.			*non*	fin*ire*	*non*	fin*isca*
Inf.	Pres.		fin*ire*				
	Pass.	*aver(e)*	fin*ito*				
Part.	Pres.		fin*ente*				
	Pass.		fin*ito*				
Ger.	Pres.		fin*endo*				
	Pass.	*avendo*	fin*ito*				

	1. Person Plural		2. Person Plural		3. Person Plural
	fin*iamo*		fin*ite*		fin*iscono*
	fin*ivamo*		fin*ivate*		fin*ivano*
	fin*immo*		fin*iste*		fin*irono*
abbiamo	fin*ito*	*avete*	fin*ito*	*hanno*	fin*ito*
avevamo	fin*ito*	*avevate*	fin*ito*	*avevano*	fin*ito*
avemmo	fin*ito*	*aveste*	fin*ito*	*ebbero*	fin*ito*
	fin*iremo*		fin*irete*		fin*iranno*
avremo	fin*ito*	*avrete*	fin*ito*	*avranno*	fin*ito*
	fin*iremmo*		fin*ireste*		fin*irebbero*
avremmo	fin*ito*	*avreste*	fin*ito*	*avrebbero*	fin*ito*
	fin*iamo*		fin*iate*		fin*iscano*
	fin*issimo*		fin*iste*		fin*issero*
abbiamo	fin*ito*	*abbiate*	fin*ito*	*abbiano*	fin*ito*
avessimo	fin*ito*	*aveste*	fin*ito*	*avessero*	fin*ito*
	fin*iamo*		fin*ite*		fin*iscano*
non	fin*iamo*	non	fin*ite*	non	fin*iscano*

Konjugation der Verben auf -IRE ohne Stammerweiterung

Mod.	Zeit	1. Person Singular		2. Person Singular		3. Person Singular	
Ind.	Pres.		servo		servi		serve
	Imperf.		servivo		servivi		serviva
	P. R.		servii		servisti		servì
	P. P.	ho	servito	hai	servito	ha	servito
	T. P.	avevo	servito	avevi	servito	aveva	servito
	T. R.	ebbi	servito	avesti	servito	ebbe	servito
	F. S.		servirò		servirai		servirà
	F. A.	avrò	servito	avrai	servito	avrà	servito
Cond.	Pres.		servirei		serviresti		servirebbe
	Pass.	avrei	servito	avresti	servito	avrebbe	servito
Cong.	Pres.		serva		serva		serva
	Imperf.		servissi		servissi		servisse
	Pass.	abbia	servito	abbia	servito	abbia	servito
	Tra.	avessi	servito	avessi	servito	avesse	servito
Imp.	afferm.				servi		serva
	negat.			non	servire	non	serva
Inf.	Pres.		servire				
	Pass.	aver(e)	servito				
Part.	Pres.		servente				
	Pass.		servito				
Ger.	Pres.		servendo				
	Pass.	avendo	servito				

1. Person Plural		2. Person Plural		3. Person Plural	
	serv*iamo*		serv*ite*		serv*ono*
	serv*ivamo*		serv*ivate*		serv*ivano*
	serv*immo*		serv*iste*		serv*irono*
abbiamo	serv*ito*	*avete*	serv*ito*	*hanno*	serv*ito*
avevamo	serv*ito*	*avevate*	serv*ito*	*avevano*	serv*ito*
avemmo	serv*ito*	*aveste*	serv*ito*	*ebbero*	serv*ito*
	serv*iremo*		serv*irete*		serv*iranno*
avremo	serv*ito*	*avrete*	serv*ito*	*avranno*	serv*ito*
	serv*iremmo*		serv*ireste*		serv*irebbero*
avremmo	serv*ito*	*avreste*	serv*ito*	*avrebbero*	serv*ito*
	serv*iamo*		serv*iate*		serv*ano*
	serv*issimo*		serv*iste*		serv*issero*
abbiamo	serv*ito*	*abbiate*	serv*ito*	*abbiano*	serv*ito*
avessimo	serv*ito*	*aveste*	serv*ito*	*avessero*	serv*ito*
	serv*iamo*		serv*ite*		serv*ano*
non	serv*iamo*	non	serv*ite*	non	serv*ano*

Übersicht über die wichtigsten Verbuntergruppen

Im Folgenden ist die Konjugation der Verbuntergruppen dargestellt. Es sind nur die
hintereinander regelmäßig konjugiert, ist die erste regelmäßige Verbform dargestellt.
eine unregelmäßige Verbform anzeigt, dass die folgenden Verbformen unregelmä
Personen aufweisen oder die in allen Personen regelmäßig sind, sind nur in der je

Die Verben auf -ARE

Verbgruppe	Presente	Imperfetto	P. R.	F. S.	Cond. Pres.
-care -gare	cerco cerchi cerca cerchiamo cercate	cercavo	cercai	cercherò	cercherei
-iare	invio invii invia inviamo inviate	inviavo	inviai	invierò	invierei
-iare -chiare -ghiare -gliare -ziare	cambio cambi cambia cambiamo cambiate	cambiavo	cambiai	cambierò	cambierei
-ciare -giare	comincio cominci comincia cominciamo cominciate	cominciavo	cominciai	comincerò	comincerei
-olare -onare -otare	suono soniamo suonano	sonavo	sonai	sonerò	sonerei
andare	vado vai va andiamo vanno	andavo	andai	andrò	andrei
dare	do dai dà diamo danno	davo	diedi/detti desti diede/dette demmo deste diedero/ dettero	darò	darei

Verbformen dargestellt, die Besonderheiten aufweisen. Werden mehrere Verbformen
Alle folgenden Verbformen sind ebenfalls regelmäßig zu konjugieren, solange bis
ßig zu konjugieren sind. Verbformen, die eine Änderung in einer Zeit durch alle
weils 1. Person Singular dargestellt.

Cong. Pres.	Cong. Imperf.	Imp. afferm.	Part. Pass.	Part. Pres. Gerundio
cerch*i*	cerc*assi*	cerca cerch*i* cerc*ate* cerch*ino*	avere cerc*ato*	cerc*ante* cerc*ando*
inv*ii* *inviamo* inv*iino*	inv*iassi*	inv*ia* inv*ii* *inviamo* inv*iate* inv*iino*	avere inv*iato*	inv*iante* inv*iando*
camb*i*	camb*iassi*	camb*ia* camb*i* camb*iate* camb*ino*	avere camb*iato*	camb*iante* camb*iando*
cominc*i*	cominc*iassi*	cominc*ia* cominc*i* cominc*iate* cominc*ino*	avere comin- c*iato*	cominc*iante* cominc*iando*
suon*i* son*iamo* suon*ino*	son*assi*	suon*a* son*iamo* suon*ino*	avere son*ato*	son*ante* son*ando*
vada and*iamo* vadano	and*assi*	va/va'/vai vada and*iamo* vadano	essere and*ato*	and*ante* and*ando*
dia d*iamo* diano	dessi	dà/da'/dai dia d*iamo* diano	avere d*ato*	d*ante* d*ando*

Verbgruppe	Presente	Imperfetto	P. R.	F. S.	Cond. Pres.
stare	sto	stavo	stetti	starò	starei
	stai		stesti		
	sta		stette		
	stanno		stemmo		
			steste		
			stettero		

Die Verben auf -ERE

Einige Verbgruppen der Verben auf -ERE ändern nur den Verbstamm in der 1. und im participio passato. Außerdem werden die regelmäßigen Endungen des passato (-uto) meist auf -o verkürzt. Alle anderen Verbformen werden regelmä

Verbgruppe	P. R. 1. Pers. Sing.	P. R. 2. Pers. Sing.	P. R. 3. Pers. Sing.
-incere -orcere	vinsi	vincesti	vinse
-escere -oscere	conobbi	conoscesti	conobbe
-ascere	nacqui	nascesti	nacque
-argere -ergere	sparsi	spargesti	sparse
-ergere	ersi	ergesti	erse
-angere -ingere -olgere -orgere -ungere -urgere	piansi	piangesti	pianse
-stringere	strinsi	stringesti	strinse
-figgere	affissi	affiggesti	affisse
-iggere -eggere -uggere	afflissi	affliggesti	afflisse
-guere	distinsi	distinguesti	distinse
-dirigere -erigere	diressi	dirigesti	diresse
-redigere	redassi	redigesti	redasse
-esigere	esigetti, esigei	esigesti	esigette esigé

Cong. Pres.	Cong. Imperf.	Imp. afferm.	Part. Pass.	Part. Pres. Gerundio
stia	stessi	sta/sta'/stai	essere stato	stante
stiamo		stia		stando
stiano		stiamo		
		stiano		

3. Person Singular und in der 3. Person Plural des passato remoto und meist passato remoto (-etti, -ette, -ettero) auf -i, -e und -ero und im participio ßig konjugiert.

P. R. 1. Pers. Plur.	P. R. 2. Pers. Plur.	P. R. 3. Pers. Plur.	Part. Pass.	Infinito
vincemmo	vinceste	vinsero	avere vinto	vincere
conoscemmo	conosceste	conobbero	avere conosciuto	conoscere
nascemmo	nasceste	nacquero	essere nato	nascere
spargemmo	spargeste	sparsero	avere sparso	spargere
ergemmo	ergeste	ersero	avere erto	ergere
piangemmo	piangeste	piansero	avere pianto	piangere
stringemmo	stringeste	strinsero	avere stretto	stringere
affiggemmo	affiggeste	affissero	avere affisso	affiggere
affliggemmo	affliggeste	afflissero	avere afflitto	affliggere
distinguemmo	distingueste	distinsero	avere distinto	distinguere
dirigemmo	dirigeste	diressero	avere diretto	dirigere
redigemmo	redigeste	redassero	avere redatto	redigere
esigemmo	esigeste	esigettero esigerono	avere esatto	esigere

Die Konjugation

Verbgruppe	P. R. 1. Pers. Sing.	P. R. 2. Pers. Sing.	P. R. 3. Pers. Sing.
-adere			
-andere			
-ardere			
-erdere			
-idere	decisi	decidesti	decise
-odere			
-ordere			
-uadere			
-udere			
-iedere	chiesi	chiedesti	chiese
-concedere -succedere	concessi	concedesti	concesse
-endere -undere	accesi	accendesti	accese
-ondere	risposi	rispondesti	rispose
-fondere	fusi	fondesti	fuse
-indere	scissi	scindesti	scisse
-umere	assunsi	assumesti	assunse
-redimere	redensi	redimesti	redense
-imere	compressi	comprimesti	compresse
-ompere	ruppi	rompesti	ruppe
-espellere	espulsi	espellesti	espulse
-utere	discussi	discutesti	discusse
-flettere -nettere	flessi	flettesti	flesse
-mettere	misi	mettesti	mise
-rrere	corsi	corresti	corse
-olvere	assolsi	assolvesti	assolse
-evolvere	evolsi	evolvesti	evolse
-scrivere	scrissi	scrivesti	scrisse
-iovere	piovvi *	piovesti	piovve

* Piovere ist in ursprünglicher Bedeutung (regnen) unpersönliches Verb und wird in tung (bei jemandem hereinschneien) kann piovere in allen Personen verwendet werden.

P. R. 1. Pers. Plur.	P. R. 2. Pers. Plur.	P. R. 3. Pers. Plur.	Part. Pass.	Infinito
decidemmo	decideste	decisero	avere deciso	decidere
chiedemmo	chiedeste	chiesero	avere chiesto	chiedere
concedemmo	concedeste	concessero	avere concesso	concedere
accendemmo	accendeste	accesero	avere acceso	accendere
rispondemmo	rispondeste	risposero	risposto	rispondere
fondemmo	fondeste	fusero	avere fuso	fondere
scindemmo	scindeste	scissero	avere scisso	scindere
assumemmo	assumeste	assunsero	avere assunto	assumere
redimemmo	redimeste	redensero	avere redento	redimere
comprimemmo	comprimeste	compressero	avere compresso	comprimere
rompemmo	rompeste	ruppero	avere rotto	rompere
espellemmo	espelleste	espulsero	avere espulso	espellere
discutemmo	discuteste	discussero	avere discusso	discutere
flettemmo	fletteste	flessero	avere flesso	flettere
mettemmo	metteste	misero	avere messo	mettere
corremmo	correste	corsero	avere corso	correre
assolvemmo	assolveste	assolsero	avere assolto	assolvere
evolvemmo	evolveste	evolsero	avere evoluto	evolvere
scrivemmo	scriveste	scrissero	avere scritto	scrivere
piovemmo	pioveste	piovvero	piovuto	piovere

dieser Funktion nur in der 3. Person Singular verwendet. In übertragener Bedeu-

Infinito	Presente	Imperfetto	P. R.	F. S.	Cond. Pres.
piacere	piaccio	piacevo	piacqui	piacerò	piacerei
tacere	piaci		piacesti		
	piac(c)iamo		piacque		
	piacete		piacemmo		
	piacciono		piacquero		
nuocere	n(u)occio	n(u)ocevo	nocqui	n(u)ocerò	n(u)ocerei
	nuoci		n(u)ocesti		
	n(u)ociamo		nocque		
	n(u)occiono		n(u)ocemmo		
			nocquero		
cuocere	cuocio	cocevo	cossi	cocerò	cocerei
	cuoci		cocesti		
	cociamo		cosse		
	cuociono		cocemmo		
			cossero		
muovere	muovo	movevo	mossi	moverò	moverei
	moviamo		movesti		
	muovono		mosse		
			movemmo		
			mossero		
spegnere	spengo	spegnevo	spensi	spegnerò	spegnerei
	spegni		spegnesti		
	spengono		spense		
			spegnemmo		
			spensero		
cogliere	colgo	coglievo	colsi	coglierò	coglierei
scegliere	cogli		cogliesti		
	coglie		colse		
	cogliamo		cogliemmo		
	cogliete		colsero		
	colgono				
cadere	cado	cadevo	caddi	cadrò	cadrei
			cadesti		
			cadde		
			cademmo		
			caddero		
vedere	vedo	vedevo	vidi	vedrò	vedrei
			vedesti		
			vide		
			vedemmo		
			videro		
sedere	siedo	sedevo	sedei/sedetti	sederò	sederei
	sediamo				
	siedono				

Cong. Pres.	Cong. Imperf.	Imp. afferm.	Part. Pass.	Part. Pres. Gerundio
piaccia pia(c)ciamo piacciano	piacessi	piaci piaccia pia(c)ciamo piacete piacciano	essere piaciuto	piacente piacendo
n(u)occia n(u)ociamo n(u)occiano	n(u)ocessi	nuoci n(u)occia n(u)ociamo n(u)occiano	avere n(u)ociuto	n(u)ocente n(u)ocendo
cuocia cociamo cuociano	cocessi	cuoci cuocia cociamo cuociano	avere cotto	cocente cocendo
muova moviamo muovano	movessi	muovi moviamo muovano	avere mosso	movente movendo
spenga spegniamo spengano	spegnessi	spegni spenga spegniamo spengano	avere spento	spegnente spegnendo
colga cogliamo colgano	cogliessi	cogli colga cogliamo cogliete colgano	avere colto	cogliente cogliendo
cada	cadessi	cadi	essere caduto	cadente cadendo
veda	vedessi	vedi	avere visto, (avere veduto)	vedente vedendo
sieda sediamo siedano	sedessi	siedi sediamo siedano	essere seduto	sedente sedendo

Infinito	Presente	Imperfetto	P. R.	F. S.	Cond. Pres.
vivere	vivo	vivevo	vissi	vivrò	vivrei
			vivesti		
			visse		
			vivemmo		
			vissero		
parere	paio	parevo	parvi	parrò	parrei
	pari		paresti		
	paiamo		parve		
	parete		paremmo		
	paiono		parvero		
valere	valgo	valevo	valsi	varrò	varrei
	vali		valesti		
	valgono		valse		
			valemmo		
			valsero		
rimanere	rimango	rimanevo	rimasi	rimarrò	rimarrei
	rimani		rimanesti		
	rimangono		rimase		
			rimanemmo		
			rimasero		
porre	pongo	ponevo	posi	porrò	porrei
(von	poni		ponesti		
ponere)	pongono		pose		
			ponemmo		
			posero		
trarre	traggo	traevo	trassi	trarrò	trarrei
(von traere)	trai		traesti		
	traggono		trasse		
			traemmo		
			trassero		
condurre,	conduco	conducevo	condussi	condurrò	condurrei
(von			conducesti		
conducere)			condusse		
			conducemmo		
			condussero		
dire	dico	dicevo	dissi	dirò	direi
(von dicere)	dite		dicesti		
	dicono		disse		
			dicemmo		
			dissero		
fare	faccio	facevo	feci	farò	farei
(von facere)	fai		facesti		
	fa		fece		
	facciamo		facemmo		
	fate		fecero		
	fanno				

Cong. Pres.	Cong. Imperf.	Imp. afferm.	Part. Pass.	Part. Pres. Gerundio
viva	vivessi	vivi	avere vissuto	vivente vivendo
paia paiamo paiano	paressi	-	essere parso	parvente parendo
valga valiamo valgano	valessi	vali valga valiamo valgano	avere valso	valente valendo
rimanga rimaniamo rimangano	rimanessi	rimani rimanga rimaniamo rimangano	essere rimasto	rimanente rimanendo
ponga poniamo pongano	ponessi	poni ponga poniamo pongano	avere posto	ponente ponendo
tragga traiamo traggano	traessi	trai tragga traiamo traggano	avere tratto	traente traendo
conduca	conducessi	conduci	avere condotto	conducente conducendo
dica	dicessi	di/di' dica dite dicano	avere detto	dicente dicendo
faccia	facessi	fa/fa'/fai faccia fate facciano	avere fatto	facente facendo

Infinito	Presente	Imperfetto	P. R.	F. S.	Cond.Pres.
bere (von bevere)	bevo	bevevo	bevvi bevesti bevve bevemmo bevvero	berrò	berrei
dolere	dolgo duoli doliamo dolgono	dolevo	dolsi dolesti dolse dolemmo dolsero	dorrò	dorrei
volere	voglio vuoi vuole vogliamo volete vogliono	volevo	volli volesti volle volemmo vollero	vorrò	vorrei
dovere	devo/debbo devi dobbiamo dovete devono/debbono	dovevo	dovei/dovetti	dovrò	dovrei
potere	posso puoi può possiamo potete possono	potevo	potei/potetti	potrò	potrei
tenere	tengo tieni teniamo tengono	tenevo	tenni tenesti tenne tenemmo tennero	terrò	terrei
sapere	so sai sa sappiamo sapete sanno	sapevo	seppi sapesti seppe sapemmo seppero	saprò	saprei

Die Verben auf -IRE

-cire	cucio cuci cuciono	cucivo	cucii	cucirò	cucirei

Cong. Pres.	Cong. Imperf.	Imp. afferm.	Part. Pass.	Part. Pres. Gerundio
beva	bevessi	bevi	avere bevuto	bevente bevendo
dolga doliamo dolgano	dolessi	duoli dolga doliamo dolgano	essere doluto	dolente dolendo
voglia	volessi	vuoi voglia vogliamo volete vogliano	avere voluto	volente volendo
deva/debba dobbiamo devano/debbano	dovessi	-	avere dovuto	- dovendo
possa	potessi	-	avere potuto	potente potendo
tenga teniamo tengano	tenessi	tieni tenga teniamo tengano	avere tenuto	tenente tenendo
sappia	sapessi	sappi sappia	avere saputo	- sapendo
cucia cuciamo cuciano	cucissi	cuci cucia cuciamo cuciano	cucito	cucente cucendo

Infinito	Presente	Imperfetto	P. R.	F. S.	Cond. Pres.
uscire	esco usciamo escono	uscivo	uscii	uscirò	uscirei
udire	odo udiamo odono	udivo	udii	ud(i)rò	ud(i)rei
morire	muoio muori moriamo muoiono	morivo	morii	mor(i)rò	mor(i)rei
aprire	apro	aprivo	aprii/apersi apristi aprì/aperse aprimmo aprirono/apersero	aprirò	aprirei
apparire*	appaio appari appaiono	apparivo	apprii/apparvi apparisti apparì/apparve apparimmo apparirono/apparvero	apparirò	apparirei
salire	salgo sali salgono	salivo	salii	salirò	salirei
venire	vengo vieni veniamo vengono	venivo	venni venisti venne venimmo vennero	verrò	verrei

* oder wie die Verben auf -IRE mit Stammerweiterung, im participio passato

Cong. Pres.	Cong. Imperf.	Imp. afferm.	Part. Pass.	Part. Pres. Gerundio
esca usciamo escano	uscissi	esci usciamo escano	essere uscito	uscente uscendo
oda udiamo odano	udissi	odi udiamo odano	avere udito	udente udendo
muoia moriamo muoiano	morissi	muori muoia moriamo muoiano	essere morto	morente morendo
apra	aprissi	apri	avere aperto	aprente aprendo
appaia appariamo appaiano	apparissi	appari appaia appariamo appaiano	essere apparso	apparente apparendo
salga saliamo salgano	salissi	sali salga saliamo salgano	essere salito	saliente salendo
venga veniamo vengano	venissi	vieni venga veniamo vengano	essere venuto	veniente venendo

ist nur apparso möglich.

Übungen zur Konjugation

1. Fügen Sie die fehlenden Verbformen ein und benutzen Sie das angege-

	Infinito	Presente	Imperfetto	Pass. Rem.	Fut. Semp.
1.		tu lavori			
2.			noi giocavamo		
3.				tu pagasti	
4.					io vincerò
5.					
6.			io cocevo		
7.			io sapevo		
8.			egli dava		
9.			egli stava		
10.					io finirò
11.					io dormirò
12.					
13.				egli poté	
14.					io conoscerò
15.			io facevo		
16.				io andai	
17.			io apparivo		
18.					
19.			io ponevo		
20.			io volevo		
21.					
22.			io spegnevo		
23.					

bene Personalpronomen.

Cond.	Cong. Pres.	Imperativo	Part. Pass.	Gerundio	richtig	falsch
io piacerei						
	io muova					
	essi aprano					
io correrei						
	egli rompa					

Die Konjugation

	Infinito	Presente	Imperfetto	Pass. Rem.	Futuro
24.			io dovevo		
25.			io dicevo		
26.					
27.				egli udì	
28.			egli sonava		
29.			io rimanevo		
30.					
31.			io salivo		
32.					tu cambierai
33.					tu invierai
34.					
35.		voi battete			
36.		io rispondo			
37.			io tenevo		
38.			egli giungeva		
39.					io sederò
40.			egli veniva		
41.			io avevo		
42.					
43.					
44.			tu eri		
45.					

Die entsprechenden Lösungen befinden sich auf Seite 262 ff.

Cond.	Cong. Pres.	Imperativo	Part. Pass.	Gerundio		
	io distingua					
	io legga					
	egli scriva					
	io metta					
tu usciresti						
	egli veda				richtig	falsch

Die Hilfsverben (I verbi ausiliari)

Die Hilfsverben avere (haben) und essere (sein) werden bei der Bildung der zusammengesetzten Zeiten und des Passivs benötigt.

Das participio passato der Verben, die mit essere konjugiert werden richtet
sich in Geschlecht und Zahl nach dem Wort, auf das es sich bezieht, d. h. bei einem männlichen Bezugswort (1. - 3. Person Singular) endet das participio
passato auf -o, bei mehreren (1. - 3 Person Plural) auf -i. Bei einem weiblichen
Bezugswort endet das participio passato auf -a, bei mehreren auf -e. Bei einem oder mehreren männlichen und weiblichen Bezugswörtern endet das participio passato auf -i, selbst wenn nur ein männliches Bezugswort unter mehreren weiblichen ist.

	ein Bezugswort	mehrere Bezugswörter
männlich	Paolo è partito	Paolo e Luigi sono partiti
weiblich	Anna è partita	Anna e Gianna sono partite
männlich und weiblich		Paolo e Anna sono partiti

	Verben mit avere	Verben mit essere
transitive Verben	Alle transitiven Verben.	
	• **Ho** scritto una lettera. • Paolo **ha** letto un libro.	
intransitive Verben	Einige intransitive Verben können auch mit avere konjugiert werden.	Die meisten intransitiven Verben. Einige intransitive Verben können auch mit avere konjugiert werden.
	• Questo esame **ha** durato molto tempo.	• Questo esame **è** durato molto tempo.
Bedeutungsunter-schied	Einige Verben können sowohl transitiv als auch intransitiv verwendet werden. Die transitiv verwendeten werden mit avere konjugiert. Meist liegt dann ein Unterschied in der Bedeutung vor.	Einige Verben können sowohl intransitiv als auch transitiv verwendet werden. Die intransitiv verwendeten werden mit essere konjugiert. Meist liegt dann ein Unterschied in der Bedeutung vor.
	■ cambiare — ändern ■ cominciare — anfangen ■ fuggire — fliehen ■ giungere — vereinigen ■ passare — überschreiten ■ salire — besteigen ■ suonare — spielen (Instrument)	■ cambiare — ändern ■ cominciare — anfangen ■ fuggire — fliehen ■ giungere — ankommen ■ passare — vorbeigehen ■ salire — steigen ■ suonare — schlagen (Uhr)

Verben mit avere	Verben mit essere	
▪ Paolo **ha** passato il ponte. (Paolo **hat** die Brücke überschritten.)	▪ Paolo **è** passato davanti a mia madre. (Paolo **ist** an meiner Mutter vorbeigegangen.)	
Die Modalverben dovere, potere, sapere und volere. Steht das Modalverb mit einem Verb, das mit avere konjugiert wird, kann mit avere konjugiert werden.	Steht das Modalverb mit einem Verb, das mit essere konjugiert wird, kann mit essere konjugiert werden.	Modalverben
▪ **Ho** dovuto fare questo lavoro per un mese.	▪ **Siamo** dovuti partire presto per arrivare in tempo.	
Steht das Modalverb mit einem reflexiven Verb, so wird mit avere konjugiert, wenn das Reflexivpronomen an den Infinitiv angehängt wird.	Steht das Modalverb mit einem reflexiven Verb, so wird mit essere konjugiert, wenn das Reflexivpronomen vor das Modalverb gestellt wird.	
▪ Non **ho** voluto addormentar*mi*.	▪ Non *mi* **sono** voluto addormentare.	
	Alle reflexiven Verben und die Verben, in der Si-Konstruktion.	reflexive Verben
	▪ Paolo si è lavato. ▪ Ti si è visto. (Man **hat** dich gesehen.)	
Die unpersönlichen Verben zur Beschreibung des Wetters können sowohl mit essere als auch mit avere konjugiert werden. Avere wird vor allem zum Ausdruck der Dauer, Häufigkeit verwendet.	Die unpersönlichen Verben und unpersönlich gebrauchten Verben. Die folgenden häufig unpersönlich verwendeten Verben werden auch bei persönlicher Verwendung mit essere konjugiert. ▪ accadere ▪ esistere ▪ convenire ▪ parere ▪ costare ▪ piacere ▪ dispiacere ▪ sembrare ▪ dipendere ▪ succedere	unpersönliche Verben
▪ **Ha** piovuto per tutto il giorno. ▪ Ieri **ha** nevicato per quattro ore.	▪ Stamattina è piovuto a catinelle. ▪ Che cosa è successo?	
	(Intransitive) Verben, die einen Zustand oder Zustandswechsel bzw. Ortswechsel ausdrücken. ▪ divenire ▪ restare ▪ diventare ▪ rimanere ▪ morire ▪ stare ▪ nascere	Verben des Zustands(wechsels)
	▪ Gianna è stata malata. ▪ Luigi è divenuto medico.	

Die Hilfsverben

<table>
<tr><td></td><td>Verben mit avere</td><td>Verben mit essere</td></tr>
</table>

Verben der
Bewegung

Verben mit *avere*	Verben mit *essere*
Einige (transitive) Verben der Bewegung, besonders zum Ausdruck einer Tätigkeit.	Die meisten (intransitiven) Verben der Bewegung.

▪ camminare	▪ passeggiare	▪ andare	▪ partire
▪ girare	▪ nuotare	▪ arrivare	▪ riuscire
▪ marciare	▪ viaggiare	▪ cadere	▪ ritornare
		▪ crescere	▪ tornare
		▪ entrare	▪ uscire
		▪ giungere	▪ venire

▪ **Abbiamo** camminato **per tutta la giornata.**

▪ Paolo è uscito di casa.
▪ Gianna è venuta in tempo.

Die Verben der Bewegungsart, wenn kein Ortswechsel, keine Angabe des Ausgangspunkts, der Bewegungsrichtung vorliegt.	Einige Verben der Bewegungsart, wenn ein Ortswechsel, die Angabe des Ausgangspunkts, der Bewegungsrichtung erfolgt.
▪ correre ▪ scendere	▪ correre ▪ scendere
▪ salire ▪ volare	▪ salire ▪ volare
▪ saltare	▪ saltare

▪ **Ha** volato **per due ore per vedere i suoi amici.**

▪ È volato a Roma per incontrare i suoi amici.

Übungen zu den Hilfsverben

1. **Konjugieren Sie die Verben im Klammern mit essere oder avere im passato prossimo.**

1. Che cosa (dire) voi alla cuoca?

2. Io non (comprare) il libro perché costa troppo.

3. Gli (lanciare) la palla con troppa energia.

4. Le (promettere) un regalo e manterrò la parola.

5. Io (rivedere) Giuseppe e gli (rivolgere) un affettuoso sorriso.

6. Io non (decidere, ancora) se partire o restare.

7. In alcune località la neve (cadere) abbondantemente.

8. Sono affannato perché (correre).

9. Il gatto (afferrare) il pezzo di carne ed (fuggire).

10. Io ti (telefonare) più volte, ma non ti (trovare, mai).

11. Il tuo deodorante (finire).

12. Danilo (nascere) l'anno scorso.

13. Quando (tornare) non ha più trovato la sua bicicletta.

14. Luigi (cadere) e ora ha una spalla ingessata.

15. Il libro (rimanere) sulla cattedra.

richtig   falsch

Die entsprechenden Lösungen befinden sich auf Seite 264.

Die reflexiven Verben (I verbi riflessivi)

reflexive Verben
im Deutschen
sind im Italieni-
schen nicht auto-
matisch reflexiv

Reflexive Verben sind Verben, die von einem Reflexivpronomen (rückbezüglichen Fürwort) (mi, ti, si etc.) begleitet werden. Reflexivpronomen und Subjekt bezeichnen dieselbe Person.
Es ist zu beachten, dass nicht jedes Verb, das im Deutschen reflexiv verwendet wird auch im Italienischen reflexiv verwendet werden kann und umgekehrt.

reflexive Verben

Einige Verben werden im Italienischen reflexiv verwendet.

| ■ Gianna si è spaventata. |
| ■ Luigi si è addormentato. |

- accorgersi — bemerken, wahrnehmen
- addormentarsi — einschlafen
- ammalarsi — krank werden
- arrabbiarsi — sich ärgern, böse werden
- figurarsi qc — sich etw. vorstellen

- meravigliarsi — sich wundern
- mettersi a — sich daran machen
- spaventarsi — sich erschrecken
- vergognarsi — sich schämen
- vestirsi — sich anziehen

reflexive und nicht
reflexive Verben
Bedeutungsun-
terschie

Einige Verben werden sowohl reflexiv als auch nicht reflexiv verwendet. Häufig liegt dann ein Bedeutungsunterschied vor.

| ■ Paolo si lava le mani. |
| (Paolo wäscht sich die Hände.) |
| ■ Paolo lava il bucato. |
| (Paolo wäscht die Wäsche.) |

- accomodarsi — Platz nehmen
- affrettarsi — sich beeilen
- alzarsi — aufstehen
- attendersi — gefasst sein auf
- cambiarsi — sich umziehen
- chiamarsi — heißen
- divertirsi — sich amüsieren
- fermarsi — anhalten, stehen bleiben
- lavarsi — sich waschen
- levarsi — aufstehen
- mettersi — aufsetzen (Brille, Hut)
- svegliarsi — aufwachen
- trovarsi — sich befinden

- accomodare — richten
- affrettare — beschleunigen
- alzare — aufheben
- attendere — erwarten, warten auf
- cambiare — sich ändern, wechseln
- chiamare — nennen, rufen
- divertire — unterhalten
- fermare — anhalten, stoppen
- lavare — waschen
- levare — wegnehmen
- mettere — setzen, legen, stellen
- svegliare — wecken
- trovare — finden

nicht reflexive
Verben

Einige Verben sind, im Gegensatz zum Deutschen, im Italienischen nicht reflexiv.

| ■ Quest'anno sono successi molti incidenti. |

- accadere — sich ereignen
- concorrere a — sich bewerben um
- diminuire — sich verringern
- migliorare — sich bessern

- peggiorare — sich verschlechtern
- soggiornare — sich aufhalten
- succedere — sich ereignen

Die reziproken Verben (I verbi reciproci)

Reziproke Verben drücken die Gegenseitigkeit, Wechselbeziehung aus (einander, gegenseitig). Auch sie stehen mit einem Reflexivpronomen.

| ■ Si conoscono da cinque anni. |
| (Sie kennen sich/einander seit fünf Jahren.) |
| ■ Luigi e Paola si amano molto. |
| (Luigi und Paola lieben sich/einander sehr.) |

Die Si-Konstruktion (Il si generico)

Die sogennante Si-Konstruktion wird aus dem Reflexivpronomen si + Verb gebildet und ist ein beliebtes Stilmittel zur Umschreibung eines unbestimmten Subjekts.

Die Si-Konstruktion wird sehr häufig verwendet, wenn das Subjekt des Satzes keine bestimmte Person oder Sache ist.

- Si è ballato.
  (La gente ha ballato.)
  (**Man** hat/**es** wurde getanzt.)

unbestimmtes Subjekt

Bei Verben ohne direktes Objekt wird si + Verb in der 3. Person Singular verwendet.
In den zusammengesetzten Zeiten bleibt das participio passato unverändert, wenn das Verb mit avere konjugiert wird.

- Sabato non si lavora in questa ditta.
- In Italia si mangia bene.
- Senza amici si vive male.
- Si è parlato di te.
  (parlare + avere)

bei mit avere konjugierten Verben, ändert sich das participio passato nicht

Bei Verben mit direktem Objekt, steht si + Verb in der 3. Person und im Plural, wenn das direkte Objekt im Plural steht. Steht das direkte Objekt im Singular, steht auch das Verb im Singular.
In den zusammengesetzten Zeiten richtet sich das participio passato in Geschlecht und Zahl nach dem direkten Objekt.

- Qui si allarga la strada.
  (Hier wird die Straße verbreitert.)
- Qui si allargano le strade.
  (Hier werden die Straßen verbreitert.)
- Qui si possono incontrare tutti gli amici.
- Qui si sono allargate le strade.
- Qui si sono allargati i sentieri.

Bei den reflexiven Verben wird das si der Si-Konstruktion durch ci ersetzt, um zu vermeiden, dass si zweimal aufeinanderfolgt.

- Prima di mangiare ci si lava le mani.
  (Vor dem Essen wäscht man sich die Hände.)
- Nella nostra famiglia ci si alza alle sette di mattina.

reflexive Verben

Die Si-Konstruktion wird häufig anstelle des Passivs verwendet, wenn der Urheber oder die Ursache einer Handlung unbekannt ist oder bleiben soll.

- Si sono visti molti errori.
  (Molti errori sono stati visti.)
- Si sono verificati molti incidenti.
  (Molti incidenti sono verificati.)

anstelle des Passivs

In Annoncen etc. wird die Si-Konstruktion häufig verwendet und dann manchmal an das Verb angehängt.

- Affittasi casa.
  (Haus zu vermieten.)
- Si vendono case.

Annoncen

Die Konjugation der reflexiven Verben

Mod.	Zeit	1. Person Singular		2. Person Singular		3. Person Singular	
	Pres.	mi	lavo	ti	lavi	si	lava
	Imperf.	mi	lavavo	ti	lavavi	si	lavava
	P. R.	mi	lavai	ti	lavasti	si	lavò
Ind.	P. P.	mi *sono* lavato(a)		ti *sei* lavato(a)		si *è* lavato(a)	
	T. P.	mi *ero* lavato(a)		ti *eri* lavato(a)		si *era* lavato(a)	
	T. R.	mi *fui* lavato(a)		ti *fosti* lavato(a)		si *fu* lavato(a)	
	F. S.	mi	laverò	ti	laverai	si	laverà
	F. A.	mi *sarò* lavato(a)		ti *sarai* lavato(a)		si *sarà* lavato(a)	
Cond.	Pres.	mi	laverei	ti	laveresti	si	laverebbe
	Pass.	mi *sarei* lavato(a)		ti *saresti* lavato(a)		si *sarebbe* lavato(a)	
Cong	Pres.	mi	lavi	ti	lavi	si	lavi
	Imperf.	mi	lavassi	ti	lavassi	si	lavasse
	Pass.	mi *sia* lavato(a)		ti *sia* lavato(a)		si *sia* lavato(a)	
	Tra.	mi *fossi* lavato(a)		ti *fossi* lavato(a)		si *fosse* lavato(a)	
Imp.	afferm.	-			lavati	si	lavi
	negat.	-		non ti	lavare	non si	lavi
		-		non	lavarti	non si	lavi
Inf.	Pres.		lavarsi				
	Pass.	*esser*si lavato					
Part.	Pres.		lavantesi				
	Pass.		lavatosi				
Ger.	Pres.		lavandosi				
	Pass.	*essendo*si lavato					

Die reflexiven Verben werden mit essere konjugiert werden, d. h. das participio
nach dem Subjekt, d. h. bei einem männlichen Subjekt endet das participio pas
cipio passato auf -a, bei mehreren auf -e. Bei einem oder mehreren männlichen
ein männliches Subjekt unter mehreren weiblichen ist. Dies ist in der obigen Tabel

1. Person Plural		2. Person Plural		3. Person Plural	
ci	laviamo	vi	lavate	si	lavano
ci	lavavamo	vi	lavavate	si	lavavano
ci	lavammo	vi	lavaste	si	lavarono
ci *siamo*	lavati(e)	vi *siete*	lavati(e)	si *sono*	lavati(e)
ci *eravamo*	lavati(e)	vi *eravate*	lavati(e)	si *erano*	lavati(e)
ci *fummo*	lavati(e)	vi *foste*	lavati(e)	si *furono*	lavati(e)
ci	laveremo	vi	laverete	si	laveranno
ci *saremo*	lavati(e)	vi *sarete*	lavati(e)	si *saranno*	lavati(e)
ci	laveremmo	vi	lavereste	si	laverebbero
ci *saremmo*	lavati(e)	vi *sareste*	lavati(e)	si *sarebbero*	lavati(e)
ci	laviamo	vi	laviate	si	lavino
ci	lavassimo	vi	lavaste	si	lavassero
ci *siamo*	lavati(e)	vi *siate*	lavati(e)	si *siano*	lavati(e)
ci *fossimo*	lavati(e)	vi *foste*	lavati(e)	si *fossero*	lavati(e)
	laviamoci		lavatevi	si	lavino
non ci	laviamo	non vi	lavate	non si	lavino
non	laviamoci	non	lavatevi	non si	lavino

passato richtet sich in den zusammengesetzten Zeiten in Geschlecht und Zahl
sato auf -o, bei mehreren auf -i. Bei einem weiblichen Subjekt endet das parti-
und weiblichen Subjekten endet das participio passato auf -i, selbst wenn nur
le durch o(a) und i(e) dargestellt.

Übungen zu den reflexiven Verben

1. Ersetzen Sie die Verben im Klammern durch das reflexive Verb und verwenden Sie das presente.

1. Spesso io (preoccupare) del futuro dei miei figli.

2. Voi (ricordare) della promessa?

3. Non (vergognare) per quello che hai fatto?

4. Noi (alzare) spesso presto la mattina.

5. Dove (trovare) Piazza Duomo?

6. Io (vestire) ed usciamo.

7. (Ricordare) di quando eravate piccoli?

richtig   falsch

2. Ersetzen Sie die Verben im Klammern durch das reflexive Verb im presente wo erforderlich.

1. Voi (dedicare) al giardinaggio ogni tanto?

2. Vittorio (dedicare) una canzone a Nadia.

3. Atene, città della Grecia, (trovare) nell'Attica.

4. Ogni tanto Anna (sentire) strani rumori.

5. Dopo questa discussione io (sentire) più confusa di prima.

6. Loriana ed io (conoscere) da tanti anni.

7. Il relatore (annoiare) il pubblico.

8. Io fortunatamente non (annoiare) mai.

9. Tu (fermare) all'angolo per favore?

10. Noi (fermare) la guerra.

richtig   falsch

Die entsprechenden Lösungen befinden sich auf Seite 264.

Die unpersönlichen Verben (I verbi impersonali)

Unpersönliche Verben sind Verben, die nicht mit einem persönlichen Subjekt (Subjekt, das eine Person bezeichnet) verbunden werden können. Sie kommen nur in der 3. Person Singular vor.

Unpersönliche Verben bilden die zusammengesetzten Zeiten mit essere.
Viele unpersönliche Verben und Ausdrücke stehen, vor allem zum Ausdruck der Unsicherheit, mit dem congiuntivo. Diese sind mit * gekennzeichnet.

> - **Ci sono** molti bambini che devono vivere in povertà.
> - **Bisogna** terminare questo lavoro per domani.
>   **Mi dispiace** molto di non averla vista.
> - **Conviene** che finalmente dica la verità.
> - **Era meglio** che dicessi la verità.

accade (*)	es kommt vor
avviene *	es geschieht
basta *	es genügt
è bene *	es ist gut
bisogna *	es ist nötig, man muss
è certo	es ist sicher
è chiaro	es ist klar
conviene *	es ist angebracht
mi dispiace *	es tut mir leid
ci + essere	es gibt
è evidente	es ist offensichtlich
è facile *	es ist leicht
fa caldo	es ist heiß
fa freddo	es ist kalt
fa bel tempo	es ist schönes Wetter
fa brutto tempo	es ist schlechtes Wetter
si fa buio	es wird dunkel
si fa giorno	es wird Tag
si fa tardi	es wird spät
gela	es friert
grandina	es hagelt
importa *	es ist wichtig
è impossibile *	es ist unmöglich
lampeggia	es blitzt

è male *	es ist schlecht
è meglio *	es ist besser
è il meno *	es ist das Mindeste
è naturale *	es ist natürlich
è necessario *	es ist notwendig
nevica	es schneit
è ora *	es ist Zeit
pare *	es scheint
è un peccato *	es ist schade
mi piace *	es gefällt mir
piove	es regnet
è possibile *	es ist möglich
è probabile *	es ist wahrscheinlich
può darsi *	es kann sein
mi rincresce *	es tut mir leid
sembra *	es scheint
è sicuro	es ist sicher
è strano *	es ist seltsam
succede (*)	es geschieht
è tempo *	es ist Zeit
tuona	es donnert
è una vergogna *	es ist eine Schande
è vero	es ist wahr

Folgende Ausdrücke werden im Italienischen, im Gegensatz zum Deutschen, von einem persönlichen Subjekt begleitet.

> - **Come** (tu) **sta?** (Io) **sto** bene.
>   (Wie geht es Ihnen? Es geht mir gut.)
> - (Io) **sono lieto** che sia venuto.
>   (Es freut mich, dass Sie gekommen sind.)

ho caldo/freddo	mir ist heiß/kalt
hanno bussato	es hat geklopft

hanno suonato	es hat geläutet
riesco	es gelingt mir

Das Verb und seine Ergänzungen (Il verbo ed i suoi complementi)

Die Verben können eine oder mehrere der folgenden Ergänzungen, d. h. Objekte oder prädikative Ergänzungen bei sich haben.
Es ist jedoch zu beachten, dass das italienische Verb nicht dieselben Ergänzungen bzw. Objekte bei sich haben muss wie das deutsche Verb, d. h. ein Verb, das im Deutschen mit direktem Objekt steht, kann im Italienischen mit indirektem Objekt stehen und umgekehrt. Es empfiehlt sich daher jedes Verb mit seinen möglichen Ergänzungen zu lernen.

> deutsche Ergänzung und italienische Ergänzung stimmen nicht immer überein

Verben mit direktem Objekt (Verbi con un complemento diretto)

Das direkte Objekt wird im Italienischen ohne Präposition an das Verb angeschlossen.
Verben mit direktem Objekt heißen transitive Verben (verbi transitivi).
Verben, die im Italienischen mit direktem Objekt stehen, haben im Deutschen häufig ein indirektes Objekt.
Sie können, im Gegensatz zum Deutschen, das Passiv bilden.

- La piccola Anna **aiuta** sua madre.
- Gli alunni **hanno ascoltato** la maestra attentamente.
- Maria **ha incontrato** sua madre al supermercato.
- I ladri **hanno minacciato** il negoziante.
- L'uditorio **ha applaudito** l'orchestra.
- Luigi è **contraddetto** da Giorgio. (Giorgio widerspricht Luigi.)

▪ aiutare qn	jm. helfen	▪ incontrare qn	jm. begegnen
▪ ascoltare qn	jm. zuhören	▪ minacciare qn	jm. drohen
▪ cambiare qc	etw. ändern	▪ passare qc	etw. überschreiten
▪ chiedere qc	etw. fragen	▪ ringraziare qn	jm. danken
▪ comunicare qc	etw. mitteilen	▪ seguire qn	jm. folgen
▪ consigliare qn	jn. beraten	▪ servire qc	etw. servieren
▪ contraddire qn	jm. widersprechen		

Verben mit indirektem Objekt (Verbi con un complemento indiretto)

Das indirekte Objekt wird im Italienischen mit Präpositionen wie a, di, da etc. an das Verb angeschlossen.
Die Präposition a fällt weg, wenn das Objekt ein unbetontes Personalpronomen oder das Pronominaladverb ci ist.

- Si **avvicina** a Maria. Le si **avvicina**.
- Paolo è **accusato di** furto dalla commessa.
- Mario **riflette sulla** vita.

▪ chiedere a qn	jn. fragen	▪ permettere a qn	jm. erlauben
▪ comunicare a qn	jm. mitteilen	▪ prestare a qn	jm. borgen
▪ dare a qn	jm. geben	▪ promettere a qn	jm. versprechen
▪ dire a qn	jm. sagen	▪ raccontare a qn	jm. erzählen
▪ domandare a qn	jn. fragen	▪ rendere a qn	jm. zurückgeben
▪ mandare a qn	jm. schicken	▪ restituire a qn	jm. zurückgeben
▪ mostrare a qn	jm. zeigen	▪ spedire a qn	jm. schicken
▪ offrire a qn	jm. anbieten	▪ togliere a qn	jm. wegnehmen

▪ accusare di	anklagen wegen	▪ occuparsi di	sich beschäftigen mit
▪ accorgersi di	bemerken, wahrnehmen	▪ parlare di	sprechen von
▪ dubitare di	zweifeln an	▪ pentirsi di	bereuen
▪ fidarsi di	trauen	▪ rallegrarsi di	sich freuen über
▪ innamorarsi di	sich verlieben in	▪ ridere di	lachen über
▪ interessarsi di	sich interessieren für	▪ trattarsi di	sich handeln um
▪ lamentarsi di	sich beklagen über	▪ vergognarsi di	sich schämen wegen
▪ meravigliarsi di	sich wundern über		

Verben mit präpositionalem Objekt (Verbi con complemento prepositivo)

Präpositionale Objekte werden mit einer Präposition an das Verb angeschlossen. Welche Präposition das ist, hängt davon ab, welche Präposition das Verb verlangt.

> ▪ Si **congratularono con** lui per il suo successo.
> (congratularsi con qn)
> (Sie gratuliertem ihm zu seinem Erfolg.)

Verben ohne Objekt (Verbi senza complemento)

Verben, die keine Objektergänzung haben, heißen intransitive Verben (verbi intransitivi).

> ▪ Fa soltanto ciò che gli **va.**
> ▪ Con la galleria il percorso **si è accorciato.**

Verben mit prädikativer Ergänzung (Verbi con un complemento predicativo)

Die prädikative Ergänzung kann ein Adjektiv oder Substantiv sein und bezieht sich entweder auf das Subjekt oder das Objekt.

> ▪ **Gianna è** mia sorella.
> (Bezug auf das Subjekt)
> ▪ **Gianna ha** due figlie ammalate.
> (Bezug auf das Objekt)

Verben mit adverbialen Bestimmungen (Verbi con complementi avverbiali)

Adverbiale Bestimmungen (Umstandsbestimmungen) geben die Zeit, den Ort, die Art und Weise, den Grund, die Ursache an.

> ▪ **Partiremo** la settimana prossima.
> ▪ Gli alunni **hanna letto** il libro a scuola.
> ▪ **Marciamo** lentamenta.
> ▪ **Arse** di rabbia.

Übungen zu den Ergänzungen zum Verb

1. Setzen Sie a oder di ein wo nötig.

1. Federica ascoltava ... suo padre con grande attenzione.

2. L'infermiera assisteva ... i malati con dedizione.

3. Non contraddire ... la maestra!

4. Vittorio mostrò ... suoi genitori le foto che aveva fatto durante le vacanze.

5. Fai venire ... Silvia a prendermi alla stazione.

6. Ha scritto ... una lettera al suo amore.

7. Mi presti ... la penna blu per favore?

8. La mamma ha acquistato ... la cucina nuova.

9. Consolate ... Luigi che piange.

10. Aspettava con impazienza ... l'arrivo della fidanzata.

11. Andrea si vergognava ingiustamente ... suo figlio.

12. Maria ha incontrato ... sua madre al supermercato.

13. Perché ti meravigli ... Enrico? Non sai che è il più bravo della classe?

14. Anche tua zia ha contribuito ... questo clima di tensione, non credi?

15. Luisa si lamenta sempre ... mangiare, ma perché non cucina lei?

16. Ho una fame da lupi: mi accontenterei anche ... un semplice pezzo di pane.

17. Solo quando giunse a casa si ricordò ... valigia lasciata alla stazione.

18. Perché i miei compagni ridono sempre ... me?

19. Lo potresti anche scusare, ora che si è pentito ... quello che ha fatto.

20. Vorrebbe parlare ... professore dell'esito della sua ricerca.

richtig   falsch

Die entsprechenden Lösungen befinden sich auf Seite 264.

Die Zeiten (I tempi)

Mit Hilfe der Zeiten werden bestimmte Vorgänge oder Zustände der Vergangenheit, Gegenwart oder Zukunft zugeordnet.

Einfache Zeiten (I tempi semplici)

Die einfachen Zeiten werden ohne Hilfsverb gebildet.

- **Scrivo** una lettera.
- **Scrivevo** una lettera.

Zusammengesetzte Zeiten (I tempi composti)

Die zusammengesetzten Zeiten können nicht ohne Hilfsverb gebildet werden.

- **Ho scritto** una lettera.
- **È partito** alle sei di mattina.

Es ist zu beachten, dass die deutschen Zeiten nicht einfach ins Italienische übertragen werden können, d. h. wenn im Deutschen z. B. das Präteritum steht, ist dies im Italienischen nicht automatisch mit dem **imperfetto** zu übersetzen. Die Auswahl der Zeiten im Italienischen ist danach zu treffen, welcher Sachverhalt (z. B. völlig abgeschlossener Vorgang) ausgedrückt werden soll.

deutsche Zeit ist nicht einfach ins Italienische übertragbar

Presente

Zum Ausdruck gegenwärtiger Vorgänge und Zustände.

- **Scrivo** una lettera.
- **Leggo** un libro.

Gegenwart

Imperfetto	Passato Prossimo	Passato Remoto
Zum Ausdruck von Vorgängen, die zu einem bestimmten Zeitpunkt der Vergangeheit nicht abgeschlossen, sondern im Verlauf waren (was war?).	Zum Ausdruck von Vorgängen, die in der Vergangenheit begonnen haben und in der Gegenwart noch andauern oder deren Folgen für die Gegenwart noch von Bedeutung sind.	Zum Ausdruck von Vorgängen der Vergangenheit, die in ihr völlig abgeschlossen sind (was geschah?).
• Luigi **guardava** dalla finestra. • Paolo **leggeva** un libro.	• Oggi non **ho** ancora **visto** Luigi. (Heute **habe** ich Luigi noch nicht **gesehen.**) (Der heutige Tag ist noch nicht vorbei.)	• Nel 1492 Colombo **scoprì** l'America. • Ieri mio zio **incontrò** mia madre al supermercato.

Vergangenheit

Die Zeiten

	Trapassato Prossimo	Trapassato Remoto	
Vorvergangenheit	Zum Ausdruck der Vor- vergangenheit, d. h. ei- nes Vorgangs, der be- endet war, bevor ein anderer, ebenfalls ver- gangener Vorgang ein- setzte.	Zum Ausdruck der Vor- vergangenheit, d. h. ei- nes Vorgangs, der be- endet war, bevor ein anderer, ebenfalls ver- gangener Vorgang ein- setzte. Es wird meist nur in Nebensätzen verwen- det, die durch zeitliche Konjunktionen (dopo che, appena, quando etc.) eingeleitet werden und steht immer mit ei- nem Hauptsatz im passato remoto.	
	▪ **Avevo terminato** il mio lavoro quando mia madre entrò. (Ich hatte meine Arbeit been- det,. als meine Mutter herein- kam.) *(Das Beenden der Arbeit fand vor dem Hereinkommen statt.)*	▪ Dopo che **ebbe detto** ciò, me ne andai. (Nachdem er **das** gesagt hatte, ging ich.) *(Das Sagen fand vor dem Ge- hen statt.)*	

	Presente	Futuro Semplice	Futuro Anteriore
Zukunft	Zum Ausdruck der Zu- kunft. Das presente be- zeichnet vor allem die nahe Zukunft und steht häufig mit Zeitangaben, die in die Zukunft wei- sen (domani, la setti- mana/l'anno che viene, la settimana prossima etc.).	Zum Ausdruck zukünf- tiger Vorgänge.	Zum Ausdruck eines (von der Gegenwart aus gesehen) zukünfti- gen Vorgangs, der zu einem bestimmten Zeit- punkt in der Zukunft abgeschlossen sein wird. Im Deutschen wird hier häufig das Perfekt ver- wendet.
	▪ La settimana che viene **andiamo** a Roma. ▪ Domani **devo** comin- ciare a lavorare alle sei.	▪ La settimana che viene **andremo** a Roma. ▪ Domani **dovrò** comin- ciare a lavorare alle sei.	▪ **Avrò terminato** il lavo- ro per domani. (Ich werde die Arbeit bis mor- gen beendet haben; ich habe die Arbeit bis morgen beendet.)

	Imperfetto	Passato Remoto
gleichzeitig verlau- fende Vorgänge,	Zum Ausdruck gleich- zeitig verlaufender,	Zum Ausdruck aufein- anderfolgender Vorgän-

Imperfetto	Passato Remoto	
nicht abgeschlossener Vorgänge der Vergangenheit.	ge der Vergangenheit. Der erste Vorgang ist abgeschlossen, bevor ein weiterer einsetzt.	aufeinanderfolgende Vorgänge
▪ Mentre io **scrivevo** una lettera, mio fratello **faceva** i suoi compiti.	▪ Mi **alzai** presto, **feci** colazione e **comprai** il giornale.	
Zum Ausdruck eines noch andauernden Vorgangs, während ein anderer neu einsetzt. Der neu einsetzende Vorgang steht im pas- sato remoto.	Zum Ausdruck eines neu eintretenden Vorgangs, während ein anderer noch andauert. Der noch andauernde Vorgang steht im im- perfetto.	noch andauernde, neu eintretende Vorgänge
▪ **Scrivevo** una lettera ed all'improvviso mia mad- re entrò.	▪ Scrivevo una lettera ed all'improvviso mia mad- re **entrò.**	

Presente	
Zum Ausdruck allge- meingültiger Tatsachen.	Tatsachen
▪ La terra **gira** intorno al sole. ▪ L'acqua **è** più pesante dell'olio.	

Futuro Semplice	Futuro Anteriore	
Zum Ausdruck des Zweifels, von unsiche- ren Fragen.	Zum Ausdruck des Zweifels, von unsiche- ren Fragen.	Zweifel, unsichere Fragen
▪ Cosa **penserà** di me? (Was **wird** er bloß von mir denken?)	▪ Cosa **avrà detto** lui di questo problema? (Was **wird** er bloß zu diesem Problem **gesagt haben?**)	

Condizionale Presente	Condizionale Passato
Zum Ausdruck des Zweifels, von unsiche- ren Fragen.	Zum Ausdruck des Zweifels, von unsiche- ren Fragen.
▪ Cosa **penserebbe** di me? (Was **würde** er bloß von mir denken?)	▪ Cosa **avrebbe detto** di su questo problema? (Was **hätte** er bloß zu diesem Problem **gesagt?**)

Die Zeiten

	Futuro Semplice	Futuro Anteriore
Vermutung	Zum Ausdruck einer auf die Gegenwart oder Zukunft weisenden Vermutung.	Zum Ausdruck der Vermutung, dass ein Vorgang bereits abgeschlossen ist.
	▪ A quest'ora Paolo non sarà in ufficio. (Um diese Uhrzeit wird Paolo nicht im Büro sein.)	▪ Non è venuto a prendermi alla stazione. Si sarà dimenticato di me. (... Er wird mich wohl vergessen haben.)

	Condizionale Presente	Condizionale Passato
unbestätigte Meldungen	In inoffiziellen, unbestätigten Meldungen über einen zukünftigen Vorgang. Im Deutschen wird dies häufig durch *sollen* ausgedrückt.	In inoffiziellen, unbestätigten Meldungen über einen vergangenen Vorgang. Im Deutschen wird dies häufig durch *sollen* ausgedrückt.
	▪ Il presidente si dimetterebbe stasera. (Der Präsident soll heute Abend zurücktreten.)	▪ Il presidente si sarebbe dimesso due ore fa. (Der Präsident soll vor zwei Stunden zurückgetreten sein.)

	Imperfetto
Gewohnheiten, sich wiederholende Vorgänge	Zum Ausdruck gewohnheitsmäßiger, sich wiederholender Vorgänge der Vergangenheit.
	▪ Ogni giorno mi alzavo alle sei di mattina e andavo a letto alle dieci.

	Futuro Semplice
Befehl, Gebot	Zum Ausdruck von Befehlen, Geboten und nachdrücklichen Aufforderungen.
	▪ Stasera non uscirai. (Du wirst heute Abend nicht ausgehen.)

Übungen zu den Zeiten

1. Setzen Sie die Verben in Klammern ins presente.

1. Noi (portare) i fiori alla nonna?

2. Io non (capire) questi signori.

3. A casa loro c'(essere) sempre movimento; loro (amare) la compagnia degli amici.

4. (Avere) molta stima per Andrea perché è un ragazzo in gamba: (sapere) affrontare qualsiasi situazione.

5. Chiara (essere) la mia migliore amica e con lei (andare) a scuola.

6. Mi (stancare) i discorsi banali.

7. Noi non (volere) discutere più di quella gita.

richtig   falsch

2. Setzen Sie die Verben in Klammern ins imperfetto.

1. (Essere) questa la carta che mi (mancare) per vincere.

2. A mia nonna (piacere) fare il pane.

3. I tetti (essere) carichi di neve e (brillare) sotto il sole.

4. (Avere) capelli castani, grandi occhi scuri, un naso pronunciato, baffi poco folti.

5. Accanto a Paola (viaggiare) Carlo, uno studente di Siena.

6. «Date fiducia all'amore, il resto è niente» (cantare) Giorgio.

7. Qualcuno (avere) il coraggio di esprimere apertamente questi desideri, ma la maggior parte ne (avere) semplicemente paura.   richtig   falsch

3. Setzen Sie die Verben in Klammern ins passato remoto.

1. Egli le (regalare) un anello meraviglioso come pegno del suo amore.

2. Fabrizio (preferire) assistere allo spettacolo televisivo piuttosto che venire con noi.

3. Il testimone (cominciare) a parlare solo quando fu interrogato.

4. (Pronunciare) parole così scortesi che mia madre non vi (volere) più invitare.

5. Suo nonno (passare) gli ultimi anni della sua vita in ospedale.

6. Uscendo di casa, io (controllare) che ogni cosa fosse in ordine.

7. Il professore (irritarsi) a tal punto che (perdere) la pazienza.

richtig   falsch

4. Setzen Sie die Verben in Klammern ins passato prossimo.

1. Che cosa (dire) voi alla cuoca?

2. Qualcuno (rompere) la finestra.

3. Essi (dare) a lui l'incarico, non a te che sei così distratto.

4. Le (promettere) un regalo per il suo onomastico e manterrò la parola.

5. Loriana (nascere) una anno prima di me.

6. Laura e Nicola (trascorrere) un periodo in Guatemala a contatto con la realtà del luogo.

7. Mi (essere) di grande aiuto e per questo ti ringrazio dal più profondo del cuore.

richtig   falsch

5. Setzen Sie die Verben in Klammern ins trapassato prossimo oder, wo angegeben, ins trapassato remoto.

1. Giovanni e Carlo (lavorare) insieme per quel progetto.

2. Poiché (decidere) di partire all'alba, si svegliarono molto presto.

3. Voi (promettere) di dire la verità, perché non lo avete fatto.

4. La camera era in un disordine indescrivibile; infatti i ladri (mettere) ogni cosa a soqquadro.

5. Anna cercava, quel giorno, in tutte le stanze, il piccolo gioiello che (avere) in dono per il suo compleanno.

6. Appena il relatore (finire) di parlare, tutti assentirono con uno scrosciante battimani. (trapassato remoto)

7. Dopo che (sconfiggere) l'avversario, Giuseppe fu considerato il miglior giocatore di scacchi. (trapassato remoto)   richtig   falsch

6. Setzen Sie die Verben in Klammern ins futuro semplice oder, wo angegeben, ins futuro anteriore.

1. Se mi resta un po' di tempo (visitare) l'esposizione.

2. Con che mezzo (andare) io da Chiara domenica?

3. Se gli (parlare) tu, io (essere) più tranquillo.

4. Sono convinto che Cristina mi (aiutare) a fare il trasloco.

5. Le ho promesso un regalo e (mantenere) la parola.

6. Guarda: tutto questo un giorno (essere) tuo!

7. Appena io (leggere) la cartolina usciremo. (futuro anteriore)   richtig   falsch

7. Setzen Sie die Verben in Klammern ins condizionale presente oder, wo angegeben, ins condizionale passato.

1. E tu (pretendere) che con questo caldo io uscissi?

2. In questo caso io (dovere) dire cosa?

3. Mi (piacere) poter parlare della mia famiglia.

4. Non sai fare altro che lamentarti di tutto, invece di dare un aiuto a chi (avere) bisogno anche di un po' di comprensione.

5. Io non (immaginare, mai) che egli (comportarsi) così. (condizionale passato)   richtig   falsch

8. Setzen Sie die Verben in Klammern ins imperfetto, passato prossimo oder passato remoto.

1. Gran parte dei curricula inseriti (arrivare) dalle liste di disoccupazione dei centri per l'impiego milanesi.

2. Il pilota (correre) veloce sulla pista con la mente già proiettata verso il traguardo.

3. Il medico (ritenere) quella sistemazione la migliore che una donna nelle sue condizioni potesse sperare.

4. Il ragazzo (camminare) lentamente con lo zaino stracolmo e si (guardare) attorno con aria smarrita.

5. Io non (sapere) come fare per avvisare i parenti che il figlio aveva avuto un incidente.

6. I tuoi genitori ci (offrire) la cena perché ci volevano ringraziare dell'ospitalità.

7. Loriana (acquistare) una macchina nuova perché la sua era troppo vecchia.

8. Egli gli (lanciare) la palla con troppa energia.

9. Io le (promettere) un regalo per il suo onomastico e manterrò la parola.

10. Non (mangiare) molto. Non avete fame?

11. Gli Egizi, antica popolazione che (vivere) sulle rive del Nilo, (usare) abiti di lino, la cui coltivazione (essere) nota nell'antichità.

12. Il sole (filtrare) tra le nubi ed (illuminare) un ampio tratto di mare.

13. Tutti si (chiedere) quali segreti (nascondere) quei sassi e quella polvere che gli astronauti (raccogliere).

14. (Dovere) sbrigare ancora alcune pratiche urgenti, quando (vedere) Loriana.

15. (Lavorare) intensamente, quando d'improvviso (sentire) uno strano odore di bruciato: avevo dimenticato il pane nel forno.   richtig   falsch

9. Setzen Sie die Verben in Klammern ins passato remoto oder trapassato prossimo.

1. Marco (dire) più di quanto gli fosse consentito.

2. La terra che (lavorare) tanto a lungo e profondamente, (dare) loro abbondanti frutti.

3. Siccome io lo (aiutare) a prepararsi per l'esame, mi (invitare) a cena.

4. Il giudice (affermare) che l'imputato (dire) la verità.

5. I suoi sogni, che lo (accompagnare) durante gli anni della sua infanzia, si (frantumare) davanti alla realtà.

6. Invece del caffè amaro che (ordinare) al barista, gli (portare) (passivo) una tazza di té inglese.

7. Voi (cominciare) a studiare, quando (arrivare) una telefonata inattesa.

richtig   falsch

10. Setzen Sie die Verben in Klammern ins futuro semplice oder futuro anteriore.

1. Luciana ha detto che stasera (andare) a teatro.

2. Domenica noi (andare) tutti a sciare se il tempo lo (permettere).

3. Per la gioia dei ragazzi quest'anno la scuola (iniziare) tre giorni più tardi.

4. Ci (volere) più o meno due ore in macchina da Roma a Napoli.

5. Appena (ritornare) dal mio viaggio, ti (raccontare) ogni cosa.

6. Appena (vedere) il film, ti restituirò il DVD.

7. Chissà cosa tu (pensare) di me quel giorno.

richtig   falsch

11. Setzen Sie die Verben in Klammern ins presente oder futuro semplice.

1. La strada è questa; io la (ricordare) perfettamente.

2. Massimo (amare) scrivere poesie.

3. Non (capire) le sue preoccupazioni; se fosse al mio posto cosa farebbe?

4. Prima di mezzogiorno (dovere) riordinare la mia camera.

5. Se qualcuno (entrare) in giardino il cane (abbaiare).

6. Sabato io (invitare) Luisa e Giovanna per una passeggiata; vuoi venire anche tu?

7. Se (trovare) bel tempo le tue vacanze (essere) allegre e riposanti.

richtig   falsch

Die entsprechenden Lösungen befinden sich auf Seite 264 ff.

Das Passiv (Il passivo)

Im Passiv vollzieht sich ein Vorgang am Subjekt, d. h. das Subjekt des Satzes ist nicht selbst der Handelnde, sondern der „Leidende" (Leideform).
Im Aktiv (l'attivo) ist das Subjekt selbst der Handelnde, es führt eine Handlung selbst aus (Tätigkeitsform, Tatform).

Das Passiv wird aus essere oder venire + participio passato gebildet, d. h. steht das Prädikat des Aktivsatzes im presente, so steht essere bzw. venire im Passivsatz ebenfalls im presente und das participio passato des Vollverbs wird hinzugefügt. Der Urheber oder die Ursache der Handlung wird mit da angeschlossen. Er wird weggelassen, wenn er bzw. sie unbekannt oder irrelevant ist. Das direkte Objekt des Aktivsatzes wird zum Subjekt des Passivsatzes. Es können nur Verben, die ein direktes Objekt anschließen können (transitive Verben) ins Passiv gesetzt werden. Dabei ist zu beachten, dass Verben, die im Deutschen ein direktes Objekt anschließen, im Italienischen mit indirektem Objekt stehen können und umgekehrt.

nur transitive Verben sind passivfähig

	Subjekt	Prädikat	Direktes Objekt
Aktiv	Il portiere	apre (presente)	la porta.
Zustandspassiv	La porta	è aperta	(dal portiere.)
Vorgangspassiv	La porta	viene aperta	(dal portiere.)

è, viene presente von essere, venire
aperta participio passato von aprire

Das participio passato richtet sich in Geschlecht und Zahl nach dem Subjekt des Passivsatzes, d. h. bei einem männlichen Subjekt endet das participio passato auf -o, bei mehreren auf -i. Bei einem weiblichen Subjekt endet das participio passato auf -a, bei mehreren auf -e. Bei einem oder mehreren männlichen und weiblichen Subjekten endet das participio passato auf -i, selbst wenn nur ein männliches Subjekt unter mehreren weiblichen ist.

	ein Subjekt	mehrere Subjekte
männlich	Paolo è invitato	Paolo e Luigi sono invitati
weiblich	Anna è invitata	Anna e Gianna sono invitate
männlich und weiblich		Paolo e Anna sono invitati

Zustandspassiv

Das Zustandspassiv bezeichnet einen Zustand und wird im Italienischen mit essere, im Deutschen mit *sein* gebildet (sein-Passiv).

- Paolo è invitato.
  (Paolo ist eingeladen.)
- La porta è aperta.
  (Die Tür ist geöffnet.)

Vorgangspassiv

Das Vorgangspassiv bezeichnet einen Vorgang und wird im Italienischen in den einfachen Zeiten mit venire, im Deutschen mit *werden* gebildet (werden-Passiv). Bei den zusammengesetzten Zeiten wird das Vorgangspassiv ebenfalls wie das Zustandspassiv mit essere gebildet.

- La porta viene aperta dal portiere.
  (Die Tür wird vom Hausmeister geöffnet.)
- Paolo viene invitato da Maria.
  (Paolo wird von Maria eingeladen.)
- Paolo è stato invitato da Maria.
  (Paolo ist von Maria eingeladen worden.)

Das Passiv kann mit den folgenden Mitteln umgangen werden.

Das Aktiv ist dem Passiv vor allem bei unbetonten Objektpronomen vorzuziehen.

- Mi ha scritto una lettera.   *Aktiv*
  (Mi è stata scritta una lettera.)

Ist der Urheber oder die Ursache einer Handlung unbekannt oder soll er nicht genannt werden, kann die reflexive Verbform eingesetzt werden.

- Questo libro si vende bene.   *reflexive Verbform*
  (Dieses Buch verkauft sich gut.)
- Questo si vede qualche volta.
  (Das sieht man manchmal.)

Infinitivkonstruktionen + da können im Deutschen durch *müssen* + Passiv ausgedrückt werden.

- È un problema da risolvere rapidamente.   *Infinitiv + da*
  (Dies ist ein Problem, das schnell gelöst werden muss.)

Konstruktionen aus andare + participio passato können im Deutschen durch *müssen* + Passiv wiedergegeben werden.

- Il problema va risolto il più presto possibile.   *andare + participio passato*
  (Dieses Problem muss so schnell wie möglich gelöst werden.)

In den folgenden Tabellen ist die Umwandlung eines Aktivsatzes in den entsprechenden Passivsatz im Zustands- und Vorgangspassiv durch die entsprechenden Zeiten anhand der 3. Person Singular dargestellt. Zu jedem Satz ist die deutsche Übersetzung gegeben, wobei das Zustandspassiv durch Normalschrift und das Vorgangspassiv durch Kursivschrift gekennzeichnet ist.
Die Konjugation der passiven Formen durch sämtliche Personen und Zeiten ist im Anschluss an die folgende Tabelle dargestellt.

Umwandlung aktiver Sätze in passive Sätze

Mod.	Zeit			Aktiv		
	Pres.	Il portiere Der Hausmeister		apre öffnet	la porta. die Tür.	
	Imperf.	Il portiere Der Hausmeister		apriva öffnete	la porta. die Tür.	
	P. R.	Il portiere Der Hausmeister		aprì öffnete	la porta. die Tür.	
	P. P.	Il portiere Der Hausmeister	ha hat	aperto	la porta. die Tür	geöffnet.
Ind.	T. P.	Il portiere Der Hausmeister	aveva hatte	aperto	la porta. die Tür	geöffnet.
	T. R.	Il portiere Der Hausmeister	ebbe hatte	aperto	la porta. die Tür	geöffnet.
	F. S.	Il portiere Der Hausmeister		aprirà wird	la porta. die Tür	öffnen.
	F. A.	Il portiere Der Hausmeister	avrà wird	aperto	la porta. die Tür	geöffnet haben.
Cond.	Pres.	Il portiere Der Hausmeister		aprirebbe würde	la porta. die Tür	öffnen.
	Pass.	Il portiere Der Hausmeister	avrebbe würde	aperto	la porta. die Tür	geöffnet haben.
Cong.	Pres.	Il portiere Der Hausmeister		apra öffne	la porta. die Tür.	
	Imperf.	Il portiere Der Hausmeister		aprisse öffnete	la porta. die Tür.	
	Pass.	Il portiere Der Hausmeister	abbia habe	aperto	la porta. die Tür	geöffnet.
	Pass.	Il portiere Der Hausmeister	avesse hätte	aperto	la porta. die Tür	geöffnet.

Passiv

La porta	è		aperta.	
Die Tür	ist		geöffnet.	
La porta	*viene*		*aperta*	*dal portiere.*
Die Tür	*wird*			*vom Hausmeister geöffnet.*

La porta	era		aperta.	
Die Tür	war		geöffnet.	
La porta	*veniva*		*aperta*	*dal portiere.*
Die Tür	*wurde*			*vom Hausmeister geöffnet.*

La porta	fu		aperta.	
Die Tür	war		geöffnet.	
La porta	*venne*		*aperta*	*dal portiere.*
Die Tür	*wurde*			*vom Hausmeister geöffnet.*

La porta	è	stata aperta.	
Die Tür	ist	geöffnet	gewesen.
Die Tür	*ist*		*geöffnet worden.*

La porta	era	stata aperta.	
Die Tür	war	geöffnet	gewesen.
Die Tür	*war*		*geöffnet worden.*

La porta	fu	stata aperta.	
Die Tür	war	geöffnet	gewesen.
Die Tür	*war*		*geöffnet worden.*

La porta	sarà		aperta.	
Die Tür	wird		geöffnet	sein.
La porta	*verrà*		*aperta*	*dal portiere.*
Die Tür	*wird*			*vom Hausmeister geöffnet werden.*

La porta	sarà	stata aperta.	
Die Tür	wird	geöffnet	gewesen sein.
Die Tür	*wird*		*geöffnet worden se in.*

La porta	sarebbe		aperta.	
Die Tür	würde		geöffnet	sein.
La porta	*verrebbe*		*aperta*	*dal portiere.*
Die Tür	*würde*			*vom Hausmeister geöffnet werden.*

La porta	sarebbe	stata aperta.	
Die Tür	würde	geöffnet	gewesen sein.
Die Tür	*würde*	*geöffnet*	*worden sein.*

La porta	sia		aperta.	
Die Tür	sei		geöffnet.	
La porta	*venga*		*aperta*	*dal portiere.*
Die Tür	*werde*			*vom Hausmeister geöffnet.*

La porta	fosse		aperta.	
Die Tür	wäre		geöffnet.	
La porta	*venisse*		*aperta*	*dal portiere.*
Die Tür	*würde*			*vom Hausmeister geöffnet.*

La porta	sia	stata aperta.	
Die Tür	sei	geöffnet	gewesen.
Die Tür	*sei*		*geöffnet worden.*

La porta	fosse	stata aperta.	
Die Tür	wäre	geöffnet	gewesen.
Die Tür	*wäre*		*geöffnet worden.*

Die Konjugation passiver Formen

Mod	Zeit	1. Person Singular	2. Person Singular	3. Person Singular
Ind.	Pres.	sono amato(a) / vengo amato(a)	sei amato(a) / vieni amato(a)	è amato(a) / viene amato(a)
	Imper.	ero amato(a) / venivo amato(a)	eri amato(a) / venivi amato(a)	era amato(a) / veniva amato(a)
	P. R.	fui amato(a) / venni amato(a)	fosti amato(a) / venisti amato(a)	fu amato(a) / venne amato(a)
	P. P.	sono stato(a) amato(a)	sei stato(a) amato(a)	è stato(a) amato(a)
	T. P.	ero stato(a) amato(a)	eri stato(a) amato(a)	era stato(a) amato(a)
	T. R.	fui stato(a) amato(a)	fosti stato(a) amato(a)	fu stato(a) amato(a)
	F. S.	sarò amato(a) / verrò amato(a)	sarai amato(a) / verrai amato(a)	sarà amato(a) / verrà amato(a)
	F. A.	sarò stato(a) amato(a)	sarai stato(a) amato(a)	sarà stato(a) amato(a)
Cond.	Pres.	sarei amato(a) / verrei amato(a)	saresti amato(a) / verresti amato(a)	sarebbe amato(a) / verrebbe amato(a)
	Pass.	sarei stato(a) amato(a)	saresti stato(a) amato(a)	sarebbe stato(a) amato(a)
Cong.	Pres.	sia amato(a) / venga amato(a)	sia amato(a) / venga amato(a)	sia amato(a) / venga amato(a)
	Imper.	fossi amato(a) / venissi amato(a)	fossi amato(a) / venissi amato(a)	fosse amato(a) / venisse amato(a)
	Pass.	sia stato(a) amato(a)	sia stato(a) amato(a)	sia stato(a) amato(a)
	Tra.	fossi stato(a) amato(a)	fossi stato(a) amato(a)	fosse stato(a) amato(a)
Inf.	Pres.	essere amato(a) / venire amato(a)		
	Pass.	essere stato(a) amato(a)		
Part.	Pres.	-		
	Pass.	stato(a) amato(a)		
Ger.	Pres.	essendo amato(a) / venendo amato(a)		
	Pass.	essendo stato(a) amato(a)		

Die jeweils 1. Zeile (mit essere) stellt das Zustandspassiv dar, die jeweils 2. Zeile (mit venire)
Das participio passato endet auf -o bei einem männlichen Bezugswort, bei einem weibli
weiblichen Bezugswörtern endet es auf -i, bei mehreren weiblichen Bezugswörtern endet es

	1. Person Plural			2. Person Plural			3. Person Plural	
	siamo	**amat**i(e)		siete	**amat**i(e)		sono	**amat**i(e)
	veniamo	**amat**i(e)		venite	**amat**i(e)		vengono	**amat**i(e)
	eravamo	**amat**i(e)		eravate	**amat**i(e)		erano	**amat**i(e)
	venivamo	**amat**i(e)		venivate	**amat**i(e)		venivano	**amat**i(e)
	fummo	**amat**i(e)		foste	**amat**i(e)		furono	**amat**i(e)
	venimmo	**amat**i(e)		veniste	**amat**i(e)		vennero	**amat**i(e)
siamo	stati(e)	**amat**i(e)	siete	stati(e)	**amat**i(e)	sono	stati(e)	**amat**i(e)
eravamo	stati(e)	**amat**i(e)	eravate	stati(e)	**amat**i(e)	erano	stati(e)	**amat**i(e)
fummo	stati(e)	**amat**i(e)	foste	stati(e)	**amat**i(e)	furono	stati(e)	**amat**i(e)
	saremo	**amat**i(e)		sarete	**amat**i(e)		saranno	**amat**i(e)
	verremo	**amat**i(e)		verrete	**amat**i(e)		verranno	**amat**i(e)
saremo	stati(e)	**amat**i(e)	sarete	stati(e)	**amat**i(e)	saranno	stati(e)	**amat**i(e)
	saremmo	**amat**i(e)		sareste	**amat**i(e)		sarebbero	**amat**i(e)
	verremmo	**amat**i(e)		verreste	**amat**i(e)		verrebbero	**amat**i(e)
saremmo	stati(e)	**amat**i(e)	sareste	stati(e)	**amat**i(e)	sarebbero	stati(e)	**amat**i(e)
	siamo	**amat**i(e)		siate	**amat**i(e)		siano	**amat**i(e)
	veniamo	**amat**i(e)		veniate	**amat**i(e)		vengano	**amat**i(e)
	fossimo	**amat**i(e)		foste	**amat**i(e)		fossero	**amat**i(e)
	venissimo	**amat**i(e)		veniste	**amat**i(e)		venissero	**amat**i(e)
siamo	stati(e)	**amat**i(e)	siate	stati(e)	**amat**i(e)	siano	stati(e)	**amat**i(e)
fossimo	stati(e)	**amat**i(e)	foste	stati(e)	**amat**i(e)	fossero	stati(e)	**amat**i(e)

stellt das Vorgangspassiv dar.

chen Bezugswort endet es auf -i, bei mehreren männlichen und mehreren männlichen und auf -e. Dies ist hier durch o(a) bzw. i(e) dargestellt.

Übungen zum Passiv

1. Setzen Sie Verben in Klammern ins Passiv im presente.
Verwenden Sie essere **oder** venire.

1. La cena (servire).

2. La montagna non (ricoprire, ancora del tutto) di neve.

3. Oggi (chiamare) ad essere più responsabili del nostro pianeta.

4. Le valige (caricare, già) sulla macchina.

5. I progetti più importanti (presentare) ai vari comuni.

6. Le bottiglie di vino rosso (servire, spesso) a temperatura ambiente.

7. In questo film (descrivere) la realtà dei carcerati.

richtig   falsch

2. Setzen Sie Verben in Klammern ins Passiv im imperfetto.
Verwenden Sie essere **oder** venire.

1. I posti (riservare) a chi aveva pagato il biglietto.

2. La casa finalmente (costruire).

3. Mio nonno (amare) da tutti.

4. Quel giorno la strada (affollare) da chi andava a lavorare e mi fu difficile arrivare in tempo.

5. Spesso Francesco (cogliere) da idee strane.

6. I compiti che (dare) a me erano ben diversi da quelli del resto della classe.

7. All'inizio della mia carriera (pagare) ben poco.

richtig   falsch

3. Setzen Sie Verben in Klammern ins Passiv im passato re-
moto. Verwenden Sie essere **oder** venire.

1. Improvvisamente io (urtare) con violenza da un camion.

2. Mentre stavo per uscire, il telefono squillò e (costringere) a rispondere.

3. Questa cassapanca mi (lasciare) in dono da mia nonna.

4. Poiché non sapevamo dove andare a dormire, (ospitare) da un'amica che abitava lì vicino.

5. L'accusato poté affrontare il processo con tranquillità e (assolvere) da ogni accusa.

6. Nel 1996 (pubblicare) il suo primo libro.

7. I ladri (arrestare, poi) dalla polizia.

richtig   falsch

4. Setzen Sie Verben in Klammern ins Passiv im passato prossimo oder, wo angegeben, ins trapassato prossimo.

1. Ieri io (colpire) da un'allarmante notizia sulla situazione politica internazionale.

2. Il romanzo «Guerra e Pace», da cui (trarre) anche un film, è un capolavoro della letteratura russa.

3. Ieri sera (accogliere) da un signore gentilissimo e ci siamo subito sentiti come a casa.

4. I pomodori (coltivare) con cura dal contadino.

5. Questo libro (pubblicare) due anni fa.

6. In famiglia (stabilire) che il giorno di Pasqua si sarebbe cucinato il solito agnello. (trapassato prossimo)

7. La loro missione (rinviare) di due anni e mezzo. (trapassato prossimo)

richtig   falsch

5. Setzen Sie Verben in Klammern ins Passiv im futuro semplice oder, wo angegeben, ins futuro anteriore. Verwenden Sie essere oder venire.

1. A chi vincerà (dare) dei premi.

2. Se farai il tuo dovere (stimare) come un ragazzo responsabile.

3. Chi vi assicura che (ammettere) all'esame?

4. Chissà se io (scegliere) come portavoce della mia scuola al parlamento europeo.

5. L'opera (trasferire) a Milano al più presto.

6. Il rinfresco (offrire) in giardino.

7. Dopo che voi (annunciare), potrete entrare (futuro anteriore)

richtig   falsch

6. Setzen Sie Verben in Klammern ins Passiv im condizionale presente oder, wo angegeben, ins condizionale passato. Verwenden Sie essere oder venire.

1. Quasi quasi io (tentare) di andare a trovare Vittorio.

2. Se voi foste ancora qui, (soddisfare) da tutto ciò che sta facendo.

3. Se fosse un evento ritenuto importante da tutto il paese, (festeggiare, certamente) da tutti.

4   Credi veramente che Marco (considerare) un «debole» se decidesse di non occuparsi del caso?

5. I soldi incassati, (ripartire) tra stato, comuni e regioni.

6. Quei macchinari tanto sofisticati (utilizzare) nella ricerca tecnologica, se tutti fossero d'accordo.

7. Un grave incidente, per fortuna senza vittime, (causare) dalla disattenzione di qualche conducente.

richtig   falsch

7. Setzen Sie Verben in Klammern ins Passiv im congiuntivo presente. Verwenden Sie essere oder venire.

1. È necessario che certe cose (raccontare).

2. Dubito che questo parcheggio (destinare) a chi ne ha veramente bisogno.

3. Combattiamo affinché (fare) giustizia!

4. Cercherò di convincerli affinché (sostenere) la mia ipotesi.

5. È possibile che il portale barocco (ricostruire) con gli elementi originali.

6. Qualunque cosa ti (dare), portala a me.

7. Dobbiamo fare di più affinché questi vestiti (rifinire) meglio.

richtig   falsch

8. Setzen Sie Verben in Klammern ins Passiv. Verwenden Sie essere oder venire.

1. Molte persone considerano tolleranza e solidarietà preziose virtù.

2. Non hanno aperto al pubblico molti musei interessanti a causa di carenza di personale.

3. Dedicavo quella canzone a te.

4. In qualità di esperti il direttore vi consultava spesso.

5. Egli mi chiese che cosa pensassi di quello che stava succedendo.

6. Gli zii ci hanno invitati a cena.

7. Egli aveva già pubblicato diverse opere.

8. Il portiere presto sostituirà le lampadine rotte.

9. Andremo a vivere in quel palazzo dopo che avranno terminato del tutto.

10. Se un temporale si formasse a meno di 40 chilometri dall'area del lancio, la Nasa rinvierebbe il decollo.

11. Sembrava che non avrebbero interrotto la gara se la pioggia non fosse cessata.

12. Nonostante la gente li veda sempre insieme, non sono poi buoni amici.

13. Cosa fareste se qualcuno vi inseguisse?

14. Sembra impossibile che i compositori abbiano fatto le due opere, così diverse nello stile, negli stessi giorni.

15. Come ti saresti comportato se Laura ti avesse invitato a cena?

richtig   falsch

Die entsprechenden Lösungen befinden sich auf Seite 265 ff.

Die indirekte Rede (Il discorso indiretto)

In der indirekten Rede werden Aussagen einer Person A durch eine Person B an eine dritte Person C weitergegeben.

In der indirekten Rede sind, neben der unten aufgeführten Veränderung der Zeiten, noch folgende Veränderungen bei Pronomen, Adverbien etc. vorzunehmen.

	Direkte Rede	Indirekte Rede
Einleitung	Die direkte Rede wird durch Doppelpunkt eingeleitet und in Anführungszeichen gesetzt. Nach Doppelpunkt wird großgeschrieben.	Die indirekte Rede wird nicht durch Doppelpunkt und Anführungszeichen gekennzeichnet. Sie wird durch ein Verb des Sagens, Denkens oder Meinens (affermare, dire, pensare etc.) und nachfolgendes che eingeleitet. Che darf nicht weggelassen oder durch Komma vom Einleitungssatz abgetrennt werden.
	• Dice: «Vado a casa.» • Dice: «Ho scritto una lettera.»	• Dice che va a casa. • Dice che ha scritto una lettera.
Personenangaben	Die Änderung der Personenangaben hängt davon ab, wer eine Aussage an wen weitergibt. Im Allgemeinen werden die folgenden Personenangaben wie in nebenstehender Spalte aufgeführt geändert. Den Sprecher betreffende, den Angesprochenen betreffende, eine dritte Person betreffende Angaben.	Die in nebenstehender Spalte aufgeführten Personenangaben werden wie folgt geändert: 1. Person (der Sprecher gibt seine eigenen Worte wieder) 2. Person 3. Person
	• Dico: «(Io) voglio incontrarti alla stazione.» • Dico: «(Tu) devi restare a letto.» • Dico: «(Egli) vuole incontrarti alla stazione.»	• Dico che (io) voglio incontrarti alla stazione. • Dico che (tu) devi restare a letto. • Dico che (egli) vuole incontrarti alla stazione.
Zeit- und Ortsangaben	Die folgenden Zeit- und Ortsangaben ändern sich wie in nebenstehender Spalte aufgeführt. • oggi • ieri • l'altro ieri	Die in nebenstehender Spalte aufgeführten Zeit- und Ortsangaben ändern sich wie folgt. Zeitangaben, die am gleichen Tag wiedergegeben werden, bleiben unverändert. • il giorno precedente • il giorno anteriore • due giorni prima

kein Komma vor che

Direkte Rede	Indirekte Rede	
■ domani ■ dopodomani ■ l'anno, mese etc. che viene ■ l'anno, mese prossimo etc. ■ l'anno, mese etc. passato	■ il giorno dopo ■ due giorni dopo ■ l'anno, mese etc. seguente/successivo ■ l'anno, mese etc. seguente/successivo ■ l'anno, mese etc. anteriore/precedente	
▪ Dice: «Domani andrò a Milano.»	▪ Disse che sarebbe andato a Milano **il giorno dopo.**	
Fragesätze in der direkten Rede (direkte Fragesätze) werden mit einem Fragezeichen abgeschlossen.	Fragesätze in der indirekten Rede (indirekte Fragesätze) werden mit Punkt abgeschlossen und mit einem Verb wie domandare etc. eingeleitet.	Fragesätze
▪ Dice: «Hai terminato il tuo lavoro?»	▪ **Domanda** se ho terminato il mio lavoro.	
Direkte Fragen mit Fragewort werden durch ein Interrogativpronomen oder sonstiges Fragewort eingeleitet.	In indirekten Fragesätzen mit Fragewort wird das Fragewort wiederholt.	Fragen mit Fragewort
▪ Dice: «Chi hai incontrato alla stazione?»	▪ Mi domanda chi ho incontrato alla stazione.	
Direkte Fragen ohne Fragewort, so genannte Entscheidungsfragen werden nicht durch ein Interrogativpronomen oder sonstiges Fragewort eingeleitet, sie erwarten eine Ja- oder Nein-Antwort.	Indirekte Entscheidungsfragen werden druch se eingeleitet.	Fragen ohne Fragewort
▪ Dice: «Hai terminato il tuo lavoro?»	▪ Domanda se ho terminato il mio lavoro.	
Befehle der direkten Rede werden im Allgemeinen durch Punkt abgeschlossen.	Indirekte Befehle werden durch den Infinitiv + di, den congiuntivo oder dovere + Infinitiv gebildet.	Befehle
▪ Dice: «Compra il libro.»	▪ Mi dice di comprare il libro. ▪ Mi dice che compri il libro. ▪ Mi dice che devo comprare il libro.	

Die Zeitenfolge in der indirekten Rede

keine Änderung
der Zeit bei Ein-
führungssätzen
in der Gegenwart

Bei der Umwandlung der direkten Rede in die indirekte Rede ändert sich ihre Zeit nur, wenn der Einführungssatz in einer Zeit der Vergangenheit (passato remoto, trapassato remoto etc.) steht. Steht der Einführungssatz in einer Zeit der Gegenwart (presente, futuro semplice etc.), wird in der indirekten Rede dieselbe Zeit verwendet wie in der direkten Rede.

Im Gegensatz zum Italienischen, wo in der indirekten Rede die Zeiten umgewandelt werden, wird im Deutschen sowohl der Indikativ als auch der Konjunktiv eingesetzt.
Der Indikativ kann stehen, wenn die indirekte Rede mit *dass* eingeleitet wird. Er wird meist in der Umgangssprache verwendet.
Der Konjunktiv kann grundsätzlich immer verwendet werden, er muss jedoch stehen, wenn die einleitende Konjunktion *dass* fehlt.

Direkte Rede		Indirekte Rede
Presente	Einführung in der Vergangenheit	Imperfetto
«Compro un libro. » „Ich kaufe ein Buch."	Disse che Er sagte, dass Er sagte,	comprava un libro. er ein Buch kauft. er kaufe ein Buch/würde ein Buch kaufen.
Imperfetto		Imperfetto
«Compravo un libro.»	Disse che	comprava un libro.
Passato Remoto		Trapassato Prossimo
«Comprai un libro.»	Disse che	aveva comprato un libro.
Passato Prossimo		Trapassato Prossimo
«Ho comprato un libro.»	Disse che	aveva comprato un libro.
Trapassato Prossimo		Trapassato Prossimo
«Avevo comprato un libro.»	Disse che	aveva comprato un libro.
Trapassato Remoto		Trapassato Prossimo
«Ebbi comprato un libro.»	Disse che	aveva comprato un libro.
Futuro Semplice		Condizionale Passato
«Comprerò un libro.»	Disse che	avrebbe comprato un libro.
Futuro Anteriore		Condizionale Passato
«Avrò comprato un libro.»	Disse che	avrebbe comprato un libro.
Condizionale Presente	Einführung in der Vergangenheit	Condizionale Passato
«Comprerei un libro.»	Disse che	avrebbe comprato un libro.

Condizionale Passato	Condizionale Passato
«Avrei comprato un libro.»	Disse che avrebbe comprato un libro.
Congiuntivo Presente	Congiuntivo Imperfetto
«Credo che venga lunedì.»	Disse che credeva che venisse lunedì.
Imperativo	Infinito + di
«Compra un libro.»	Mi disse di comprare un libro.
Imperativo	Congiuntivo Presente
«Compra un libro.»	Mi disse che compri un libro.
Imperativo	dovere + Infinito
«Compra un libro.»	Mi disse che devo comprare un libro.

Übungen zur indirekten Rede

1. Setzen Sie die fett gedruckten Verben im presente in die richtige Zeit in der indirekten Rede.

1. «Luigi sta bene», disse la mamma.
   La mamma disse che Luigi ... bene

2. «Mio padre vive in città», raccontava la bimba.
   La bimba raccontó che suo padre ... in città.

3. Fabrizia ha detto: «Non voglio più restare qui».
   Fabrizia ha detto che non ... più restare qui.

4. «Ti parlo sinceramente», disse Carla a Francesca.
   Carla disse a Francesca che le ... sincermente.

5. «Preferisco restare a casa», affermò Daria.
   Daria affermò che ... restare a casa.

6. «Isabella parla bene l'italiano?», domandò l'insegnante.
   L'inegnante domandò se Isabella ... bene l'italiano.

7. «Enrico e Simone parlano troppo durante le lezioni», si lamentó la professoressa con i genitori.
   La professoressa si lamentó con i genitori che Enrico e Simone ... troppo durante le lezioni.

richtig   falsch

2. Setzen Sie die fett gedruckten Verben im imperfetto in die richtige Zeit in der indirekten Rede.

1. Barbara disse: «Sandro mi ripeteva sempre le stesse cose».
   Barbara disse che Sandro le ... sempre le stesse cose.

2. «Era bello essere finalmente tutti insieme», confessò Anna.
   Anna confessó che ... bello essere finalmente tutti insieme.

3. «Mentivo da quando sono nato», confessò Carmelo.
   Carmelo confessò che ... da quando era nato.

4. «Il cielo mi sembrava grigio quando ero piccola», disse la nonna.
   La nonna disse che il cielo le ... grigio quando era piccola.

5. «Ogni anno andavamo in gita tutti insieme», raccontava Loriana.
   Loriana raccontava che ogni anno ... in gita tutti insieme.

6. Il guardiano del parco spiegava al gruppo: «Qui si potevano incontrare ucceli di tutti i tipi».
Il guardiano del parco spiegava al gruppo che lì si ... incontrare uccelli di tutti i tipi.

7. «Volevo tentare l'impossibile!», comunicò il dirigente.
Il dirigente comunicò che ... tentare l'impossibile. richtig falsch

3. Setzen Sie die fett gedruckten Verben im passato remoto in die richtige Zeit in der indirekten Rede.

1. «Tanti anni fa mio padre mi regalò un libro», disse Gianna.
Gianna disse che tanti anni fa suo padre le ... un libro.

2. Silvia raccontava: «Promisi un regalo a Sabrina e mantenni la parola».
Silvia raccontava che ... un regalo a Sabrina e che ... la parola.

3. «Ci decidemmo solo dopo una lunga riflessione», affermarono Paolo e Federico.
Paolo e Federico affermarono che si ... solo dopo una lunga riflessione.

4. Il libro spiegava: «Il grande artista preferì ritirarsi a vita privata».
Il libro spiegava che il grande artista ... ritirarsi a vita privata.

5. «Decidemmo di partire all'alba», raccontò l'alpinista.
L'alpinista raccontò che ... di partire all'alba.

6. La guida disse: «I turisti si stancarono presto di quei paesaggi».
La guida disse che i turisti si ... presto di quei paesaggi.

7. «La città di Roma si arricchì di opere civili di grande utilità per la popolazione», si leggeva nella guida.
Nella guida si leggeva che la città di Roma si ... di opere civili di grande utilità per la popolazione. richtig falsch

4. Setzen Sie die fett gedruckten Verben im passato prossimo oder im trapassato prossimo oder remoto in die richtige Zeit in der indirekten Rede.

1. «L'ho regalato a lui», rispose Dario quando Anna gli chiese il pallone.
Quando Anna chiese il pallone a Dario, egli rispose che lo ... a lui.

2. «Francesco ha telefonato intorno alle sei», disse Federica.
Federica disse che Francesco ... intorno alle sei.

3. «Non mi hanno detto molto», affermò il ragazzo.
   Il ragazzo affermò che non gli ... molto.

4. Sua madre gli chiese: «Hai fatto accomodare gli ospiti?»
   Sua madre gli chiese se ... accomodare gli ospiti.

5. «A Cristina e Francesco hanno offerto un buon posto di lavoro»,
   raccontò la professoressa.
   La professoressa raccontò che a Cristina e Francesco ... un buon
   posto di lavoro.

6. Gianna chiese ad Antonio: «Per quale motivo aveva voluto rispondere subito?»
   Gianna chiese ad Antonio per quale motivo ... rispondere subito.

7. «Appena il relatore ebbe finito di parlare, tutti applaudirono»,
   raccontò Anna.
   Anna raccontò che appena il relatore ... di parlare, tutti avevano
   applaudito.   richtig   falsch

**5. Setzen Sie die fett gedruckten Verben im futuro semplice
   oder im futuro anteriore in die richtige Zeit in der indirekten Rede.**

1. «Gli farò coraggio io», disse Enrico.
   Enrico disse che gli ... coraggio lui.

2. «Mi telefonerete non appena arriverete a casa?», chiese la
   nonna.
   La nonna chiese se le .. non appena ... a casa.

3. Carlo disse a Gianna: «Se mi resta un po' di tempo visiterò
   l'esposizione».
   Carlo disse a Gianna che se gli fosse restato un po' di tempo ...
   l'esposizione.

4. «Non mi sfuggirai!», urlò Olga a Carlotta.
   Olga urlò a Carlotta che non le ...

5. «Ragazzi, presto faremo la pausa», rassicurò la professoressa.
   La professoressa rassicurò che presto ... la pausa.

6. Il signor Terrello disse a Maria: «Di certo non si annoierà in Italia!»
   Il signor Terrello disse a Maria che di certo non si ... in Italia.

7. «Quando avrai imparato a nuotare, andremo al mare», promise
   Franca a Danilo.
   Franca promise a Danilo che quando ... a nuotatare, sarebbero
   andati al mare.   richtig   falsch

6. Setzen Sie die fett gedruckten Verben im condizionale presente oder im condizionale passato in die richtige Zeit in der indirekten Rede.

1. «Vorrei parlare con Maria», disse Francesca.
   Francesca disse che ... parlare con Maria.

2. «Pagherei pur di avere qualche giorno in più di ferie», disse Ugo.
   Ugo disse che ... pur di avere qualche giorno in più di ferie.

3. «Mi compreresti quel giocattolo?», disse il bimbo al papà.
   Il bimbo chiese al papà se gli ... quel giocattolo.

4. «Vorresti vedere un film stasera?», domandò Laura a Daria.
   Laura domandò a Daria se lei ... vedere un film quella sera.

5. La professoressa chiese: «Sapreste dirmi come si forma il pasivo?»
   La professoressa chiese se ... dirle come si forma il passivo.

6. Damiano e Pietro chiesero a Toni: «Domani verresti a prendere un tè con noi?»
   Damiano e Pietro chiesero a Toni se il giorno dopo ... a prendere un tè con loro.

7. «Quando seppi che sarebbero arrivati i miei zii, ne fui felice», disse il ragazzo.
   Il ragazzo disse che quando seppe che ... i suoi zii, ne fu felice.

   richtig   falsch

7. Setzen Sie die fett gedruckten Personalpronomen in die indirekte Rede.

1. Silvia ci domandò: «Come mai prima non vi fidavate di noi?»
   Silvia ci domandò come mai prima non ... fidavamo di ...

2. Valentina chiese: «Posso venire anch'io?»
   Valentina chiese se poteva venire anche ...

3. Stefano chiese alle ragazze: «Andate dal mare anche voi?»
   Stefano chiese alle ragazze se andavano dal mare anche ...

4. Nadia mi chiese: «Chi te lo ha detto?»
   Nadia mi chiese chi ... lo aveva detto.

5. Riccardo diceva: «Il debito era diventato troppo grande per me.»
   Riccardo diceva che il debito era diventato troppo grande per ...

6. Luca mi chiese: «Puoi telefonare tu a papà?»
   Luca mi chiese se poteva telefonare ... a papà.

7. Paolo ha chiesto: «Mi presti il pallone?»
   Paolo ha chiesto se ... prestavo il pallone.

8. Il professore disse: «Tutti protestano, tranne me.»
   Il professore disse che tutti protestavano tranne ...

9. Francesca si lamentava: «Io ho sempre lavorato tantissimo.»
   Francesca si lamentava che ... aveva sempre lavorato tantissimo.

10. Luisa gridò «Ridammi le chiavi!.»
    Luisa gridò di ridar... le chiavi.

                                                    richtig   falsch

8. Setzen Sie die fett gedruckten Zeit- und Ortsangaben in die indirekte Rede.

1. «Già un anno fa avevano aggiustato le tubature», spiegava l'ingegnere.
   L'ingegnere spiegava che già ... avevano aggiustato le tubature.

2. «Passavi sempre da qui?», mi domandò Lucia.
   Lucia mi domandò se passavo sempre da ...

3. «Enrico è atterrato due minuti fa a Berlino», disse Nadia.
   Nadia disse che Enrico era atterrato ... a Berlino.

4. «Salvo è tornato dalla Germania ieri», dissi.
   Dissi che Salvo era tornato dalla Germania ...

5. Vittorio chiese: «Ho lasciato qui la mia bicicletta?»
   Vittorio chiese se aveva lasciato ... la sua bicicletta.

6. La signora disse: «A quest'ora mio marito è già uscito dall'ufficio.»
   La signora disse che ... suo marito era già uscito dall'ufficio.

7. Dissi: «Quest'anno Luisa lascerà la scuola.»
   Dissi che ... Luisa avrebbe lasciato la scuola.

8. «Fino a qualche mese fa», diceva l'ingegnere, «sembrava tutto
   impossibile.»
   L'ingegnere diceva che fino a ... sembrava tutto impossibile.

9. Rita disse: «Stasera verrà Luigi a cena.»
   Rita disse che ... sarebbe venuto Luigi a cena.

10. «Il mese prossimo Paolo sosterrà gli esami»,disse il professore.
    Il professore disse che ... Paolo avrebbe sostenuto gli esami.

                                                    richtig   falsch

9. Setzen Sie die folgenden Fragesätze ohne Fragewort in die indirekte Rede.

1. «Ti è piaciuto il libro che ti ho prestato?», chiese Ugo.

2. «Flavio è andato al mare con Tania», disse Filippo.

3. Il padre domandò: «Vi siete pentiti di ciò che avete fatto?»

4. «Cosa farete quando avrete raggiunto gli altri?», domandò curioso Francesco.

5. «Ti sei coricato tardi ieri sera?», chiese sua madre.

6. Il nonno, guardando il nipote, disse incerto: «Hai deciso cosa vuoi?»

7. «Siete riusciti a trovare le chiavi?», domandò l'impiegata.

richtig   falsch

10. Setzen Sie die folgenden Fragesätze mit Fragewort in die indirekte Rede.

1. La maestra chiese a Salvatore: «Perché hai indugiato nel rispondere?»

2. «Quando sono tornato al parcheggio non ho più trovato la mia macchina», raccontò Filippo alla polizia.

3. Il postino chiese stupito: «Perché Gianna è scappata non appena mi ha visto?»

4. Stefania domandò a Cristina: «Quando sei seduta ti fa male la schiena?»

5. «Dopo quella notizia decisi di partire per l'Italia», spiegava l'insegnante.

6. La vicina domandò: «Perché avete tolto quei bellissimi cespugli di rose dal giardino?»

7. Il testo diceva: «Per queste ragioni scoppiò una violenta guerra».

richtig   falsch

11. Setzen Sie die folgenden Befehle in die indirekte Rede.

1. «Dammi una mano», disse la mamma a Giorgio.

2. «Non ti confondere e rimani concentrata», disse la professoressa alla ragazza.

3. Il papà disse seccato: «Spegni la televisione».

4. Mia mamma mi disse: «Riordina la tua camera».

5. «Finisci il lavoro da solo», disse la maestra.

6. «Ugo e Alberto, lavatevi subito le mani», ordinò il padre.

7. «Sellate il cavallo!», disse il principe.

richtig   falsch

12. Setzen Sie die folgenden Sätzen in die indirekte Rede.

1. Antonio pensava: «Devo ancora stendere la biancheria».

2. «E tutti vissero felici e contenti», si leggeva nella favola.

3. «Ho scambiato il mio cappotto con un altro e poi non ho più ritrovato il mio», raccontava triste Giacomo a sua madre.

4. «La cena è costata meno di quanto mi immaginassi», confessò Riccardo.

5. «Siccome lo aiutai in un momento difficile, mi ringraziò», disse Francesca.

6. Il telegiornale informò: «Dopo che i ladri furono entrati nel negozio, iniziò una sparatoria».

7. «Solo dopo che mi ebbero affidato il cane, poterono partire per le vacanze», raccontò Carmela.

8. «Non appena mi fui seduto, qualcuno suonò alla porta», si lamentò Pietro.

9. «Domani parto per Roma», disse Franco ai suoi compagni.

10. «Quando avrai ricevuto i compiti, potrai uscire», disse Chiara.

richtig   falsch

Die entsprechenden Lösungen befinden sich auf Seite 266 ff.

Der Congiuntivo

Der congiuntivo (Möglichkeitsform) ist der Modus, der einen Vorgang oder Zustand als nicht wirklich, sondern als erwünscht, vorgestellt oder von einem anderen nur behauptet darstellt.
Der indicativo (Wirklichkeitsform) ist der Modus, der einen Vorgang oder Zustand als tatsächlich oder wirklich darstellt. Durch ihn kommen Tatsachen zum Ausdruck.

Der Congiuntivo presente

Der congiuntivo presente steht, wenn der Vorgang im Nebensatz (che-Satz) in der Gegenwart, im Moment des Spreches oder in der Zukunft stattfindet. Der Hauptsatz steht in der Gegenwart. Der congiuntivo presente wird am häufigsten verwendet.

- Penso che **tu parta** oggi.
  (Ich denke, dass du heute **abreist**.)
  (Das Abreisen findet in der Gegenwart (heute) statt.)
- Penso che **tu parta** domani.
  (Ich denke, dass du morgen **abreist**.)
  (Das Abreisen findet in der Zukunft (morgen) statt.)

Der Congiuntivo passato

Der congiuntivo passato steht, wenn der Vorgang im Nebensatz (che-Satz) vor dem des Hauptsatzes, also in der Vergangenheit stattfand. Der Hauptsatz steht in der Gegenwart.

- Penso che **tu sia partito** ieri.
  (Ich denke, dass du gestern **abgereist bist**.)
  (Das Abreisen findet in der Vergangenheit (gestern) statt.)

Neben dem congiuntivo presente und dem congiuntivo passato kennt das Italienische noch den congiuntivo imperfetto und den congiuntivo trapassato. Der congiuntivo imperfetto stellt einen Vorgang dar, der in der Vergangenheit zu einem gegenwärtigen oder von da aus gesehen zukünftigen Zeitpunkt stattfand. Mit dem congiuntivo trapassato wird die Vorvergangenheit ausgedrückt. Beide kommen selten vor und werden daher in dieser Grammatik nicht behandelt.

Die folgenden Asuführungen stellen die Verwendung des congiuntivo im Allgemeinen anhand des congiuntivo presente dar, wobei er meist nur im Nebensatz verwendet wird, im Hauptsatz kommt er selten vor.

Der Congiuntivo

	Congiuntivo	Kein Congiuntivo
Wunsch, Bitte	Zum Ausdruck des Wunsches, der Bitte, des Willens, vor allem nach den folgenden Verben. Zum Ausdruck des Wunschgedankens kann der congiuntivo auch im Hauptsatz stehen. ■ augurare ■ pregare ■ desiderare ■ sperare ■ esigere ■ supplicare ■ preferire ■ volere ■ Che desidera che io **faccia**? ■ Spero che **abbia detto** la verità. ■ **Viva** l'Italia! (Es lebe Italien!)	
Befehl, Aufforderung	Zum Ausdruck des Befehls, der Aufforderung, vor allem nach den folgenden Verben. Zum Ausdruck einer Aufforderung an einen Dritten (nach che), kann der congiuntivo auch im Hauptsatz stehen. ■ ordinare ■ pretendere ■ prescrivere ■ Il giudice ha ordinato che il caso **sia verificato** un'altra volta. ■ Che **venga** subito. (Er soll sofort kommen.)	
Sagen und Denken	Nach den Verben des Sagens und Denkens, wenn der Nebensatz dem Hauptsatz vorangestellt wird und somit besonders hervorgehoben wird. ■ affermare ■ dire ■ ammettere ■ domandare ■ assicurare ■ figurarsi ■ capire ■ pensare ■ comunicare ■ raccontare ■ credere ■ sapere ■ dichiarare ■ supporre ■ Che **abbia** torto, tutti lo dicono.	Nach den Verben des Sagens und Denkens steht in der Regel der indicativo. ■ affermare ■ dire ■ ammettere ■ domandare ■ assicurare ■ figurarsi ■ capire ■ pensare ■ comunicare ■ raccontare ■ credere ■ sapere ■ dichiarare ■ supporre ■ Tutti dicono che **ha** torto.
Zweifel, Unsicherheit, Nichtwissen	Zum Ausdruck des Zweifels, der Unsicherheit und des Nichtwissens besonders, wenn die Verben fragend oder verneint verwendet werden.	Nach den Verben, die Zweifel, Unsicherheit oder Nichtwissen ausdrücken steht in der Umgangssprache häufig der indicativo.

Congiuntivo	Kein Congiuntivo	
Zum Ausdruck des Zweifels, der Unsicherheit (nach che), kann der congiuntivo auch im Hauptsatz stehen.		
▪ Non credo che **superi** l'esame. ▪ Credi che **superi** l'esame? ▪ Che **abbia** già **lasciato** l'ufficio? (Ob er das Büro schon verlassen hat?)	▪ Credo che **verrà**. ▪ Non so di sicuro **se viene**.	
Nach den folgenden Verben, wenn sie bejaht sind. ▪ dubitare ▪ negare ▪ fingere	Nach den folgenden verneinten Verben steht der indicativo. ▪ dubitare ▪ negare ▪ fingere	
▪ Dubito che **superi** l'esame. ▪ Dubitiamo che **venga**.	▪ Non dubito che **supererà** l'esame.	
Zum Ausdruck der Annahme, Vermutung.	Zum Ausdruck der Gewissheit, dass eine Annahme, Vermutung richtig ist, steht der indicativo.	Gewissheit, Vermutung
▪ Ho l'impressione che **non superi** l'esame.	▪ Ho l'impressione che **non supererà** l'esame.	
Zum Ausdruck der Erlaubnis, des Verbots, vor allem nach den folgenden Verben. ▪ essere d'accor- ▪ permettere do ▪ proibire ▪ opporsi ▪ vietare		Erlaubnis, Verbot
▪ Tuo padre permette che **passi** le vacanze con i tuoi amici in Italia.		
Nach den Verben des Gefühls, des persönlichen Empfindens wie Hoffnung, Freude, Ärger, Erstaunen, Furcht, Bedauern etc. ▪ aver paura ▪ rallegrarsi ▪ essere contento ▪ essere sorpreso ▪ piacere ▪ temere ▪ preoccuparsi	Nach den folgenden Verben des Gefühls, des persönlichen Empfindens steht gelegentlich der indicativo. ▪ sperare ▪ temere	Gefühl, persönliches Empfinden
▪ Sono contento che **tu abbia superato** l'esame.	▪ Spero che **supererà** l'esame. ▪ Temo che **non supererà** l'esame.	
Nach den folgenden unpersönlichen Verben und Ausdrücken steht der congiuntivo, besonders	Nach den folgenden unpersönlichen Verben und Ausdrücken steht der indicativo.	unpersönliche Verben und Ausdrücke

Congiuntivo

wenn sie die Möglichkeit, Wahrscheinlichkeit, den Zwang, die Notwendigkeit, Verpflichtung oder das persönliche Empfinden ausdrücken. Bei den Verben und Ausdrücken, die eine Tatsache und Sicherheit ausdrücken steht der congiuntivo, wenn sie verneint sind.

- accade
- basta
- è bene
- bisogna
- è certo
- è chiaro
- mi dispiace
- è evidente
- è facile
- importa
- è impossibile
- è male
- è il meno
- è necessario
- è noto
- occorre
- è ora
- pare
- è un peccato
- mi piace
- è possibile
- è probabile
- può darsi
- mi rincresce
- sembra
- è sicuro
- è strano
- succede
- è vero
- è una vergogna
- è tempo

- Non è certo che **venga** domani.
- Non è sicuro che **abbia superato** l'esame.
- Succede spesso che **sbagli**.
- È possibile che **venga** domani.
- Mi rincresce molto che **non sia venuto**.

Kein Congiuntivo

Nach den unpersönlichen Ausdrücken, die Tatsachen und Sicherheit ausdrücken steht der indicativo.

- ci + essere
- è certo
- è chiaro
- è evidente
- è indubbio
- è noto
- è sicuro
- è vero

- È sicuro che **viene**.
- È certo che **ha superato** l'esame.

Nach den unpersönlichen Verben und Ausdrücken, die das Wetter, die Witterungsverhältnisse beschreiben steht der indicativo.

- fa caldo
- fa un freddo
- fa bel tempo
- fa brutto tempo
- si fa buio
- si fa giorno
- si fa tardi
- gela
- grandina
- lampeggia
- nevica
- piove
- tuona

- Nevica tanto che **non si vede** a un passo.
- Fa un freddo che **non ti dico**.

Congiuntivo	Kein Congiuntivo	
Nach den folgenden temporalen (zeitlichen) Konjunktionen. ■ finché ■ prima che ■ fino a che	Nach den folgenden temporalen (zeitlichen) Konjunktionen steht der indicativo. ■ allorché ■ finché ■ (non) appena ■ fino a che ■ da quando ■ mentre ■ dopo che ■ quando	temporale Konjunktionen
■ Devi andartene prima che **venga** mio marito.	■ (Non) appena **parte** possiamo uscire.	
Nach den meisten finalen (den Zweck, die Absicht ausdrückenden) Konjunktionen. ■ affinché ■ in modo che ■ che ■ perché	Die folgenden finalen (den Zweck, die Absicht ausdrückenden) Konjunktionen stehen mit dem indicativo. ■ che ■ così ... che ■ cosicché ■ in modo che	finale Konjunktionen
■ Partono presto affinché **sia** possibile evitare il traffico.	■ Cominciate a lavorare presto di mattina cosicché **potete** terminare questo progetto per domani.	
Die kausale (begründende) Konjunktion perché kann mit dem congiuntivo stehen.	Die meisten kausalen (begründenden) Konjunktionen stehen mit dem indicativo. ■ dato che ■ perciò ■ perché ■ poiché	kausale Konjunktionen
■ Non perché non **voglia**, ma perché non posso.	■ Non posso venire dato che piove.	
Die folgenden konsekutiven (die Folge ausdrückenden) Konjunktionen stehen mit dem congiuntivo Ausdruck, dass die Folge gewünscht, gefordert, erwartet wird. ■ che ■ senza che	Die folgenden konsekutiven (die Folge ausdrückenden) Konjunktionen stehen mit dem indicativo zum Ausdruck der tatsächlichen Folge. ■ che ■ così ... che ■ cosicché ■ di modo che	konsekutive Konjunktionen
■ Paolo ha superato l'esame senza che **abbia studiato**.	■ Oggi non usciamo cosicché **possiamo** incontrarci a casa.	
Die meisten konzessiven (einräumenden) Konjunktionen stehen mit dem congiuntivo. ■ benché ■ nonostante ■ come se ■ sebbene ■ malgrado (che)	Die konzessive (einräumende) Konjunktion tuttavia steht mit dem indicativo.	konzessive Konjunktionen

Der Congiuntivo

	Congiuntivo	Kein Congiuntivo
	▪ Benché **lavori** molto, è povero. ▪ Malgrado non **abbia** molto tempo ti aiuterò.	▪ So che fallirò, tuttavia **voglio** provare.
konditionale Konjunktionen kein futuro oder condizionale nach se (falls, wenn)	Die meisten konditionalen (bedingenden) Konjunktionen stehen mit dem congiuntivo zum Ausdruck der Unwahrscheinlichkeit, Nichtwirklichkeit. Zu beachten ist die Zeitenfolge in Bedingungssätzen. ▪ammesso che ▪posto che ▪nel caso che ▪se ▪a condizione che ▪supposto che ▪malgrado che	Nach der konditionalen (bedingenden) Konjunktion se steht der indicativo. Auf se (wenn, falls) darf kein futuro oder condizionale folgen. Nach se (ob), es leitet indirekte Fragesätze ein, kann das futuro oder condizionale stehen.
	▪ Verrei a prenderti se **arrivassi** in tempo. ▪ Sarei venuto a prenderti se **fossi arrivato** in tempo.	▪ Vengo a prenderti se **arrivi** in tempo. ▪ Verrò a prenderti se **arrivi** in tempo. ▪ Venivo a prenderti se **arrivavi** in tempo.
adversative Konjunktionen	Die adversativen (gegensätzliche) Konjunktionen sempre che und seppure.	Die adversativen (gegensätzliche) Konjunktionen außer sempre che und seppure stehen mit dem indicativo.
	▪ Seppure **dica** che mi vuole bene, viene raramente.	▪ Non ha mai studiato, eppure **suona** meravigliosamente.
vergleichende Konjunktionen	Die vergleichende Konjunktion come se verlangt den congiuntivo.	Die vergleichenden Konjunktionen außer come se stehen mit dem indicativo.
	▪ Cucina come se **fosse** un vero cuoco. ▪ Viviamo come se tu **fossi** qui.	▪ Facciamo tutto come **desidera**.
anreihende Konjunktionen		Die anreihenden (Sätze verbindenden) Konjunktionen stehen mit dem indicativo. ▪ Faccio tutto il lavoro e poi **posso** andare a casa.
Indefinitpronomen	Nach den folgenden Indefinitpronomen. ▪chiunque ▪qualsiasi ▪dovunque ▪qualunque	
	▪ Chiunque **venga**, io non sono a casa. ▪ Dovunque tu **vada** ti seguirò.	

Congiuntivo	Kein Congiuntivo	
Nach Komparativen + che non/di quanto.		Komparativ + che non, di quanto
▪ Va meglio di quanto **si sperasse**.		
Nach Superlativen.		Superlative
▪ È la città più interessante che io **conosca**.		
Im Relativsatz zum Ausdruck eines Wunsches, einer Forderung oder Erwartung.	Im Relativsatz zum Ausdruck einer Tatsache.	im Relativsatz
▪ Cerchiamo una dattilografa che **sappia** l'italiano.	▪ Abbiamo una dattilografa che **sa** l'italiano.	
Im Relativsatz zum Ausdruck, dass etwas ausgeschlossen erscheint oder zum Ausdruck einer subjektiven Meinung. Dies ist vor allem dann der Fall, wenn im Hauptsatz ein Superlativ oder die folgenden Indefinitpronomen verwendet werden.		
▪ il primo ▪ non ... nessuno ▪ Il solo ▪ non ... niente ▪ l'ultimo ▪ non ... nulla ▪ l'unico		
▪ Non trovo niente che mi **piaccia**. ▪ Non ha nessuno che lo possa aiutare.		
Im Relativsatz, wenn der Hauptsatz verneint ist.		
▪ Non c'è nessuno che **sappia** l'italiano.		

Übungen zum Congiuntivo

1. **Setzen Sie die Verben in Klammern in den congiuntivo oder indicativo.**

1. (Costare) quel che (costare), io lo comprerò!

2. (Venire) avanti Signor Giuffrida, la porta è aperta.

3. (Vivere) il re!

4. Credi che (convenire) a Luciana cambiare casa quest'anno?

5. L'insegnante d'italiano sostiene che nessuna lingua (essere) più facile o più difficile di un'altra.

6. La mamma pensa che tu (stare) ancora da Claudia. Perché non le dici la verità?

7. Dicono che Vittorio (girare) con la bicicletta da tre giorni senza sosta.

8. L'imputato contesta il fatto che il processo (venire) rimandato.

9. Laura finge che (essere) tutto a posto, ma io la conosco: sta male.

10. Crediamo che il nuovo vicino di casa (essere) il proprietario del negozio di elettrodomestici all'angolo.

richtig   falsch

2. **Setzen Sie die Verben in Klammern in den congiuntivo oder indicativo.**

1. Che il candidato (parlare) pure.

2. Che (avere) ragione i tuoi genitori? Non lo so.

3. Non so da dove tu (venire), ma sembri cinese.

4. Il nonno dubita che voi (riuscire) a stare ancora a lungo in piedi, ma non vi conosce...

5. Non siamo sicuri che tu (potere) piacere a Carlotta, ma se vuoi te la presentiamo.

6. Sappiamo che voi (volere) comprare una macchina nuova.

7. So che cosa (cercare) ma non vi (potere) aiutare.

8. Pretendo che voi mi (dire) la verità.

9. Non so quale delle due coperte (essere) la più calda.

10. Dubito che (superare) l'esame.

richtig   falsch

3. Setzen Sie die Verben in Klammern in den congiuntivo oder indicativo.

1. Preferisco che tu mi (accompagnare) a casa.

2. Speriamo che la temperatura non (essere) troppo rigida.

3. Spero che tu (imparare) presto a parlare l'italiano.

4. Sono molto felice che mia madre ci (venire) a trovare.

5. Nascondo qui il regalo perché temo che Enrico lo (vedere).

6. Mi preoccupo che Francesco non (trovare) la strada.

7. Giulia è delusa che essi non le (dare) le ferie.

8. Il nonno si rallegra che il nipotino lo (andare) a trovare.

9. Ho paura che tu (stare) sbagliando.

10. Cosa volete che vi (dire)?

richtig   falsch

4. Setzen Sie die Verben in Klammern in den congiuntivo oder indicativo.

1. Non ci sembra giusto che tu le (dovere) nascondere la verità.

2. Se non consci la verità, è meglio che tu (tacere).

3. È ormai sicuro che noi (partire) per l'Asia.

4. È evidente che Cristina (avere) paura di manifestarti i suoi sentimenti.

5. Conviene che voi vi (vedere) direttamente al cinema.

6. Non ci sembra giusto che le si (dovere) nascondere la verità.

7. Il terremoto è stato violento, ma pare che non ci (essere) morti.

8. È tempo che Francesco (iniziare) a parlare; ha quasi 3 anni.

9. Bisogna che tu (caprie) che Giuseppe in questo periodo è molto stanco.

10. È meglio che voi glielo (dire) subito, che avete rotto il vaso.

richtig   falsch

5. Setzen Sie die Verben in Klammern in den congiuntivo oder indicativo.

1. Benché io (avere) la febbre, ti farò compagnia.

2. Cucinerò io a condizione che tu dopo (lavare) i piatti.

3. Rifarò io il letto, purché tu mi (fare) dormire ancora un po'.

4. Parlagli subito prima che tu (uscire).

5. Sempreché tu (riuscire) a mangiare tutta la pasta, ti darò le patatine.

6. Parlerò con tuo padre, a meno che lui non si (opponere).

7. A patto che essi (parlare) sottovoce, li farò entrare a vedere il piccolo che dorme.

8. Regalerò un gattino a Michela, a condizione che lo (volere).

9. Il raccolto dell'uva quest'anno sarà non abbondante, a meno che il bel tempo (durare) fino a settembre e la maturazione si (concludere).

10. Visto il bel tempo, suppongo che voi (partire) oggi.

richtig   falsch

6. Setzen Sie die Verben in Klammern in den congiuntivo passato.

1. Peccato che l'uso sfrenato delle nuove tecnologie, a partire dagli SMS, (sottrarre) a tanti giovani il tempo ed il piacere di scrivere.

2. Com'è possibile che tutti i viaggi che hai fatto per il mondo non ti (rendere) più tollerante?

3. Temo che l'acquisto del motorino non (essere) proprio un ottimo affare.

4. La nonna è felicissima che voi (andare) a trovarla.

5. Roma è la città più interessante che io (visitare, mai).

6. Qualsiasi (essere) il suo motivo, non si sarebbe dovuta comportare così.

7. Giulio ha negato che sua sorella lo (aiutare) a svolgere il compito.

8. Loriana teme che la casa dei suoi sogni (vendere, già). (passivo)

9. Il maestro è convinto che Giuseppe e Giovanni (studiare) insieme.

10. Dubitiamo fortemente che tu (avere) successo con quell'orribile canzone. richtig   falsch

Die entsprechenden Lösungen befinden sich auf Seite 268.

Der Konditional (Il condizionale)

Der Konditional stellt als Tempus (Zeit) einen Vorgang dar, der in der Gegenwart oder Zukunft bzw. Vergangenheit stattfinden könnte bzw. hätte stattfinden können.

Als Modus drückt er die folgenden Sachverhalte aus und steht oft im Bedingungssatz.

Wunsch	Zum Ausdruck des höflich geäußerten Wunsches. Dies wird im Deutschen häufig mit dem Konjunktiv übersetzt.	▪ **Potrebbe** descrivermi la strada per Roma? (Könnten Sie mir den Weg nach Rom beschreiben?)
höfliche Bitte, höfliche Aufforderung	Zum Ausdruck der höflichen Bitte bzw. der höflichen Aufforderung. Im Deutschen wird hier häufig der Konjunktiv verwendet.	▪ **Sarebbe** così gentile da darmi questo libro? (Hätten Sie die Freundlichkeit, mir dieses Buch zu geben?)
Möglichkeit	Zum Ausdruck der Möglichkeit in zweifelnden Fragen oder solchen, die mit Entrüstung zurückgewiesen werden. Im Deutschen wird dies oft mit *soll, sollte* übersetzt.	▪ **Avrebbe** ragione? (Sollte sie recht haben?) ▪ Che? Io **avrei detto** questo? (Was? Ich soll(te) das gesagt haben?)
Zweifel, unsichere Fragen	Zum Ausdruck des Zweifels, der unsicheren Frage.	▪ Cosa **penserebbe** che pensa di me? (Was würde er bloß von mir denken?)
Information vom Hörensagen	Zum Ausdruck von Informationen, die man vom Hörensagen kennt oder zum Ausdruck unbestätigter Meldungen. Dies ist ein wichtiges Stilmittel der Medien. Im Deutschen wird dies oft mit *sollen* wiedergegeben.	▪ Il presidente **si dimetterebbe** stasera. (Der Präsident soll heute Abend zurücktreten.) ▪ Il presidente **si sarebbe dimesso** due ore fa. (Der Präsident soll vor zwei Stunden zurückgetreten sein.)
Bedingung	Zum Ausdruck der Unwahrscheinlichkeit, Unwirklichkeit steht er vor allem in Verbindung mit Bedingungssätzen (periodo ipotetico), die durch Konjunktionen wie se, a condizione che, nel caso che, supposto che etc. eingeleitet werden.	▪ Senza te **sarei** perduto. ▪ **Potrei** darti questo libro se tu mi dai 100.000 lire. ▪ Se piovesse, la strada **sarebbe bagnata.** ▪ Mi ha domandato se tu **verresti.**

Die Zeitenfolge im Bedingungssatz

Der Konditional drückt am häufigsten eine Bedingung, Voraussetzung aus. Konditional- oder Bedingungssätze (Se-Sätze) sind Nebensätze, die die Bedingung ausdrücken und durch Konjunktionen wie a condizione che, nel caso che, supposto che und am häufigsten durch se eingeleitet werden.

Im Italienischen steht im Bedingungssatz (Se-Satz) im Allgemeinen kein futuro oder condizionale. Nach se in der Bedeutung *ob,* ist das futuro oder condizionale allerdings möglich.

nach se (wenn)
kein futuro
oder condi-
zionale

Hauptsatz		Bedingungssatz (Se-Satz, Nebensatz)

Realis (die Bedingung ist erfüllbar) (Typ I)

Presente		Presente
Vengo a prenderti	se	arrivi in tempo.
Ich hole dich ab,	wenn	du rechtzeitig kommst.

Futuro Semplice		Presente
Verrò a prenderti	se	arrivi in tempo.
Ich hole dich ab,	wenn	du rechtzeitig kommst.

Irrealis der Gegenwart (die Erfüllung der Bedingung ist unwahrscheinlich)

Condizionale Presente		Congiuntivo Imperfetto
Verrei a prenderti	se	arrivassi in tempo.
Ich holte dich ab,	wenn	du rechtzeitig kämst.

Statt des oft ungebräuchlichen Konjunktivs, wird hier im Deutschen oft die Umschreibung mit der *würde*-Form verwendet.

Condizionale Presente		Congiuntivo Imperfetto
Verrei a prenderti	se	arrivassi in tempo.
Ich würde dich abholen,	wenn	du rechtzeitig kommen würdest.

Irrealis der Vergangenheit (die Bedingung bleibt unerfüllt)

Condizionale Passato		Congiuntivo Trapassato
Sarei venuto a prenderti	se	fossi arrivato in tempo.
Ich hätte dich abgeholt,	wenn	du rechtzeitig gekommen wärst.

In der Umgangssprache wird statt des condizionale passato und des congiuntivo trapassato häufig das imperfetto eingesetzt, ist jedoch nicht korrekt.

Imperfetto		Imperfetto
Venivo a prenderti	se	arrivavi in tempo.
Ich hätte dich abgeholt,	wenn	du rechtzeitig gekommen wärst.

Übungen zum Konditional

1. Setzen Sie die Verben in Klammern ins presente oder futuro semplice.

1. Se mi (restare) un po' di tempo (visitare) l'esposizione.

2. Se ti (distrarre) così facilmente, non (potere) apprendere nulla.

3. Se tu non (stare) tranquillo, tutto ti (sembrare) più difficile.

4. Se tu (continuare) a parlare senza riflettere, (commettere) sempre degli errori.

5. Se le condizioni del tempo non (peggiorare), domenica (andare) tutti a sciare.

6. Se ti (avvicinare), io ti (dire) un segreto.

7. Voi non (ricevere) proprio niente, se non (stare) buoni.

8. Se tu (dimostrare) di aver capito, gli insegnanti ti (aiutare).

9. Se tu non (avere) molto tempo, (dovere) accontentarti.

10. Se mi (comunicare) l'ora del tuo ritorno, io (venire) a prenderti.

richtig   falsch

2. Setzen Sie die Verben in Klammern ins condizionale presente oder den congiuntivo imperfetto.

1. Andando in centro con la macchina, io (rischiare) di essere multato se la (posteggiare) in divieto di sosta.

2. Se mi (trovare) in mezzo al deserto, non credo che (sapere) raggiungere la mia città.

3. Se la rivolta alla fine (arrivare) alla vittoria, il costo del fallimento (essere) comunque per tutti enorme.

4. Anche se io non (cantare) più, (scrivere) o (produrre) dischi.

5. Se tu non (studiare) più l'italiano, (essere) per te un grande svantaggio.

6. Io (essere) felice se egli mi (dire) che sto sbagliando.

7. Mi (piacere) se il Governo italiano (portare) avanti questa iniziativa.

8. Se (dovere) incontrare un extra-terrestre la mia paura (essere) tale che fuggirei a gambe levate.

9. Se tutti ci (impegnare) per il bene di tutti, forse ovunque la vita (migliorare).

10. Se io non (innaffiare) ogni giorno, il nostro giardino non (essere) così bello. richtig falsch

3. Setzen Sie die Verben in Klammern ins condizionale passato oder congiuntivo trapassato.

1. Io (venire) prima, se (sapere) che mi stavate aspettando.

2. Penso che se tu non (avere) fiducia in te, ora non (raggiungere) l'attuale posizione.

3. Tu (Essere) sicuramente in difficoltà se (accadere) a me.

4. Certamente i suoi genitori l'(perdonare), se (conoscere) la verità.

5. Se voi (uscire) prima, li (raggiungere).

6. Se i miei consigli (prendere) (passivo) nella dovuta considerazione, non vi (trovare) in quella situazione.

7. Se io (firmare) un contratto, non mi (preoccupare) di nulla.

8. Voi (passare, certamente) l'esame se vi (impegnare) di più.

9. Se noi (sapere) che c'eravate anche voi, (apparecchiare) in giardino.

10. Come ti (comportare) se noi ti (dire) che Anna se ne era andata? richtig falsch

4. Setzen Sie die Verben in die richtige Zeit.

1. Se noi (continuare) di questo passo, non (arrivare) mai in tempo.

2. Se tu mi (volere) seguire, io ti (mostrare) la casa.

3. Se tu (volere) andare al cinema, tu (dovere) accompagnare Enrico.

4. Se quest'estate c'(essere) tanto caldo, come (essere) l'inverno?

5. Che bello (essere), se noi (abitare) in quella casa tutta di legno.

6. Se me lo (potere) permettere, io (acquistare) una casa in montagna.

7. Se non gli (dire) quello che penso, si (arrabbiare) molto.

8. Forse se noi (avvertire (passivo) in tempo, (venire) anche noi.

9. Se l'avversario in campo (sapere) delle momentanee difficoltà
dello sfidante, (attaccare) senza esitazione.

10. Se voi (fare) la spesa ieri, oggi non (avere) il frigorifero vuoto.

richtig   falsch

Die entsprechenden Lösungen befinden sich auf Seite 268 ff.

Der Imperativ (L'imperativo)

Der Imperativ, die so genannte Befehlsform, drückt einen Befehl, eine Aufforderung aus.
Die Imperativformen können, außer in der 1. Person Singular, für die keine Form zur Verfügung steht, in allen Personen gebildet werden. Das entsprechende Personalpronomen wird nur dann verwendet, wenn die Person, an die eine Aufforderung gerichtet ist, besonders betont werden soll.

Der bejahte Imperativ

Aufforderungen, die an eine bzw. mehrere Personen gerichtet sind, die man duzt (du bzw. ihr), werden durch die Formen der 2. Person Singular bzw. Plural ausgedrückt.

- **Leggi** questo testo.
  (Lies diesen Text!)
- **Leggete** questo testo.
  (Lest diesen Text!)

2. Person

Aufforderungen, die an eine bzw. mehrere Personen gerichtet sind, die man siezt (Sie), werden durch die Formen der 3. Person Singular bzw. Plural ausgedrückt.

- **Beva** in fretta.
  (Trinken Sie (eine Person) schneller!)
- **Entrino** pure.
  (Treten Sie (mehrere Personen) nur ein!)

3. Person

Aufforderungen, die an die 1. Person Plural (wir) gerichtet ist, werden durch die Formen der 1. Person Plural ausgedrückt.

- **Andiamo.**
  (Lasst uns gehen!, Gehen wir!)
- **Leggiamo** questo testo.
  (Lesen wir diesen Text!)

1. Person

Der verneinte Imperativ

Dem verneinten Imperativ wird non vorangestellt. Die Formen entsprechen denen des bejahten Imperativs außer in der 2. Person Singular, wird direkt der Infinitiv übernommen.

- **Non leggere** questo testo.
  (Lies diesen Text nicht!)
- **Non venda** questa casa.
  (Verkaufen Sie dieses Haus nicht!)
- **Non leggete** questo testo.
  (Lest diesen Text nicht!)

Die Höflichkeitsform (La forma di cortesia)

Die Anrede erfolgt im Italienischen mit den Verbformen des indicativo presente, oder zur besonders höflichen Anrede, mit den Verbformen des condizionale presente.

Anrede von Personen, die man duzt

Zur Anrede von einer bzw. mehreren Personen (du bzw. ihr), die man duzt dienen die Formen der 2. Person Singular bzw. Plural des indicativo presente und des condizionale presente.
Im Italienischen wird unter Bekannten, Kollegen etc. die Du-Form sehr viel häufiger verwendet, als im Deutschen.
Die Form der 2. Person Plural wird vor allem in der Geschäftskorrespondenz sehr häufig verwendet.

- Che cosa hai fatto?
  (Was hast du gemacht?)
- Mi daresti questo libro?
  (Würdest du mir dieses Buch geben?)
- Che cosa avete fatto?
  (Was habt ihr gemacht?)
- Mi dareste questo libro?
  (Würdet ihr mir dieses Buch geben?)
- Informatemi il più presto possibile, per favore.
  (Bitte informieren Sie mich so bald wie möglich!)

Anrede von Personen, die man siezt

Zur Anrede von einer bzw. mehreren Personen (Sie), die man siezt, dienen die Formen der 3. Person Singular bzw. Plural des indicativo presente. Zur besonders höflichen Anrede dienen die Formen des condizionale presente.
Die Höflichkeitsformen der 3. Person Plural werden generell als sehr formell empfunden. Statt dessen wird viel häufiger die 2. Person Plural verwendet.

- Che cosa ha fatto?
  (Was haben Sie (eine Person) gemacht?)
- Mi darebbe questo libro?
  (Würden Sie (eine Person) mir dieses Buch geben?)
- Che cosa hanno fatto?
  (Was haben Sie (mehrere Personen) gemacht?)
- Mi darebbero questo libro?
  (Würden Sie (mehrere Personen) mir dieses Buch geben?)

Der Infinitiv (L'infinito)

Der Infinitiv gehört zu den infiniten, nicht konjugierten, Verbformen und ist die Grundform des Verbs.

Der Infinito presente

Der infinito presente steht zum Ausdruck der Gleichzeitigkeit, d. h. die Handlung von Haupt- und Nebensatz findet gleichzeitig statt.

- Ho visto Luigi lavare la macchina.
  (Ich sah Luigi das Auto waschen.)
  (Das Sehen und Waschen findet gleichzeitig statt.)

Der infinito presente attivo steht im Aktivsatz, d. h. der Handelnde wird genannt.

- Sua madre ha permesso loro di rimanere un poco di più.
  (Ihre Mutter hat ihnen erlaubt ein bisschen länger zu bleiben.)
  („Sua madre" ist der Handelnde.)

Der infinito presente passivo steht im Passivsatz, d. h. der Handelnde wird nicht genannt.

- Spero di essere invitato.
  (Ich hoffe eingeladen zu sein.)
  (Wer einlädt wird nicht mitgeteilt.)

Der Infinito passato

Der infinito passato steht zum Ausdruck der Vorzeitigkeit, d. h. die Handlung des Nebensatzes findet vor der des Hauptsatzes statt.

- Mi è dispiaciuto non averla vista.
  (Ich bedauerte sie nicht gesehen zu haben.)
  (Das Sehen findet vor dem Bedauern statt.)

Der infinito passato attivo steht im Aktivsatz, d. h. der Handelnde wird genannt.

- Luigi ha confessato di aver commesso l'errore.
  (Luigi gestand diesen Fehler gemacht zu haben.)
  („Luigi" ist der Handelnde.)

Der infinito passato passivo steht im Passivsatz, d. h. der Handelnde wird nicht genannt.

- Ho sperato di essere stato invitato.
  (Ich hoffte eingeladen worden zu sein.)
  (Wer einlud wird nicht mitgeteilt.)

Der Infinitiv wird als reiner Infinitiv (ohne Präposition) oder mit den Präpositionen a, di oder da oder auch anderen Präpositionen verwendet. Statt der Präposition a kann vor Infinitiven, die mit Vokal und stummem -h beginnen auch ad verwendet werden.

Infinitiv + da

essere
avere

> Nach essere und avere zum Ausdruck der Notwendigkeit und nach essere im passivischen Sinn.

- Non è da raccomandare.
- Ho molto da fare.

Reiner Infinitiv

Modalverben

> Nach den Modalverben sowie nach fare ((veranlassen) und lasciare ((zu)-lassen).

- Vuole incontrarla domani.

Infinitiv + a

> Wird fare als Vollverb verwendet, wird der Infinitiv mit a angeschlossen.

- Come si fa a convincerlo?

Reiner Infinitiv

unpersönliche
Verben

> Nach den folgenden unpersönlichen Verben.

- basta — es genügt
- bisogna — man muss
- mi piace — es gefällt mir
- mi tocca — es ist an mir

- Bisogna essere puntuali.

> Nach den unpersönlichen Ausdrücken, die aus essere + Adjektiv zusammengesetzt sind.

- È meglio fare questo lavoro subito.

Infinitiv + di

> Nach den folgenden unpersönlichen Verben.

- pare — es scheint
- succede — es geschieht

- Gli succede spesso di smarrire la chiave.

> Nach den unpersönlichen Ausdrücken, die aus essere + Substantiv bestehen.

- Non è il caso di allarmarsi.

Reiner Infinitiv

Verben der Sinneswahrnehmung

> Nach den folgenden Verben der Sinneswahrnehmung.

- ascoltare — hören
- guardare — beobachten
- sentire — hören
- vedere — sehen

- Guardava i bambini giocare nel giardino.

Infinitiv + di

Nach den meisten Verben des Sagens und Denkens.

- accorgersi wahrnehmen
- augurare beglückwünschen
- chiedere fragen
- consigliare raten
- credere glauben
- decidere entscheiden
- dire sagen
- domandare fragen
- evitare vermeiden
- finire beenden
- impedire verhindern
- offrire anbieten
- pensare denken
- pregare bitten
- pretendere vorgeben
- sperare hoffen
- tentare versuchen
- terminare beenden

- Ha deciso **di dire** la verità.

Infinitiv + a

Nach den folgenden Verben des Sagens und Denkens.

- aiutare helfen
- condannare verurteilen
- contribuire beitragen
- decidere entscheiden
- imparare lernen
- obbligarsi sich verpflichten
- pensare denken
- persuadere überzeugen
- riuscire gelingen

- Si è deciso **a dire** la verità.

Verben des Sagens und Denkens

Reiner Infinitiv

Nach den folgenden Verben, die einen Wunsch ausdrücken.

- desiderare wünschen
- intendere beabsichtigen
- preferire bevorzugen
- volere wollen

- Desiderava **uscire** subito.

Infinitiv + a

Nach den folgenden Verben der Willensäußerung.

- acconsentire einwilligen
- costringere zwingen
- rinunciare verzichten

- L'hanno costretto **ad andarsene.**

Infinitiv + di

Nach den Verben, die einen Befehl ausdrücken.

- comandare befehlen
- desiderare wünschen
- ordinare befehlen

- Suo padre ha coman**dato loro di andare** a letto alle sette.

Verben des Wünschens, der Willensäußerung

Infinitiv + di

Nach den folgenden Verben, die die Erlaubnis, ein Verbot ausdrücken.

- negare verneinen
- permettere erlauben
- proibire verbieten
- vietare verbieten

Infinitiv + a

Nach den folgenden Verben, die die Erlaubnis, ein Verbot ausdrücken.

- ammettere zugestehen
- autorizzare ermächtigen

Verben der Erlaubnis, des Verbots

Der Infinitiv

Infinitiv + di	Infinitiv + a
▪ Sua madre ha permesso loro **di rimanere** un poco di più.	▪ Il direttore ha autorizzato Paolo **a sostituirlo** durante la sua assenza.

	Reiner Infinitiv	Infinitiv + di	Infinitiv + a
Verben des persönlichen Empfindens	Nach den folgenden Verben des persönlichen Empfindens. ▪ dispiacere missfallen ▪ rincrescere leid tun	Nach den folgenden Verben des persönlichen Empfindens. ▪ dispiacere missfallen ▪ lamentarsi sich beklagen ▪ pentirsi bereuen ▪ rallegrarsi sich freuen ▪ rincrescere leid tun ▪ temere fürchten ▪ vergognarsi sich schämen	Nach den folgenden Verben des persönlichen Empfindens. ▪ abituarsi sich gewöhnen ▪ adoperarsi sich bemühen ▪ divertirsi sich amüsieren ▪ incoraggiare ermutigen
	▪ Mi è dispiaciuto **non averla vista.**	▪ Mi rallegro **di rincontrarti.**	▪ Si è adoperato **a fare** questo lavoro.

	Infinitiv + a
Verben der Bewegung(srichtung)	Nach den folgenden Verben der Bewegung, Bewegungsrichtung. ▪ affrettarsi sich beeilen ▪ andare gehen ▪ condurre fahren ▪ correre laufen ▪ mandare schicken ▪ salire steigen ▪ scendere hinabgehen ▪ uscire hinausgehen ▪ venire kommen
	▪ Mi ha mandato **a spostare** la sua macchina dal parcheggio.
Verben der Ruhe	Nach den Verben der Ruhe, des Verweilens, Innehaltens.
	▪ Ha esitato **a lungo a chiamarti.**
Verben des Zwecks, Ziels	Nach den Verben, die den Anfang, Beginn

Infinitiv + a

mit einem bestimmten Ziel, Zweck ausdrücken.

- cominciare beginnen
- continuare fortfahren
- mettersi   sich daran machen
- prepararsi sich vorbereiten

- Anna ha cominciato **a lavorare** alle sette stamattina.

Reiner Infinitiv

Manche Infinitive können durch Voranstellen des Artikels zum Substantiv werden.
Als Subjekt am Satzanfang oder in allgemeinen Anweisungen.

- **il dovere** (die Pflicht)
- **Dire e fare** sono due cose diverse.

Infinitiv + di

Als Attribut (Beifügung) nach bestimmten Substantiven.

- Non ha voglia **di uscire.**

Infinitiv + da

Nach bestimmten Substantiven und Pronomen zur Angabe des Zwecks, der Bestimmung.

als, nach Substantiven, Pronomen

- Mi sono comprato una macchina **da scrivere.**
- Non ho nulla **da dire.**

Infinitiv + a

Nach den folgenden Adjektiven.
Nach den Adjektiven facile, interessante und difficile wird der Infinitiv meist reflexiv verwendet.

- abituato   gewöhnt
- deciso   entschlossen
- difficile   schwierig
- facile   leicht, einfach
- interessante   interessant
- occupato   besetzt
- pronto   bereit, fertig

- Siamo pronti **a partire.**
- È un metodo facile **a capirsi.**

Infinitiv + di

Nach den meisten Adjektiven und besonders nach den Adjektiven des persönlichen Empfindens.

- Sono certo **di riuscire.**
- È libero **di fare** tutto quello che vuole.

Infinitiv + da

Nach così, tanto + Adjektiv oder Adverb zur Angabe der Folge.

nach Adjektiven

- Appariva così triste **da far pena.**
  (Er sah so traurig aus, dass er einem leid tat.)

Der Infinitiv kann anstelle von Nebensätzen stehen und stellt in dieser Funktion ein wichtiges Stilmittel der Satzverkürzung dar.

	Reiner Infinitiv	Infinitiv + di
ohne bestimmtes, bei gleichem Subjekt	Anstelle von Nebensätzen ohne bestimmtes Subjekt.	Anstelle von Nebensätzen bei gleichem Subjekt von Haupt- und Nebensatz. Bei verschiedenen Subjekten in Haupt- und Nebensatz, steht ein Nebensatz + che.
	▪ È meglio **fare** questo lavoro subito. ▪ È impossibile **saper** tutto.	▪ Io dubito **di vincere.** (Ich bezweifle, dass ich gewinne.) ▪ Io dubito **che tu vincerai.** (Ich bezweifle, dass du gewinnen wirst.)

	Infinitiv + a
temporale Nebensätze	Anstelle temporaler (zeitlicher) Nebensätze.
	▪ **Al** vederlo, Gianna sorrise. (Quando lo vede, Gianna sorride.)

	Infinitiv + a	Infinitiv + di	Infinitiv + da
finale Nebensätze	Anstelle finaler (den Zweck angebender) Nebensätze.	Anstelle finaler (den Zweck angebender) Nebensätze.	Anstelle finaler (den Zweck angebender) Nebensätze.
	▪ Ci vuole dare **a intendere** il falso.	▪ Li pregò **di fare** silenzio.	▪ Vogliono dei libri **da leggere.**
kausale Nebensätze	Anstelle kausaler (begründender) Nebensätze.	Anstelle kausaler (begründender) Nebensätze.	
	▪ Hai fatto male **a non portare** Marco.	▪ Mi spiace **di non poter** venire.	

	Infinitiv + di	Infinitiv + da
konsekutive Nebensätze	Anstelle konsekutiver (die Folge ausdrückender) Nebensätze.	Anstelle konsekutiver (die Folge ausdrückender) Nebensätze.
	▪ È degno **di essere** amato.	▪ Ho una sete **da morire.**

Infinitiv + a

Anstelle konditionaler (bedingender) Nebensätze.

konditionale Nebensätze

- A sentirlo si direbbe che è pazzo.

Infinitiv + di

Anstelle von Relativsätzen besonders nach Ordnungszahlen und nach il solo, l'ultimo, l'unico.

Relativsätze

- Paolo era il primo a tagliare il traguardo.

Reiner Infinitiv

Anstelle von Fragesätzen wird der Infinitiv ohne Präposition an das Fragewort angeschlossen.

- Che fare?
  (Che dobbiamo fare?)
- A chi riferirmi?

Übungen zum Infinitiv

1. Setzen Sie a oder di ein wo notwendig.

1. Non posso ... perdonare i tuoi compagni di classe solo perché me lo chiedi tu.

2. Credi che a Luciana convenga ... cambiare scuola?

3. Mi piace molto ... lavorare a maglia.

4. Mio padre sa ... affrontare qualsiasi situazione.

5. Invece di riposare, preferisco ... continuare a studiare così da finire in tempo per vedere la partita.

6. Aveva giurato ... dire la verità.

7. Le fiamme divampavano violente e minacciavano ... raggiungere le prime baite lungo i pendii della montagna.

8. Ognuno è libero ... vivere come preferisce.

9. Avevano deciso ... partire l'indomani mattina al sorgere del sole.

10. Spero ... poter convincere il professore a lasciarci pochi compiti per domani.

11. Porta la tua cuginetta ... giocare fuori!

12. Ci convinse ... cercare il tesoro.

13. Rimarrò ... leggere un bel libro visto che oggi piove a dirotto.

14. La ragazza continuava ... ripetere che aveva studiato.

15. Perché ti metti sempre ... studiare sulla mia scrivania?

richtig   falsch

2. Ersetzen Sie die blau gedruckten Nebensätze durch den Infinitv.

1. Vi auguro che siate sempre così uniti.

2. Sono contento che io abbia finito questo esercizio.

3. Mi chiedo dove io possa mangiare qualcosa.

4. Mi dispiace molto che io ti abbia offeso.

5. Le raccomandò che badasse a suo figlio.

6. Ogni tanto mi sembra che io parli troppo.

7. Si vestiva in tal modo affinché tutti la guardassero.

8. Il reggimento non sapeva dove dovesse andare.

9. Ti auguro che tu sia felice.

10. Il professore parlava in quel modo affinché catturasse l'attenzione dei ragazzi.

richtig   falsch

3. Setzen Sie die Verben in Klammern in den infinito presente oder passato (attivo).

1. Credete veramente che quell'uomo è da (considerare) pazzo?

2. La sua forza è proprio questa: (rimanere) semplice.

3. Appena giunta all'aeroporto, Gianna non poté (trattenere) le lacrime.

4. Mi aiutate a (piantare) la tenda?

5. Anna pensa di non (studiare) abbastanza per quell'esame.

6. Prima di (parlare) è bene che tu rifletta.

7. Mi ha detto di (andare) a scuola.

8. Ha promesso di (essere) puntuale.

9. Spero di poter (restare) qui in Italia ancora per un anno.

10. Continuiamo a (sperare) che tutto vada bene.

richtig   falsch

Die entsprechenden Lösungen befinden sich auf Seite 269.

Die Partizipien (I participi)

Die Partizipien gehören zu den infiniten, nicht konjugierten Verbformen.
Sie richten sich, je nachdem in welcher Funktion sie stehen, in Geschlecht und
Zahl nach ihrem Bezugswort, d. h. handelt es sich um ein männliches Bezugswort
im Singular, bleibt das participio presente unverändert, das participio passato endet auf -o. Bei einem männlichen Bezugswort im Plural, endet das participio presente und das participio passato auf -i. Bei einem weiblichen Bezugswort im Singular bleibt das participio presente unverändert, das participio passato endet auf -a, bei einem weiblichen Bezugswort im Plural endet
das participio presente auf -i und das participio passato auf -e. Bei männlichen und weiblichen Bezugswörtern endet das participio presente und das
participio passato auf -i, selbst wenn nur ein männliches Bezugswort unter
mehreren weiblichen ist.
Das participio passato richtet sich nur dann nach dem Bezugswort, wenn es
mit essere konjugiert wird. Wird es mit avere konjugiert, richtet es sich nur in den
auf den folgenden Seiten aufgeführten Fällen nach seinem Bezugswort.

Nu.	Genus	Participio Presente	Participio Passato
Sing.	männlich	un pacchetto **pesante**	Luigi è **arrivato**
	weiblich	una valigia **pesante**	Anna è **arrivata**
Plur.	männlich	pacchetti **pesanti**	Luigi e Michele sono **arrivati**
	weiblich	valige **pesanti**	Anna e Loriana sono **arrivate**
	männlich und weiblich	pacchetti e valige **pesanti**	Luigi e Anna sono **arrivati**

Das Partizip Präsens (Il participio presente)

als Adjektiv

Das participio presente steht
meist in der Funktion eines Adjektivs
und richtet sich dann in Geschlecht
und Zahl nach seinem Bezugswort.

- un uomo **amante**
  (ein liebender Mann)
- uomini **amanti**
- una donna **amante**
- donne **amanti**

Das Partizip Perfekt (Il participio passato)

zusammengesetze
Zeiten, Passiv

Das participio passato dient zur
Bildung der zusammengesetzten Zeiten und des Passivs. Bei den mit
essere konjugierten Verben und im
Passiv richtet sich das participio
passato in Geschlecht und Zahl
nach seinem Bezugswort.

- Ho **letto** il libro.
- Luigi è **arrivato** presto.
- Anna è **arrivata** presto.
- Gli uomini sono **arrivati** presto.
- Le donne sono **arrivate** presto.
- La porta è **aperta** dal portiere.

als Adjektiv

Das participio passato kann in
der Funktion eines Adjektivs stehen

- Anna pensò al suo **amato** marito.
  (Anna dachte an ihren geliebten Mann.)

und richtet sich dann auch in Geschlecht und Zahl nach seinem Bezugswort.

- Luigi pensò alla sua amata moglie.
- Luigi pensò ai suoi amati figli.
- Luigi pensò alle sue amate figlie.

Das participio passato steht anstelle temporaler (zeitlicher) Nebensätze.
Das Subjekt wird dem Partizip nachgestellt. Ist es ein Personalpronomen, steht die betonte Form des Personalpronomens.

- Terminato il lavoro, lo studente andò a casa.
  (Dopo che lo studente ebbe terminato il lavoro ...)
- Terminati i compiti, gli studenti andarono a casa.
- Arrivata lei, possiamo cominciare a mangiare.

anstelle temporaler Nebensätze

Das participio passato steht anstelle kausaler (begründender) Nebensätze.

- Partito di mattina presto, riuscì ad arrivare in tempo.
  (Perché è partito di mattina presto, ...)

anstelle kausaler Nebensätze

Das participio passato steht anstelle konzessiver (einräumender) Nebensätze.

- Partiti di mattina, arrivarono di sera.
  (Sebbene fossero partiti di mattina, arrivarono di sera.)

anstelle konzessiver Nebensätze

Das participio passato steht anstelle konditionaler (bedingender) Nebensätze.

- Partita lei, potremmo partire.
  (Se lei è partita, potremmo partire.)

anstelle konditionaler Nebensätze

Das participio passato kann anstelle von Relativsätzen stehen.

- Abbiamo già venduto tutti i dolci fatti da mia madre per lo spettacolo di beneficenza.
  (..i dolci che mia madre ha fatto ..)

anstelle von Relativsätzen

Die Angleichung des participio passato bei avere
(L'accordo del participio passato con avere)

Das Partizip Perfekt richtet sich, wie oben aufgeführt, bei den mit essere konjugierten Verben in Geschlecht und Zahl stets nach dem Wort, auf das es sich bezieht.
Bei den mit avere konjugierten Verben ist es meist unveränderlich. In den folgenden Fällen richtet es sich jedoch in Geschlecht und Zahl nach dem Wort, auf das es sich bezieht.

	Angleichung	Keine Angleichung
vorangehendes direktes Objekt	Geht dem Verb ein direktes Objekt voran, so richtet sich das participio passato in Geschlecht und Zahl nach diesem. Das vorangehende direkte Objekt kann sein: 1. ein Personalpronomen	Geht dem Verb kein direktes Objekt voran, so wird das participio passato nicht verändert. Auch wenn dem Verb ein direktes Objekt der folgenden Formen vorangeht, bleibt es unverändert. 1. das Relativpronomen che 2. bei einem sonstigen direkten Objekt, bleibt es vorzugsweise unverändert.
	▪ Gianna ha visto Paola. Gianna l'(la) ha **vista**. ▪ Anna ha visto Gianna e Luigi. Anna li ha **visti**.	▪ La casa che il Signor Bianchi ha **venduto**. ▪ Le lettere che Gianna ha **scritto**. ▪ Quanti libri ha **venduto?**
reflexive Verben	Bei reflexiven Verben richtet sich das participio passato in Geschlecht und Zahl nach dem Subjekt.	
	▪ Carla si è **lavata** le mani. ▪ Carla si è **comprata** una macchina.	
Si-Konstruktion		Bei der Si-Konstruktion wird das participio passato nicht verändert, wenn das Verb bei persönlicher Konstruktion mit avere konjugiert wird.
		▪ Si è **parlato** di te. (parlare + avere)

Übungen zu den Partizipien

1. **Setzen Sie die Verben in Klammern ins participio presente.**

   1. Avanzò la mano (tremare) perché qualcuno gli porgesse aiuto.

   2. È molto (preoccupare) la risposta che ti ha dato Daria.

   3. Parlò con tono sicuro, con voce (squillare) ma non sgarbata.

   4. È visitato da numerosi turisti (provenire) da ogni parte del mondo.

   5. Il vino traspariva in tutto il suo colore rosso (brillare) in bicchieri di pregiato cristallo.

   6. Questo è un problema sempre più (incombere).

   7. Il famoso attore scherza con le ragazze che con occhi (sognare) chiedono autografi.   richtig   falsch

2. **Setzen Sie die Verben in Klammern ins participio passato und gleichen Sie es an wo nötig.**

   1. Il televisore me lo hanno (regalare) i miei compagni di scuola per il mio diciottesimo compleanno.

   2. Per fortuna ho chiesto la strada ad un passante che me l'ha (spiegare) puntigliosamente.

   3. Nonostante Loriana e Michela dicano di essere malate, le abbiamo (vedere) passeggiare tranquille in città.

   4. Nonostante le abbiamo (cucinare) ieri, queste melanzane sono ancora deliziose.

   5. «Dove sono le mie pantofole?» chiese Vittorio. «Non lo so, l'ultima volta le ha (usare) tuo fratello.»

   6. Hanno scritto degli inviti di compleanno e li hanno (spedire) due giorni fa ma ancora non sono arrivati.

   7. La mamma ha cucinato delle ottime patate al forno e tu le hai (mangiare) tutte senza nemmeno farmele assaggiare.

   8. Lo hai già (aggiungere) il sale nell'acqua per la pasta?

   9. Avete ancora uova fresche? No, mi dispiace, le abbiamo (finire).

10. La nonna si è presentata alle elezioni comunali, l'avete (votare)?

11. L'intervento della polizia è (stare) tempestivo, efficace e brillante.

12. Fabrizia in quest'ultimo anno è (cambiare) tantissimo.

13. Mi sono (fidare) di te e tu non mi hai deluso.

14. Come è (andare) l'altra sera a casa di Carmela?

15. Le ragazze si sono (ribellare) perché le abbiamo sistemate in camere diverse.　　　　　　richtig　falsch

3. Ersetzen Sie die fett gedruckten Nebensätzen durch das participio passato.

1. I fiori di campo odoravano ora più forte che mai, poiché erano stati rinfrancati dal calore.

2. La malattia di Sandra, se non verrà curata in tempo, diventerà cronica.

3. Fece una lunga doccia, dopo essere tornato in albergo.

4. Le mie amiche, che sono arrivate ieri col treno delle 8, sono ripartite oggi.

5. Uscì dalla libreria e andò all'appuntamento, dopo che comprò il libro.

6. Laura ebbe il permesso di uscire a giocare sul prato, poiché aveva terminato i compiti.

7. La lavastoviglie, che è stata acquistata appena ieri, si è già rotta!

8. Il negoziante, dopo che sostituì la lavastoviglie, ci accompagnò alla cassa.

9. Le canzoni assumevano un fascino particolare, poiché erano cantate da Vittorio.

10. Dopo che muore un Papa, se ne fa un altro.　　　　　richtig　falsch

Die entsprechenden Lösungen befinden sich auf Seite 269 ff.

Das Gerundio

Das gerundio gehört zu den infiniten, nicht konjugierten Verbformen. Es bezeichnet den Verlauf eines Vorgangs und ist stets unveränderlich.

Zum Ausdruck, dass ein Vorgang gerade, im Moment des Sprechens stattfindet, steht stare + gerundio.

> ▪ I bambini stanno **giocando** in giardino.
> (Die Kinder spielen gerade im Garten.)
> ▪ Mio fratello sta **telefonando.**

stare

Zum Ausdruck der allmählichen Entwicklung oder ständigen Wiederholung folgt das gerundio auf andare.

> ▪ Vado **preparando** l'esame da tre mesi.
> (Ich bereite mich seit 3 Monaten auf die Prüfung vor.)

andare

Haben Haupt- und Nebensatz verschiedene Subjekte, so muss das Subjekt des Nebensatzes dem gerundio nachgestellt werden.
Statt des gerundio kann auch ein Nebensatz mit der entsprechenden Konjunktion verwendet werden.

> ▪ **Essendosi** ammalata la protagonista la rappresentazione è stata rimandata.
> (Da die Hauptdarstellerin erkrankte, wurde die Vorstellung verschoben.)
> (**Perché la protagonista si era ammalata**, la rappresentazione ...)

anstelle von Nebensätzen

Das gerundio kann anstelle eines temporalen (zeitlichen) Nebensatzes stehen. Zum Ausdruck der Vorzeitigkeit kann das gerundio passato stehen. In der modernen Sprache wird jedoch nur noch das gerundio presente verwendet.

> ▪ **Giungendo** alla stazione, mi accorsi che avevo dimenticato il passaporto.
> (**Mentre giungevo** alla stazione, mi accorsi che avevo dimenticato il passaporto.)
> ▪ **Avendo vissuto** per dieci anni in città, ritornò in campagna.

anstelle temporaler Nebensätze

Das gerundio kann anstelle eines kausalen (begründenden) Nebensatzes stehen.

> ▪ **Essendo** figlio di un professore dell'università di Roma, è logico che studi qui.
> (**Siccome** è figlio di un professore...)

anstelle kausaler Nebensätze

Anstelle eines konzessiven (einräumenden) Nebensatzes vor allem mit pure.

> ▪ Pur **essendo** tardi, rimarrò ancora un po'.
> (**Benché sia** tardi, rimarrò ancora ...)

anstelle konzessiver Nebensätze

Das gerundio kann anstelle eines konditionalen (bedingenden) Nebensatzes stehen.

> ▪ **Avendo** tanto lavoro come Paolo, io comincerei a lavorare subito.
> (**Se avessi** tanto lavoro come ...)

anstelle konditionaler Nebensätze

Das gerundio kann anstelle eines modalen Nebensatzes stehen.
Modale Nebensätze geben die Mittel, die Art und Weise an.

> ▪ **Sbagliando** s'impara.
> (Durch Fehler lernt man.)

anstelle modaler Nebensätze

Übungen zum Gerundio

1. Setzen Sie die Verben in Klammern ins gerundio.

1. Vittorio stava (camminare) al buio, quando si ricordò di avere una lampadina tascabile nello zaino.

2. Dal fondo della via stava (avanzanre) lentamente una figura.

3. I miei amici vanno (dire) in giro che Angela è incinta. Ne sai qualcosa?

4. Stavamo (osservare) il cielo stellato, quando d'improvviso vidi una stella cadente.

5. Pasquale andava (cogliere) fiori di campo quando un'ape lo punse.

6. I ladri stavano (organizzare) una rapina in banca, quando la polizia scoprì il covo.

7. Sulla spiaggia, il bimbo stava (costruire) un'intera città di sabbia.

richtig   falsch

2. Ersetzen Sie die fett gedruckten Nebensätze durch das gerundio.

1. Poiché avevo parlato senza riflettere, dissi enormi sciocchezze.

2. Poiché vivono spesso sotto il sole, i bagnini sono sempre molto abbronzati.

3. Nonostante sapessi di non essere guarito, volli uscire.

4. Mio cugino Matteo, mentre camminava per la strada, non poteva fare a meno di guardare le vetrine.

5. Se esci in tempo da casa, riuscirai a prendere il treno.

6. Anche se non è particolarmente timida, Gianna arrossisce di frequente.

7. Anche se possedeva grandi ricchezze, Giulio viveva nella povertà.

richtig   falsch

Die entsprechenden Lösungen befinden sich auf Seite 270.

Der Artikel (L'articolo)

Der Artikel (Geschlechtswort) ist der Begleiter des Substantivs und gibt dessen Geschlecht und Zahl (Singular und Plural) an.
Das Italienische kennt nur zwei Geschlechter, das männliche bzw. maskuline (maschile) und das weibliche bzw. feminine (femminile).

Der bestimmte Artikel (L'articolo determinativo)

Der bestimmte Artikel bezeichnet bestimmte Substantive im Singular oder Plural.

- **il** giorno - **i** giorni
- **la** tavola - **le** tavole

Der unbestimmte Artikel (L'articolo indeterminativo)

Der unbestimmte Artikel bezeichnet ein unbestimmtes zählbares Substantiv.

- **un** uomo
- **una** donna

Der Teilungsartikel (L'articolo partitivo)

Der Teilungsartikel wird aus di + bestimmtem Artikel gebildet und bezeichnet eine unbestimmte Menge oder Anzahl.

- Per fare un dolce si prenda **della** farina, **dello** zucchero, **del** burro, **delle** uova.
  (Man nehme Mehl, Zucker, Butter, Eier, um einen Kuchen zu backen.)

Die Formen der Artikel (Le forme degli articoli)

	Nu.	Gen.	Unbest. Art.	Best. Art.	Bestimmter Artikel + Präposition				
					a	da	di	in	su
vor Kon. Sing.		mask.	un	il	al	dal	del	nel	sul
		fem.	una	la	alla	dalla	della	nella	sulla
vor Kon. Plur.		mask.	-	i	ai	dai	dei	nei	sui
		fem.	-	le	alle	dalle	delle	nelle	sulle
vor Vokal Sing.		mask.	un	l'	all'	dall'	dell'	nell'	sull'
		fem.	un'	l'	all'	dall'	dell'	nell'	sull'
vor Vokal Plur.		mask.	-	gli	agli	dagli	degli	negli	sugli
		fem.	-	le	alle	dalle	delle	nelle	sulle
vor s- + Kon., z-, gn- Sing.		mask.	uno	lo	allo	dallo	dello	nello	sullo
		fem.	una	la	alla	dalla	della	nella	sulla
vor s- + Kon., z-, gn- Plur.		mask.	-	gli	agli	dagli	degli	negli	sugli
		fem.	-	le	alle	dalle	delle	nelle	sulle
vor pn-, ps-, x- Sing.		mask.	uno	lo	allo	dallo	dello	nello	sullo
			un	il	al	dal	del	nel	sul
		fem.	una	la	alla	dalla	della	nella	sulla
vor pn-, ps-, x- Plur.		mask.	-	gli	agli	dagli	degli	negli	sugli
			-	i	ai	dai	die	nei	sui
		fem.	-	le	alle	dalle	delle	nelle	sulle

Der bestimmte und unbestimmte Artikel
(L'articolo determinativo e l'articolo indeterminativo)

Bestimmter Artikel

Bei Abstrakta, Gattungs- und Stoffnamen generell.

Abstrakta, Gat-
tungs-, Stoffnamen

- Quando viene la forza è morta la giustizia.
- Il gatto è un animale indipenden-te.
- L'oro è più prezioso del denaro.

Bestimmter Artikel

Eigennamen, die zum Beispiel durch ein Adjektiv näher bestimmt sind.

- La bella Roma è la mia città prefe-rita.

Personennamen, die zum Beispiel durch ein Adjektiv näher bestimmt sind.

- La piccola Anna è una ragazza molto amabile.

Familiennamen generell.
Dies gilt vor allem bei Familienna-men, die Frauen bezeichnen.

- Il Rossi è molto avaro.
- La Bianchi è molto scortese.

Familiennamen, die die gesamte Familie oder Mitglieder einer Fami-lie bezeichnen, stehen mit dem be-stimmten Artikel im Plural.
Der Familienname wird nicht in den Plural gesetzt.

- Le (sorelle) Bianchi ed io veniamo dalla stessa scuola.

Signor(e), signora, wenn ihnen ein Eigennamen folgt.

- Il signor Rossi è un uomo molto gentile.

Kein Artikel

Nicht näher bestimmte Eigenna-men, auch wenn santo, santa vo-rausgeht.

Eigennamen

- Roma è bella.
- Santa Maria

Nicht näher bestimmte Personen-namen.

Personennamen

- Anna ha scritto una lettera.

Familiennamen, die Männer be-zeichnen können ohne Artikel ste-hen.

Familiennamen

- Rossi è molto avaro.
- Blasi è molto scortese.

Familiennamen
werden nicht in
den Plural ge-
setzt

Signor(e), signora in der Anrede.

- Signor Rossi, mi informi il più presto possibile.

	Bestimmter Artikel	Kein Artikel
Verwandtschafts bezeichnungen	Verwandtschaftsbezeichnungen + Personen- oder Familienname.	
	■ La zia Anna e lo zio Luigi sono i miei padrini.	
Berufsbe- zeichnungen	Berufsbezeichnungen. Bei Berufsbezeichnungen auf -e entfällt das Endungs-e, wenn ein Name folgt.	Berufsbezeichnungen. Bei Berufsbezeichnungen auf -e entfällt das Endungs-e, wenn ein Name folgt.
	■ Il dottor Rossi mi ha operato allo stomaco.	■ Buon giorno, ingegnere. ■ Buon giorno, ingegner Rossi.
Titel	Titel. Bei Titeln auf -re entfällt das En- dungs-e, wenn ein Name folgt.	Titel in der Anrede. Bei Titeln auf -re entfällt das En- dungs-e, wenn ein Name folgt.
	■ il re Umberto ■ il dottor Rossi	■ Buon giorno dottore. ■ Buon giorno dottor Rossi.
Herrschernamen		Bei der Zählung von Herrscherna- men wird der Artikel, im Gegensatz zum Deutschen, nicht verwendet.
		■ Vittorio Emanuele Terzo (Vittorio Emanuele III) fu re d'Italia dal 1900 al 1944. (Viktor Emanuel der Dritte (Viktor Emanuel III.) war von 1900 bis 1944 König von Italien.)
Erdteile	Die Namen der Erdteile.	Bei den Namen der Erdteile nach der Präposition in und bei der Prä- position di, vor allem bei Titeln, In- stitutionen und typischen Erzeug- nissen des Erdteils.
	■ Gli Stati Uniti sono chiamati qualche volta il paese delle possi- bilità illimitate.	■ Prima siamo andati in Europa e dopo in Asia. ■ Il Consiglio d'Europa ha la sua sede a Strasburgo.
Ländernamen	Ländernamen generell.	Weiblichen Ländernamen im Singu- lar, die nicht näher bestimmt sind. Stehen die Ländernamen nach der Präposition di, wird der Artikel vor allem bei Titeln, Institutionen und typischen Erzeugnissen des Lan- des weggelassen.
	■ Susanna conosce l'Italia molto bene.	■ La mia amica Anna vive in Italia. ■ I vini d'Italia sono famosi in tutto il mondo.

Bestimmter Artikel	Kein Artikel	
Die Namen großer Inseln und die Namen kleiner Inseln, wenn sie näher bestimmt sind (zum Beispiel durch ein Adjektiv).	Die Namen kleiner Inseln, wenn sie nicht näher bestimmt sind. Stehen die Namen der Inseln nach der Präposition di, wird der Artikel vor allem bei Titeln, Institutionen und typischen Erzeugnissen der Insel weggelassen.	Inselnamen
▪ La Corsica appartiene alla Francia. ▪ La bella Capri è una isola dove molti turisti passano le vacanze.	▪ Capri è una isola dove molti turisti passano le vacanze. ▪ Lampedusa è l'isola più meridionale d'Italia.	
Städtenamen, die näher bestimmt sind (z. B. durch ein Adjektiv). Die folgenden Städtenamen stehen immer mit dem bestimmten Artikel.	Städtenamen generell.	Städtenamen
▪ l'Aia Den Haag ▪ l'Aquila Aquila ▪ l'Avana Havanna ▪ il Cairo Kairo ▪ la Mecca Mekka ▪ la Spezia Spezia		
▪ La Roma del medioevo m'interessa molto. ▪ Il Cairo è la capitale d'Egitto.	▪ Roma è una città antica. ▪ Milano è una bella città. ▪ Napoli è una città romantica.	
Die Namen der Meere, Seen, Flüsse, Gebirge und Berge.		Meere, Seen, Flüsse, Gebirge, Berge
▪ il Mediterraneo ▪ il Lago di Garda ▪ il Danubio ▪ le Alpi		
Die Himmelsrichtungen.	Himmelsrichtungen, die mit einer Präposition verbunden sind oder in Bezeichnungen wie la stazione (del) nord, Roma Ovest vorkommen.	Himmelsrichtungen
▪ Al sud d'Italia fa molto caldo in estate.	▪ Milano è situata a nord di Roma. ▪ Luigi arriverà alla stazione nord.	
Die Jahreszeiten.	Jahreszeiten, die mit einer Präposition verbunden sind.	Jahreszeiten
▪ La mia famiglia passa l'estate sempre in campagna.	▪ In primavera siamo sempre in Toscana.	

Der Artikel

	Bestimmter Artikel	Kein Artikel
Monatsnamen	Monatsnamen, wenn sie näher bestimmt sind (z. B. durch ein Adjektiv).	Monatsnamen generell.
	▪ Ci siamo sposati nel bel maggio.	▪ In luglio siamo sempre in vacanza in campagna.
Wochentage	Wochentage, bei denen an eine regelmäßige Wiederkehr gedacht ist (montags, dienstags etc.).	Wochentage, bei denen nicht an eine regelmäßige Wiederkehr gedacht ist.
	▪ I venerdì non si lavora in questa ditta. (Freitags arbeitet man in dieser Firma nicht.)	▪ Partirò mercoledì. (Ich werde am Mittwoch abreisen.) ▪ È possibile trovarla lunedì?
Feiertage		Die Feiertage generell.
		▪ A Natale andiamo in vacanza in Toscana.
Tages-, Uhrzeiten	Tages- und Uhrzeiten.	Bei den Tageszeiten, die mit einer Präposition verbunden sind.
	▪ Era la mattina del 15 aprile. ▪ Sono le dieci e trenta.	▪ Ha abbandonato l'ufficio a mezzogiorno.
Datum	Das Datum generell.	Das Datum im Briefkopf.
	▪ Oggi è il quindici di dicembre.	▪ Roma, 1 dicembre 1994
Jahreszahlen, Jahrhunderte	Jahreszahlen und Jahrhunderte generell.	
	▪ Il 1989 è stato l'anno della rinunificazione della Repubblica Federale di Germania con la Repubblica Democratica di Germania.	
Prozentzahlen	Prozentzahlen generell.	
	▪ Il 25 % degli studenti non ha superato l'esame	
Körperteile, Kleidungsstücke kein Artikel im Deutschen	Bei Körperteilen und Kleidungsstücken vor allem mit avere. Im Deutschen wird der Artikel hier nicht verwendet.	
	▪ Anna ha gli occhi scuri. (Anna hat dunkle Augen.) ▪ Porta i pantaloni strappati. (Er hat zerrissene Hosen an.)	

Unbestimmter Artikel

Maß-, Gewichts- und Mengenanga-ben.

- Ho comprato un litro di vino.
- Ha cucinato un chilo di spaghetti.

Maß-, Gewichts-, Mengenangaben

Bestimmter Artikel

Die attributiv verwendeten Posses-sivpronomen.

- Dove sono i miei pantaloni?
- La loro casa è molto grande.

Vor Verwandtschaftsbezeichnun-gen im Plural.

- I miei fratelli vivono con le loro fa-miglie in Francia.

Vor Verwandtschaftsbezeichnun-gen im Singular, die durch ein Ad-jektiv näher bestimmt oder durch eine Nachsilbe (z. B. Zärtlichkeits-formen) abgewandelt sind.

- Il nostro fratello maggiore vive in Francia.
- Il mio fratellino è il migliore del mondo.

Kein Artikel

Gehört das Possessivpronomen zum Prädikat, entfällt der Artikel.

- È mio dovere.

Possessivprono-men

Vor Verwandtschaftsbezeichnun-gen im Singular.

- Mio fratello vive con la sua famiglia in Francia.

Possessivpronomen der Anrede und in Ausrufen.

- Mia cara Anna ...
- Mamma mia!

Possessivpronomen, die in Beifü-gungen stehen.

- Vorrei presentarVi il dottor Rossi, mio compagno di scuola.

Possessivpronomen, die in Verbin-dung mit essere stehen (gehören).

- È Suo questo libro?
  (Gehört dieses Buch Ihnen?)

Übungen zum Artikel

1. Setzen Sie den bestimmten oder unbestimmten Artikel ein wo erforderlich.

1. ...'oro bianco è di gran moda, ma io preferisco quello rosso.

2. Dopo due ore di compito in classe Enrico aveva ... fame che non ci vedeva più!

3. Aveva ... viso così tenero che non seppi resistere.

4. Quando ho sentito dell'incidente in fabbrica ho avuto ... paura che ti fosse capitato qualcosa.

5. Il bosco iniziò improvvisamente a prendere ... fuoco.

6. Chi detta ... legge a casa tua?

7. Le previsioni dicono che farà bel tempo per tutto ... fine settimana.

richtig   falsch

2. Setzen Sie den bestimmten oder unbestimmten Artikel ein wo erforderlich.

1. ... avvocato Bianchi è un amico dei miei genitori.

2. ... Giarrusso, mie amiche d'infanzia, mi hanno invitato a pranzo.

3. ... buona Agnese mi viene sempre ad aiutare quando glielo chiedo.

4. ... dottor Scriventa ti ha prescritto queste medicine contro ... raffreddore.

5. Dopo anni di studio Federica si fece finalmente ... medico.

6 Ti ha cercato ... ingegner Carciotti o Carcioffi, non ho ben capito.

7. Chiara e Francesco giocavano sempre a ... palla insieme.

richtig   falsch

3. Setzen Sie den bestimmten oder unbestimmten Artikel ein wo erforderlich.

1. La figlia minore di Antonella è partita per ...'America e starà fuori per un anno intero.

2. Mamma, dove si trova ... Spezia?

3. Tutti i devoti si diressero verso ... Mecca.

4. Questa non è più ... Palermo dei nostri tempi!, disse la nonna.

5. Abbiamo ritrovato ... splendida Sicilia come non ricordavamo.

6. Siamo andati in macchina fino a ... Stoccarda.

7. Franco è ancora a ... scuola, ma che fine ha fatto?

richtig   falsch

4. Setzen Sie den bestimmten oder unbestimmten Artikel ein wo erforderlich.

1. Sia ... mattina sia ... sera Michela porta il cane a passeggio.

2. ... sabato porto spesso i bambini dai nonni.

3. Sono ... 8 e Fabio non è ancora arrivato.

4. Se mi resta ... po' di tempo visiterò l'esposizione.

5. Se non fai mai gli esercizi, stai perdendo ... tempo.

6. Poiché ... giovedì Ugo compie 40 anni, ci sarà una grande festa.

7. ... domenica andremo a fare una gita in campagna.

richtig   falsch

5. Setzen Sie den bestimmten oder unbestimmten Artikel ein wo erforderlich.

1. ... braccia e ... gambe sono rimaste immobilizzate dopo l'incidente.

2. Indossava ... cappello di Maria senza averle chiesto il permesso.

3. Qual è ... tua data di nascita? ... 27 Luglio 1979.

4. Amava osservare ... Danubio in tutto il suo splendore.

5. Luigi è assente perché è caduto e ora ha ... spalla ingessata

6. Quanto dista il prossimo benzinaio? Credo ... duecento metri.

7. La stazione non è molto distante: possiamo andare a ... piedi.

richtig   falsch

Die entsprechenden Lösungen befinden sich auf Seite 270.

Der Teilungsartikel (L'articolo partitivo)

Der Teilungsartikel (di + bestimmter Artikel) steht vor Stoffnamen, Gattungsna-
men und gelegentlich vor Abstrakta zur Bezeichnung einer unbestimmten Menge
oder Anzahl aus einem Ganzen.

	Teilungsartikel	Kein Teilungsartikel
unbestimmte Menge, Anzahl	Zur Bezeichnung einer unbestimmten Menge oder Anzahl in bejahten Sätzen vor allem bei Stoff- und Gattungsnamen und gelegentlich bei Abstrakta.	Ist nicht ausdrücklich die unbestimmte Menge als Teil eines Ganzen, sondern die Sache an sich gemeint, entfällt der Teilungsartikel.
	▪ Per fare un dolce si prende **della** farina, **dello** zucchero, **delle** uova e **del** burro.	▪ Prende caffè, tè o latte? ▪ A pranzo mangiamo sempre pane.
		In verneinten und fragenden Sätzen zur Bezeichnung einer unbestimmten Menge.
		▪ Non prendo né caffè né tè. ▪ Prende pane a pranzo?
Mengen-, Maßangaben		Nach Substantiven, die die Menge oder das Maß (un chilo, un litro, un metro, un sacco, una tazza etc.) bezeichnen, steht nur di.
		▪ Non hanno molti amici. ▪ Abbiamo soltanto pochi spiccioli. ▪ Ho comprato un chilo di mele e due litri di latte.
Aufzählungen	In Aufzählungen zur Bezeichnung einer unbestimmten Menge.	In Aufzählungen zur Bezeichnung einer unbestimmten Menge.
	▪ Per fare un dolce si prende **della** farina, **dello** zucchero, **delle** uova e **del** burro.	▪ Per fare un dolce si prende farina, zucchero, uova e burro.
Präpositionen		Nach Präpositionen.
		▪ Un dolce è fatto con farina, uova e zucchero.

Übungen zum Teilungsartikel

1. Setzen Sie die korrekte Form des Teilungsartikels ein.

1. Mirella comprò ... mele e ...panini per il pranzo al sacco.

2. Se la febbre dovesse durare a lungo, sarò costretto a prendere ... antibiotici.

3. Se parli senza riflettere, commetterai ... errori.

4. Anna è andata a comprare ... parmigiano e ... prosciutto crudo per la cena di stasera.

5. Scelse a caso ... ragazzi dal pubblico e li fece partecipare alla trasmissione.

6. C'è ... buono nel genere umano.

7. Ogni tanto anche il capitano della nave amava mangiare ... carne.

8. Sono certa che Carla ha ... buoni libri da prestarti.

9. Nella macedonia ho messo ... pere, ... banane, ... fragole e un po' di ... succo di ... limone .

10. Verso mezzanotte Vittorio sentì ... rumori strani, si alzò dal letto e trovò Nadia in cucina che mangiava.

11. Hai proprio ... brutte abitudini!

12. Ho sentito raccontare ... strane storie su questa casa.

13. Loriana ha ... bimbi dolcissimi e molto educati. Mia figlia gioca spesso con loro.

14. Ho ancora ... lavoro da finire prima di poter tornare a casa.

15. Iole indossa sempre ... abiti alla moda, ma a me non piace molto il suo stile. richtig   falsch

Die entsprechenden Lösungen befinden sich auf Seite 271.

Das Substantiv (Il nome, il sostantivo)

Substantive (Hauptwörter, Dingwörter, Nennwörter, Nomen) bezeichnen Lebewesen, Pflanzen, Gegenstände oder sonstige Begriffe und können mit dem Artikel verbunden werden.

Konkreta (Nomi concreti)

Substantive, die Gegenstände bezeichnen (Gegenstandswort).

- libro
- tavola

Abstrakta (Nomi astratti)

Substantive, die das Nichtgegenständliche bezeichnen, d. h. Dinge, die man nicht berühren kann (Begriffswort).

- amore
- bontà
- coraggio

Appellativa (Nomi comuni)

Substantive, die eine Gattung von Lebewesen oder Dingen bezeichnen und zugleich jedes einzelne Lebewesen oder Ding dieser Gattung (Gattungsname).

- uomo
- moglie
- bambino

Kollektiva (Nomi collettivi)

Substantive, die eine Gruppe gleichartiger Lebewesen oder Dinge bezeichnen (Sammelname).

- gruppo
- mobili

Stoffnamen (Nomi di materia)

Stoffnamen sind Masse- und Materialbezeichnungen.

- acqua
- oro

Eigennamen (Nomi propri)

Substantive, die Sachen und Personen bezeichnen, die einmalig sind.

- Italia
- Roma

Ursubstantive (Nomi primitivi)

Ursprüngliche, nicht durch ein Suffix
(Nachsilbe) oder Präfix (Vorsilbe)
abgewandelte Substantive.

- acqua
- libro
- tavola

Abgewandelte Substantive (Nomi alterati)

Substantive, die durch ein Suffix
(Nachsilbe) oder Präfix (Vorsilbe)
abgewandelt sind.

- libretto
- libraccio
- riproduzione

Abgeleitete Substantive (Nomi derivati)

Von einer anderen Wortart (z. B.
Verb, Adjektiv) abgeleitete Substantive.

- felice - **felicità**
- scrivere - **scrivania**

Zusammengesetzte Substantive (Nomi composti)

Aus verschiedenen Wortarten zu-
sammengesetzte Substantive (z. B.
Substantiv + Substantiv, Substantiv
+ Verb etc.).

- portafoglio
- terracotta
- terremoto

Genus und Numerus des Substantivs (Genere e numero del nome)

Die italienische Sprache unterscheidet zwischen männlichem bzw. maskulinem (maschile) und weiblichem bzw. femininem (femminile) Geschlecht (Genus).
Da von dem Geschlecht eines deutschen Substantivs nicht auf das des italienischen Substantivs geschlossen werden kann, ist ein wichtiges Indiz für das Geschlecht eines Substantivs seine Endung.
Beim Numerus unterscheidet man zwischen Einzahl bzw. Singular (singolare) und Mehrzahl bzw. Plural (plurale). Generell enden männliche Substantive im Plural auf -i, weibliche enden auf -e.

Maskulin Singular	Maskulin Plural	Feminin Singular	Feminin Plural
-a	-i	-a	-e
-	-	-aggine	-aggini
-ale	-ali	-ale	-ali
-ante	-anti	-ante	-anti
-ca	-chi	-ca	-che
-	-	-cia	-ce, -cie
-co	-chi, -ci	-	-
-e	-i	-e	-i
-e	-i	-a	-e
-e	-i	-essa	-esse
-ente	-enti	-ente	-enti
-ese	-esi	-ese	-esi
-ga	-ghi	-ga	-ghe
-	-	-gia	-ge, -gie
-go	-ghi, -gi	-	-
-i	-i	-i	-i
-	-	-ice	-ici
-	-	-ie	-ie
-ile	-ili	-	-
-io	-i, -ii	-ia	-ie
-ione	-ioni	-ione	-ioni
-ista	-isti	-ista	-iste
-o	-i	-a	-e
-one	-oni	-	-
-ore	-ori	-	-
-sore	-sori	-ditrice, (-sora)	-ditrici, (-sore)
-	-	-tà	-tà
-tore	-tori	-trice	-trici
-	-	-tù	-tù

Mask. S. Mask. P.	Fem. S. Fem. P.	Maskulin	Feminin
-a -i	-a -e	Endung einiger männlicher Substantive, vor allem, wenn deren natürliches Geschlecht männlich ist.	Diese Endung kennzeichnet meist weibliche Substantive.

		▪ il despota
		  i despoti
		▪ il problema
		  i problemi
			▪ la donna
			  le donne
			▪ la sera
			  le sere

- -	-aggine -aggini		Endung einiger weiblicher Substantive.
			▪ la stupidaggine le sfacciataggini
-ale -ali	-ale -ali	Diese Endung kennzeichnet meist männliche Substantive.	Endung einiger weiblicher Substantive.

		▪ il giornale
		  i giornali
			▪ la capitale
			  le capitali

-ante -anti	-ante -anti	Endung einiger männlicher Substantive. Männliche Substantive auf -ante haben die gleiche weibliche Form.	Endung einiger weiblicher Substantive.

		▪ il cantante
		  i cantanti
			▪ la cantante
			  le cantanti

-ca -chi	-ca -che	Endung einiger männlicher Substantive, vor allem, wenn deren natürliches Geschlecht männlich ist.	Diese Endung kennzeichnet meist weibliche Substantive.

		▪ il duca
		  i duchi
			▪ la bocca
			  le bocche

	-cia -ce, -cie		Endung einiger weiblicher Substantive. Geht der Endung -cia ein Konsonant voraus oder wird das -i der Endung nicht betont (nicht ausgesprochen), dann endet der Plural auf -ce.

Das Substantiv

Mask. S. Fem. S. Mask. P. Fem. P.		Maskulin	Feminin
			Geht der Endung -cia ein Vokal voraus oder wird das -i der Endung betont ausgesprochen, dann endet der Plural auf -cie.
			▪ l'arancia [arantʃa] le arance ▪ la farmacia (farmatʃia] le farmacie
-co -chi, ci		Endung einiger männlicher Substantive. Ist das Substantiv auf der vorletzten Silbe betont, endet der Plural auf -chi. Ist das Substantiv auf der drittletzten Silbe betont, endet der Plural auf -ci.	
		▪ il tedesco i tedeschi ▪ il medico i medici Wichtige Ausnahmen: ▪ l'amico gli amici ▪ il nemico i nemici Wichtige Ausnahmen: ▪ il carico i carichi	
-e	-e	Endung einiger männlicher Substantive, vor allem, wenn deren natürliches Geschlecht männlich ist.	Endung vieler weiblicher Substantive.
-i	-i		
		▪ il padre i padri	▪ la madre le madri
-e	-a	Endung einiger männlicher Substantive, vor allem, wenn deren natürliches Geschlecht männlich ist.	Diese Endung kennzeichnet meist weibliche Substantive. Einige weibliche Substantive auf -a haben häufig eine männliche Form auf -e.
-i	-e		

Mask. S. Mask. P.	Fem. S. Fem. P.	Maskulin	Feminin
		▪ il signore i signori	▪ la signora le signore
-e -i	-essa -esse	Endung einiger männlicher Substantive, vor allem, wenn deren natürliches Geschlecht männlich ist.	Diese Endung kennzeichnet weibliche Substantive. Einige weibliche Substantive auf -essa haben eine männliche Form auf -e.
		▪ il professore i professori	▪ la professoressa le professoresse
-ente -enti	-ente -enti	Endung einiger männlicher Substantive. Männliche Substantive auf -ente haben die gleiche weibliche Form.	Endung einiger weiblicher Substantive.
		▪ il cliente i clienti	▪ la cliente le clienti
-ese -esi	-ese -esi	Endung einiger männlicher Substantive. Männliche Substantive auf -ese haben die gleiche weibliche Form.	Endung einiger weiblicher Substantive.
		▪ l'inglese gli inglesi	▪ l'inglese le inglesi
-ga -ghi	-ga -ghe	Endung einiger männlicher Substantive, vor allem, wenn deren natürliches Geschlecht männlich ist.	Diese Endung kennzeichnet meist weibliche Substantive.
		▪ il collega i colleghi	▪ la collega le colleghe
- -	-gia -ge, -gie		Endung einiger weiblicher Substantive. Geht der Endung -gia ein Konsonant voraus oder wird das -i der Endung nicht betont (nicht ausgesprochen), dann endet der Plural auf -ge. Geht der Endung -gia ein Vokal voraus oder wird das -i der Endung betont ausgesprochen, dann endet der Plural auf -gie.

Mask. S.	Fem. S.	Maskulin	Feminin
Mask. P.	Fem. P.		▪ la valigia [validʒa] le valige ▪ la bugia [budʒia] le bugie
-go -ghi, -gi	- -	Endung einiger männlicher Substantive. Ist das Substantiv auf der vorletzten Silbe betont, endet der Plural auf -chi. Ist das Substantiv auf der drittletzten Silbe betont, endet der Plural auf -ci.	
		▪ il luogo i luoghi ▪ il teologo i teologi Wichtige Ausnahmen: ▪ il catalogo i cataloghi	
-i -i	-i -i	Endung einiger männlicher Substantive.	Endung einiger weiblicher Substantive.
		▪ il tassì i tassì	▪ la crisi le crisi
- -	-ice -ici		Diese Endung kennzeichnet meist weibliche Substantive.
			▪ la lavatrice le lavatrici
- -	-ie -ie		Diese Endung kennzeichnet meist weibliche Subtive.
			▪ la serie le serie Wichtige Ausnahmen: ▪ la moglie le mogli
-ile -ili	- -	Endung einiger männlicher Substantive.	
		▪ il campanile i campanili	
-io -i, -ii	-ia -ie	Endung einiger männlicher Substantive.	Endung einiger weiblicher Substantive.

Mask. S. Fem. S. Mask. P. Fem. P.	Maskulin	Feminin
	Einige männliche Substantive auf -io haben eine weibliche Form auf -ia. Wird das -i in der Endung nicht betont (ausgesprochen), endet der Plural auf -i. Wird das -i in der Endung betont (ausgesprochen), endet der Plural auf -ii.	

	▪ il figlio
	   i figli
	▪ lo zio
	   gli zii
		▪ la figlia
		   le figlie
		▪ la zia
		   le zie

-ione **-ione** -ioni **-ioni**	Endung einiger männlicher Substantive.	Diese Endung kennzeichnet meist weibliche Substantive.

	▪ il milione
	   i milioni
		▪ la ragione
		   le ragioni

-ista **-ista** -isti **-iste**	Endung einiger männlicher Substantive. Männliche Substantive auf -ista haben die gleiche weibliche Form. Diese Endung kennzeichnet häufig die Anhänger einer politischen oder sozialen Gruppierung.	Endung einiger weiblicher Substantive.

	▪ il dentista
	   i dentisti
	▪ il socialista
	   i socialisti
		▪ la dentista
		   le dentiste
		▪ la socialista
		   le socialiste

-o -a **-i** -e	Diese Endung kennzeichnet meist männliche Substantive. Einige männliche Substantive auf -o haben eine weibliche Form auf -a.	Endung einiger weiblicher Substantive.

	▪ il ragazzo
	   i ragazzi
	▪ il naso
	   i nasi
	Wichtige Ausnahme:
	▪ la mano
		▪ la ragazza
		   le ragazze

Mask. S. Mask. P.	Fem. S. Fem. P.	Maskulin	Feminin
-one -oni	- -	Endung einiger männlicher Substantive.	
		• il sapone i saponi Wichtige Ausnahme: • la canzone	
-ore -ori	- -	Endung einiger männlicher Substantive.	
		• il colore i colori	
-sore -sori	-ditrice (-sora) -ditrici (-sore)	Endung einiger männlicher Substantive.	Männliche Substantive auf -sore haben eine weibliche Form auf -ditrice. In der Umgangssprache wird statt der Endung -ditrice häufig die Endung -sora angehängt.
		• il difensore i difensori Wichtige Ausnahme: • il professore	• la difenditrice le difenditrici • la difensora le difensore Wichtige Ausnahme: • la professoressa
- -	-tà -tà		Diese Endung kennzeichnet weibliche Substantive.
			• la città le città
-tore -tori	-trice -trici	Endung einiger männlicher Substantive. Männliche Substantive auf -tore haben eine weibliche Form auf -trice.	Endung einiger weiblicher Substantive.
		• l'attore gli attori	• l'attrice le attrici
- -	-tù -tù		Diese Endung kennzeichnet weibliche Substantive.
			• la virtù le virtù

Besonderheiten beim Geschlecht des Substantivs

Neben den Endungen des Substantivs sind bezüglich des Geschlechts folgende
Besonderheiten zu beachten.

Maskulin	Feminin	
Einige Substantive, die männliche Personen bezeichnen, haben eine weibliche Endung und stehen auch mit dem weiblichen Artikel.	Einige Substantive, die männliche Personen bezeichnen gelten auch für weibliche Personen. Dies ist besonders bei Berufen der Fall, die weitgehend von Männern besetzt waren bzw. noch sind.	gleiche Bezeichnung männlicher und weiblicher Substantive

■ la guardia — der Polizist
■ la guida — der Führer
■ la recluta — der Rekrut
■ la spia — der Spion

■ il funzionario — Beamtin/Beamter
■ il giudice — Richter/in
■ il medico — Arzt/Ärztin
■ il ministro — Minister/in

■ Il signore che è stato arrestato ieri è una spia.

■ La signora Bianchi è un medico molto rispettato.

Einige männliche Substantive, vor allem auf -ante, -ente, -ese und -ista haben dieselbe weibliche Form. Dies ist besonders bei Berufsbezeichnungen der Fall.	Einige weibliche Substantive, vor allem auf -ante, -ente, -ese und -ista haben dieselbe männliche Form. Dies ist besonders bei Berufsbezeichnungen der Fall.	gleiche Form männlicher und weiblicher Substantive

■ l'amante — der Geliebte
■ l'artista — Künstler
■ l'assistente — Assistent
■ il camerata — Kamerad
■ il cantante — Sänger
■ il ciclista — Radfahrer
■ il cliente — Kunde
■ il collega — Kollege
■ il conducente — Fahrer
■ il giornalista — Journalist
■ l'idiota — Idiot
■ il nipote — Neffe
■ Il paziente — Patient
■ il pianista — Pianist
■ il turista — Tourist

■ l'amante — die Geliebte
■ l'artista — Künstlerin
■ l'assistente — Assistentin
■ la camerata — Kameradin
■ la cantante — Sängerin
■ la ciclista — Radfahrerin
■ la cliente — Kundin
■ la collega — Kollegin
■ la conducente — Fahrerin
■ la giornalista — Journalistin
■ l'idiota — Idiotin
■ la nipote — Nichte
■ la paziente — Patientin
■ la pianista — Pianistin
■ la turista — Touristin

■ La moglie del Signor Rossi ha un amante.
(Die Frau von Herrn Rossi hat einen Geliebten.)

■ Il marito della Signora Bianchi ha un'amante.
(Der Mann von Frau Bianchi hat eine Geliebte.)

Einige männliche Substantive haben dieselbe weibliche Form bzw. leiten die weibliche Form direkt ab. Häufig liegt zu den weiblichen Sub-

Einige weibliche Substantive haben dieselbe männliche Form bzw. leiten sich direkt von der männlichen Form ab.

Das Substantiv

	Maskulin	Feminin
Bedeutungsunterschied	stantiven ein Unterschied in der Bedeutung vor.	Häufig liegt zu den männlichen Substantiven ein Unterschied in der Bedeutung vor.

	Maskulin		Feminin	
	▪ il banco	Bank, Theke	▪ la banca	Bank (Geldinstitut)
	▪ il capitale	Kapital	▪ la capitale	Hauptstadt
	▪ il fine	Ziel, Zweck	▪ la fine	Ende
	▪ il foglio	Blatt (Papier)	▪ la foglia	Blatt (Pflanze)
	▪ il fronte	Front	▪ la fronte	Stirn; Vorderseite
	▪ il modo	Art, Weise	▪ la moda	Mode

	Maskulin	Feminin
	▪ Questa ditta ha investito tutto il capitale in questo progetto.	▪ La capitale d'Italia è Roma.
unregelmäßiges Geschlecht	Einige männliche Substantive bilden das weibliche Substantiv unregelmäßig.	Einige weibliche Substantive bilden das männliche Substantiv unregelmäßig.

	Maskulin		Feminin	
	▪ il babbo, papà	Papa	▪ la mamma	Mama
	▪ l'eroe	Held	▪ l'eroina	Heldin
	▪ il frate	Bruder (Mönch)	▪ la suora	Nonne
	▪ il fratello	Bruder	▪ la sorella	Schwester
	▪ il genero	Schwiegersohn	▪ la nuora	Schwiegertochter
	Il marito	Ehemann	▪ la moglie	Ehefrau
	Il padre	Vater	▪ la madre	Mutter
	Il padrino	Pate	▪ la madrina	Patin
	▪ il re	König	▪ la regina	Königin
	▪ l'uomo	Mann	▪ la donna	Frau

	Maskulin	Feminin
	▪ Il signor Rossi è un uomo molto gentile.	▪ La signora Rossi è una donna molto gentile.
Tiernamen	Bei vielen Tiernamen steht entweder der weibliche oder männliche Name für beide Geschlechter. Um Missverständnisse zu vermeiden, kann für männliche Tiernamen maschio hinzugefügt werden.	Bei vielen Tiernamen steht entweder der weibliche oder männliche Name für beide Geschlechter. Um Missverständnisse zu vermeiden, kann für weibliche Tiernamen femmina hinzugefügt werden.
	▪ il coccodrillo (maschio)	▪ il coccodrillo (femmina)
	▪ l'elefante (maschio)	▪ l'elefante (femmina)
	Viele männliche Tiernamen enden auf -o.	Viele männliche Tiernamen auf -o bilden die weibliche Form auf -a.
	▪ Gianna ha un gatto che si chiama Alfonso.	▪ Luigi ha una gatta che si chiama Carlotta.
	Einige männliche Tiernamen haben völlig andere weibliche Tiernamen.	Einige weibliche Tiernamen haben völlig andere männliche Tiernamen.

	Maskulin		Feminin	
	▪ il becco, il capro(ne)	Ziegenbock	▪ la capra	Ziege

Maskulin		Feminin	
▪ il cane	Hund	▪ la cagna	Hündin
▪ il montone	Hammel	▪ la pecora	Schaf
▪ ll gallo	Hahn	▪ la gallina	Henne
▪ ll porco	Schwein	▪ la scrofa	Sau
▪ il toro, il bue	Stier, Ochse	▪ la vacca/mucca	Kuh

▪ Il contadino Rossi ha **un gallo** e dieci galline.

▪ Il contadino Rossi ha un gallo e dieci **galline**.

Erdteile und Ländernamen, die nicht auf -a enden, sind häufig männlich.

Länder- und Inselnamen, vor allem die auf -a, sind meistl weiblich.

Erdteile, Länder, Inseln

▪ **il Belgio**
▪ **il Brasile**
▪ **il Giappone**

▪ **l'Europa**
▪ **l'Italia**
▪ **la Sicilia**

Städtenamen sind in der Regel weiblich.

Städtenamen

▪ **la bella Napoli**
▪ **la grande Berlino**
<u>Wichtige Ausnahmen:</u>
▪ **il Cairo**
▪ **il Pireo**

Die Namen der Meere, Seen, Flüsse sind in der Regel männlich.

Meere, Seen, Flüsse

▪ **il (mar) Mediterraneo**
▪ **il (lago di) Garda**
▪ **il Reno**
<u>Wichtige Ausnahmen:</u>
▪ **l'Elba**
▪ **la Senna**

Die Namen der Gebirge, Berge und Pässe sind in der Regel männlich. Gebirgsnamen stehen im Plural.

Gebirgsnamen

▪ **i Pirenei**
▪ **il Vesuvio**
<u>Wichtige Ausnahmen:</u>
▪ **le Alpi**
▪ **le Ande**
▪ **le Dolomiti**

Himmelsrichtungen sind männlich.

Himmelsrichtungen

▪ **il nord**
▪ **il sud**

Die Jahreszeiten autunno (Herbst) und inverno (Winter) sind männlich.

Die Jahreszeiten estate (Sommer) und primavera (Frühling) sind weiblich.

Jahreszeiten

Das Substantiv

	Maskulin	Feminin
	▪ l'autunno ▪ l'inverno	▪ l'estate ▪ la primavera
Monate	Die Monatsnamen sind männlich.	
	▪ (il) gennaio ▪ (il) febbraio	
Wochentage	Die Wochentage sind männlich.	
	▪ il lunedì ▪ il martedì Wichtige Ausnahme: ▪ la domenica	
Bäume, Büsche	Die Namen der Bäume und Büsche sind in der Regel männlich.	
	▪ l'abete ▪ l'acero Wichtige Ausnahmen: ▪ la palma ▪ la quercia	
Früchte	Früchte, die auf -o enden, sind in der Regel männlich.	Früchte, die auf -a enden, sind weiblich.
	▪ l'ananasso ▪ il dattero	▪ la ciliegia ▪ la mela
Kraftfahrzeuge		Die Namen der Kraftfahrzeuge sind in der Regel weiblich.
		▪ la Fiat ▪ la Mercedes
Metalle	Die Namen der Metalle und chemischen Elemente sind männlich.	
	▪ l'oro ▪ il fluoro	
substantivierte Wörter	Substantivierte Wörter sind in der Regel männlich.	
	▪ il dovere ▪ il piacere	
Zahlen, Buchstaben	Zahlen sind in der Regel männlich.	Buchstaben sind in der Regel weiblich.
	▪ il due ▪ il tre	▪ la a ▪ la b

Besonderheiten bei der Pluralbildung

Neben den charakteristischen Pluralendungen des Substantivs sind bezüglich des Plurals noch einige weitere Besonderheiten zu beachten.

Singular	Plural	
Substantive auf Konsonant, betonten Vokal oder einsilbige Substantive haben im Plural dieselbe Form. Hierzu gehören auch alle Abkürzungen.	Substantive auf Konsonant, betonten Vokal oder einsilbige Substantive haben im Singular dieselbe Form. Hierzu gehören auch alle Abkürzungen. Die ausgeschriebene Form bildet den Plural regelmäßig.	gleiche Form im Singular und Plural

- Il film di questo attore fu un gran successo.
- Luigi si è comprato un tassì.
- Luigi si è comprato un'auto nuova.
- Luigi si ha comprato un'automobile nuova.

- I film di questo attore furono grandi successi.
- Ci sono molti tassì a Roma.
- Giuseppe ha cinque auto.
- Giuseppe ha cinque automobili.

Singular	Plural	
Einige Substantive kommen nur im Singular vor und stehen folglich auch mit einem Verb im Singular. La gente bezeichnet zwar den Plural, ist jedoch ein Sammelname und gilt daher als Substantiv im Singular. Es steht folglich auch mit einem Verb im Singular.	Einige Substantive, vor allem solche, die Werkzeuge und Kleidungsstücke bezeichnen, die aus zwei Teilen bestehen, kommen nur im Plural vor und stehen folglich auch mit einem Verb im Plural. Sie bezeichnen trotz ihrer Pluralform nur einen Gegenstand. Um deutlich zu machen, dass es sich tatsächlich um einzelne Stücke handelt, können sie mit un paio di verbunden werden.	Substantive, die nur im Singular, Plural vorkommen

- il coraggio — Mut
- l'età — Alter
- la fame — Hunger
- la febbre — Fieber
- la gente — Leute
- la gioventù — Jugend
- la roba — Sachen, Zeug

- i baffi — Schnurrbart
- i calzoni — Hose
- i dintorni — Umgebung
- le forbici — Schere
- le mutande — Unterhose
- le nozze — Hochzeit
- gli occhiali — Brille
- i pantaloni — (lange) Hose
- i viveri — Lebensmittel

- L'età di queste ossa è di due milioni di anni.
- La gente è arrivata un'ora fa.

- Per favore, puoi darmi le forbici che sono sopra il tavolo?
(Können Sie mir bitte die Schere geben, die auf dem Tisch liegt?)

	Plural	
	Einige Substantive bilden den Plural unregelmäßig.	unregelmäßiger Plural

Singular	Plural
▪ l'arma	▪ le armi
▪ il bue	▪ i buoi
▪ il centinaio	▪ le centinaia
▪ il dito	▪ le dita
▪ l'effigie	▪ le effigi
▪ il migliaio	▪ le migliaia
▪ la moglie	▪ le mogli
▪ il paio	▪ le paia
▪ la superficie	▪ le superfici
▪ il tempio	▪ i templi
▪ l'uomo	▪ gli uomini
▪ l'uovo	▪ le uova

▪ La religione cristiana conosce solamente **un dio**.

▪ Le religioni pagane conoscono molti **dei**.

Bedeutungsunterschied

Einige männliche Substantive auf -o haben neben der Pluralendung -i auch noch eine weibliche Pluralform auf -a.
Meist liegt zwischen ein Unterschied in der Bedeutung vor.

Singular		Plural	
▪ il braccio	Arm	▪ i bracci	Arme (übertragen)
		▪ le braccia	Arme (des Menschen)
▪ il corno	Horn	▪ i corni	Hörner (Instrumente)
		▪ le corna	Hörner, Geweih
▪ il fondamento	Fundament	▪ i fondamenti	Grundlagen
		▪ le fondamenta	Grundmauern
▪ il frutto	Frucht	▪ i frutti	Früchte (übertragen)
		▪ la frutta	Obst
▪ il labbro	Lippe	▪ i labbri	Rand, Ränder
		▪ le labbra	Lippen
▪ il membro	Mitglied	▪ i membri	Mitglieder
		▪ le membra	Gliedmaßen
▪ il muro	Mauer	▪ i muri	Mauern
		▪ le mura	Stadtmauer
▪ l'osso	Knochen	▪ gli ossi	Knochen (einzeln)
		▪ le ossa	Knochengerüst

▪ Luigi suona molto bene **il corno**.
▪ Il toro ha perso **un corno** nel combattimento.

▪ I musicisti hanno suonato **i corni**.
▪ Il toro ha **le corna** grandi.

Familiennamen erhalten keine Pluralendung.
Sie stehen folglich auch mit einem Verb im Plural.

▪ **I Benetton** sono famosi in tutto il mondo.

Übungen zum Substantiv

1. Geben Sie zu den folgenden fett gedruckten Substantiven die weibliche oder männliche Form an.

1. Mentre mio fratello giocava, io tentavo di fare i compiti.

2. Abbiamo visto il frate del convento che discuteva animatamente.

3. Il genero non sopportava sua moglie.

4. Il marito andava a vedere la partita.

5. Prese la volpe femmina e la fece accoppiare con il maschio.

6. Suo padre va molto d'accordo con noi.

7. Si dice che la donna sia tendenzialmente più sensibile.

richtig   falsch

2. Setzen Sie die folgenden Substantive in Klammern in den Plural.

1. Tutti (il medico) gli hanno consigliato di fare un'altra radiografia.

2. Non chiudere (il pacco) perché devo ancora inserire delle foto-copie.

3. Devo sbrigare ancora alcune pratiche urgenti, prima che (l'ufficio) chiudano.

4. Paola e Giovanna frequentavano (l'albergo) di lusso.

5. Il medico le mise (l'ago) anche nelle orecchie.

6. Andarono a visitare il monastero in cui un tempo abitavano (il monaco).

7. Per fortuna Chiara si è fatta degli ottimi (amico) in America.

8. Te lo hanno regalato (lo zio)?

9. Le piacevano (il viaggio) all'avventura.

10. Quest'anno abbiamo visitato (il luogo) che ci avete consigliato.

richtig   falsch

Die entsprechenden Lösungen befinden sich auf Seite 271.

Das Adjektiv (L'aggettivo)

Das Adjektiv (Eigenschaftswort, Wiewort) bezieht sich im Satz auf ein oder mehrere Substantive. Es drückt eine Eigenschaft aus.

Attributives Adjektiv (L'aggettivo attributivo)

Das attributive Adjektiv steht unmittelbar beim Substantiv.

- un bambino **intelligente**
- una donna **gentile**

Prädikatives Adjektiv (L'aggettivo predicativo)

Das prädikative Adjektiv wird durch ein Verb (meist essere) mit dem Substantiv verbunden.

- Questo fiore è bello.
- Questo libro è interessante.
- Questa donna è gentile.

Das Adjektiv richtet sich in Geschlecht und Zahl nach dem Substantiv, auf das es sich bezieht, d. h. bezieht es sich auf ein männliches Substantiv, bleibt es unverändert, bezieht es sich auf ein männliches Substantiv im Plural oder auf mehrere männliche Substantive, erhält es die Endung -i.
Bezieht sich das Adjektiv auf ein weibliches Substantiv, erhält es die Endung -a, bezieht es sich auf ein weibliches Substantiv im Plural oder auf mehrere weibliche Substantive, erhält es die Endung -e. Bezieht sich das Adjektiv auf ein bzw. mehrere männliche und ein bzw. mehrere männliche und weibliche Substantive erhält es die Endung -i, selbst wenn nur ein männliches Substantiv unter mehreren weiblichen ist.

Geschlecht	Bezugswort im Singular	Bezugswort im Plural
männlich	un uomo simpatico	uomini simpatici
weiblich	una donna simpatica	donne simpatiche
männlich und weiblich		uomini e donne simpatici

Genus und Numerus des Adjektivs (Genere e numero del aggettivo)

Geschlecht (Genus) und Numerus (Zahl) des Adjektivs werden wie beim Substantiv durch die Endung gekennzeichnet.
Generell endet das Adjektiv in der männlichen Singularform auf -o und in der Pluralform auf -i. In der weiblichen Singularform endet es auf -a und in der Pluralform auf -e.

Die folgende Tabelle gibt eine allgemeine Übersicht über die männlichen und weiblichen Singular- und Pluralendungen.

Maskulin Singular	Maskulin Plural	Feminin Singular	Feminin Plural
-co	-chi, -ci	-ca	-che
-cio	-ci	-cia	-cie
-e	-i	-e	-i
-go	-ghi	-ga	-ghe
-gio	-gi	-gia	-gie
-io	-i, -ii	-ia	-ie
-ista	-isti	-ista	-iste
-o	-i	-a	-e

Mask. S. Mask. P.	Fem. S. Fem. P.	Maskulin	Feminin
-co -chi, -ci	-ca -che	Diese Endung kennzeichnet männliche Adjektive. Adjektive auf -co bilden den Plural auf -chi, wenn sie auf der vorletzten Silbe betont werden, werden sie auf der drittletzten Silbe betont, bilden sie den Plural auf -ci.	Männliche Adjektive auf -co bilden die weibliche Form im Singular auf -ca und im Plural auf -che.
		▪ un muro bianco muri bianchi ▪ un signore comico signori comici	▪ una tavola bianca tavole bianche ▪ una signora comica signore comiche
-cio -ci	-cia -cie	Diese Endung kennzeichnet männliche Adjektive. Männliche Adjektive auf -cio enden im Plural auf -ci.	Männliche Adjektive auf -cio bilden die weibliche Form im Singular auf -cia und im Plural auf -cie.
		▪ un frutto fradicio frutti fradici	▪ una mela fradicia mele fradicie
-e -i	-e -i	Diese Endung kennzeichnet männliche Adjektive. Männliche Adjektive auf -e enden im Plural auf -i.	Männliche Adjektive auf -e bilden die weibliche Form im Singular auf -e und im Plural auf -i.
		▪ un signore intelligente signori intelligenti	▪ una signora intelligente signore intelligenti
-go -ghi	-ga -ghe	Diese Endung kennzeichnet männliche Adjektive. Männliche Adjektive auf -go enden im Plural auf -ghi.	Männliche Adjektive auf -go bilden die weibliche Form im Singular auf -ga und im Plural auf -ghe.
		▪ un sentiero lungo sentieri lunghi	▪ una via lunga vie lunghe
-gio -gi	-gia -gie	Diese Endung kennzeichnet männliche Adjektive. Männliche Adjektive auf -gio enden im Plural auf -gi.	Männliche Adjektive auf -gio bilden die weibliche Form im Singular auf -gia und im Plural auf -gie.
		▪ un vestito grigio vestiti grigi	▪ una stoffa grigia stoffe grigie
-io -i, -ii	-ia -ie	Diese Endung kennzeichnet männliche Adjektive.	Männliche Adjektive auf -io bilden die weibliche

Mask. S. Fem. S. Mask. P. Fem. P.		Maskulin	Feminin
		Adjektive auf -io bilden den Plural auf -i, wenn das -i der Endung unbetont (nicht ausgesprochen) ist. Ist das -i der Endung betont (ausgesprochen), endet die Pluralform auf -ii.	Form im Singular auf -ia und im Plural auf -ie.
		▪ un libro vecchio libri vecchi ▪ un prete pio preti pii	▪ una macchina vecchia macchine vecchie ▪ una donna pia donne pie
-ista	-ista	Diese Endung kennzeichnet männliche Adjektive. Männliche Adjektive auf -ista enden im Plural auf -isti.	Männliche Adjektive auf -ista bilden die weibliche Form im Singular ebenfalls auf -ista, im Plural auf -iste.
-isti	-iste		
		▪ un signore ottimista signori ottimisti	▪ una signora ottimista signore ottimiste
-o	-a	Diese Endung kennzeichnet viele männliche Adjektive. Männliche Adjektive auf -o enden im Plural auf -i.	Männliche Adjektive auf -o bilden die weibliche Form im Singular auf -a und im Plural auf -e.
-i	-e		
		▪ un foglio rosso fogli rossi	▪ una stoffa rossa stoffe rosse

Die folgenden Adjektive haben besondere Formen.

				Buono	Bello	Grande	Santo
vor Kon.	Sing.		mask.	buon	bel	gran, grande	san
			fem.	buona	bella	gran, grande	santa
	Plur.		mask.	buoni	bei	gran, grandi	santi
			fem.	buone	belle	gran, grandi	sante
vor s + Kon., -gn, -pn, -ps, -x, -z	Sing.		mask.	buono	bello	grande	santo
			fem.	buona	bella	grande	santa
	Plur.		mask.	buoni	begli	grandi	santi
			fem.	buone	belle	grandi	sante
vor Vokal	Sing.		mask.	buon	bell'	grande, grand'	sant'
			fem.	buona, buon'*	bella, bell'*	grande, grand'	sant'
	Plur.		mask.	buoni	begli	grandi, grand'	santi
			fem.	buone	belle, bell'**	grandi, grand'	sante

* vor -a, ** vor -e.

Übungen zum Genus und Numerus des Adjektivs

1. Setzen Sie die Adjektive in Klammern in die richtige Form.

1. Darò l'indirizzo (nuovo) a chi me lo chiederà.

2. Giulio ha preso una decisione (saggio).

3. La nostra aula è (grande) e (chiaro) e ha tre finestre di fronte alla porta.

4. Ho incontrato una (vecchio) conoscente.

5. Per il mio compleanno ho ricevuto dei fiori (colorato) ma poco (profumato).

6. La principessa indossava una collana (prezioso).

7. Mi dice sempre parole (cattivo).

8. Beatrice ha una casa veramente (sporco).

9. Carmelo fece conoscenza con una (giovane) donna.

10. Quando fa sport usa portare dei pantaloni (corto) e (nero).

richtig   falsch

Die entsprechenden Lösungen befinden sich auf Seite 271.

Die Steigerung des Adjektivs (I gradi dell'aggettivo)

Das Italienische kennt neben der Grundstufe die folgenden Steigerungsformen des Adjektivs. Auch bei der Steigerung richtet sich das Adjektiv in Geschlecht und Zahl nach dem Substantiv, auf das es sich bezieht.

Positiv (Il positivo)

Der Positiv ist die Grundstufe. Er drückt aus, dass mehrere Wesen, Dinge bezüglich einer Eigenschaft gleich sind; gleicher Grad.

- Paolo e Luigi sono alti.
  (Paolo und Luigi sind groß.)
- Anna e Gianna sono alte.
- I miei fratelli sono piccoli.

Komparativ (Il comparativo)

Der Komparativ drückt aus, dass mehrere Wesen, Dinge bezüglich einer Eigenschaft ungleich sind; ungleicher Grad.

- Mio fratello è più alto.
  (Mein Bruder ist größer.)
- Questi libri sono meno interessanti.
- Questa casa è meno bella.

Relativer Superlativ (Il superlativo relativo)

Der Superlativ drückt aus, dass von mehreren Wesen, Dingen einem der höchste Grad einer Eigenschaft zukommt; höchster Grad.
Steht das Adjektiv nach dem Substantiv, wird der Artikel nicht wiederholt.

- Mio fratello è il più alto nella nostra famiglia.
  (Mein Bruder ist der größte in unserer Familie.)
- Questa donna è la meno gentile di tutti i nostri vicini.
- La Signora Bianchi è la vicina più gentile di tutte quelle che abbiamo.

Absoluter Superlativ (Il superlativo assoluto)

Der absolute Superlativ drückt einen sehr hohen Grad einer Eigenschaft aus und wird durch Anhängen der Endung -issimo an das um den Endvokal verkürzte Adjektiv gebildet.
Die Adjektive acre, celebre, integro, misero, salubre hängen -errimo an.
Der absolute Superlativ kann nicht von jedem Adjektiv gebildet werden. In solchen Fällen wird er durch Adverbien wie molto, assai, oltremodo, tanto oder tutto, durch Wiederholen des Adjektivs oder Vorsilben wie arci-, stra-, sopra- ausgedrückt.

- Questa camera è piccolissima.
  (Dieses Zimmer ist sehr/äußerst/überaus klein.)
- Questo animale è grandissimo.
- Questi libri sono interessantissimi.
- Queste macchine sono carissime.
- Quest'uomo è celeberrimo.
- Quel giudice è integerrimo?
- Questo animale è molto grande.
- Mi ha fatto aspettare tutto solo.
- Queste macchine sono care care.
- Suo zio è straricco.
  (Sein Onkel ist steinreich.)
- È arcistupido.
  (Er ist erzdumm.)

Das Adjektiv

Komparativ, relativer und absoluter Superlativ werden wie folgt gebildet:

			Steigerung	Verminderung
Komparativ	Sing.	mask.		
		fem.	più + Adjektiv	meno + Adjektiv
	Plur.	mask.		
		fem.		
Superlativ	Sing.	mask.	il più + Adjektiv	il meno + Adjektiv
		fem.	la più + Adjektiv	la meno + Adjektiv
	Plur.	mask.	i più + Adjektiv	i meno + Adjektiv
		fem.	le più + Adjektiv	le meno + Adjektiv
absoluter Superlativ	Sing.	mask.	grandissimo	-
		fem.	grandissima	-
	Plur.	mask.	grandissimi	-
		fem.	grandissime	-
	Sing.	mask.	pochissimo (von poco)	-
		fem.	pochissima	-
	Plur.	mask.	pochissimi	-
		fem.	pochissime	-
	Sing.	mask.	larghissimo (von largo)	-
		fem.	larghissima	-
	Plur.	mask.	larghissimi	-
		fem.	larghissime	-
	Sing.	mask.	saluberrimo	-
		fem.	saluberrima	-
	Plur.	mask.	saluberrimi	-
		fem.	saluberrime	-

Unregelmäßig gesteigerte Adjektive

	Positiv	Komparativ	relativer Superl.	absoluter Superlativ
buono	gut(herzig)	più buono	il più buono	buonissimo
	gut	migliore	il migliore	ottimo
cattivo	schlecht (bösartig)	più cattivo	il più cattivo	cattivissimo
	schlecht	peggiore	il peggiore	pessimo
alto	hoch	più alto	il più alto	altissimo
	oberer; besser	superiore	il superiore	supremo, sommo
basso	niedrig	più basso	il più basso	bassissimo
	unterer; schlecht	inferiore	l'inferiore	infimo
grande	groß	più grande	il più grande	grandissimo
	alt; bedeutend	maggiore	il maggiore	massimo
piccolo	klein	più piccolo	il più piccolo	piccolissimo
	jung; gering	minore	il minore	minimo

Übungen zur Steigerung des Adjektivs

1. Setzen Sie die Adjektive in Klammern in den Komparativ und verwenden Sie più.

1. Se mi accompagni tu, mi sento (tranquillo).

2. Paolo è un ragazzo molto intelligente, (intelligente) dei suoi compagni di università.

3. Siamo giunti sino al punto da cui la vista è (ampio).

4. Tra pochi giorni il ragazzo sosterrà uno tra gli esami (difficile) dei suoi studi universitari.

5. Marco è (alto) del suo nuovo compagno Lucio

richtig   falsch

2. Setzen Sie die Adjektive in Klammern in den Komparativ und verwenden Sie meno.

1. I mobili di legno massiccio sono pregiati, ma io preferisco un arredamento più moderno e (costoso).

2. La lucciola è (rumoroso) della cicala.

3. La lumaca è (veloce) del coniglio.

4. La Terra è (grande) di Giove.

5. Il Monte Rosa è (elevato) del Monte Bianco.

richtig   falsch

3. Setzen Sie die Adjektive in Klammern in den Superlativ und verwenden Sie il più.

1. Genova è un porto importante, forse (importante) sulla costa ligure.

2. Il Monte Bianco, che appare in tutta la sua maestosità, è (alto) montagna delle Alpi.

3. Tutti i voti espressi furono favorevoli ad un solo candidato, (stimato) di tutti.

4. S. Pietro è (grande) fra le chiese italiane.

5. Giacomo sapeva che i primi tempi in Germania sarebbero stati (duro) per lui.　　　　　　　　　　　　　　richtig　　falsch

4. Setzen Sie die Adjektive in Klammern in den Superlativ und verwenden Sie il meno.

1. Clara è (furbo) della classe.

2. Questi sandali sono forse (bello) tra tutti quelli esposti in vetrina.

3. I giochi pensati da Marcello sono risultati (divertente).

4. Quelle tavole di legno mi sembravano (robusto) di tutte.

5. L'anello che Giacomo ha scelto per Caterina è (prezioso) ma io lo trovo comunque bello.　　　　　　　　　　richtig　　falsch

5. Setzen Sie die Adjektive in Klammern in den absoluten Superlativ.

1. Pur amandolo (molto) decise di lasciarlo.

2. Con il lavoro che faccio mi resta (poco) tempo da dedicare a mio figlio.

3. A mia zia, per la sua festa, i parenti le hanno regalato un (bello) braccialetto d'oro ed una catenina d'argento.

4. La famiglia di Marcella ha (antico) origini palermitane.

5. Il riscaldamento a carbone è un ricordo del passato; ora le nostre case sono riscaldate con (moderno) impianti a metano.

6. Al giorno d'oggi è possibile raggiungere l'America in poco tempo grazie ai (potente) e (veloce) aerei che abbiamo a disposizione.

7. Questo servizio di mia nonna è di porcellana (fino).

8. Messner è considerato un (grande) scalatore.

9. Andavano dicendo che sarebbero divenuti (rico).

10. Ma cosa credi? Tua figlia sarebbe (capace) di farlo!　　　richtig　　falsch

Die entsprechenden Lösungen befinden sich auf Seite 271 ff.

Die Stellung des Adjektivs (La posizione dell'aggettivo)

In der Regel wird das Adjektiv dem Substantiv nachgestellt. In einigen Fällen kann das Adjektiv dem Substantiv auch vorangestellt werden.

Adjektive vor dem Substantiv	Adjektive nach dem Substantiv	
	Adjektive, die eine körperliche oder geistige Eigenschaft ausdrücken.	körperliche, geistige Eigenschaft
	▪ una ragazza **intelligente** ▪ un bambino **sportivo**	
	Adjektive, die die Nationalität, die geographische Zugehörigkeit, die Konfession, die soziale Stellung oder die Zugehörigkeit zu einer politischen Gruppierung bezeichnen.	Nationalität, Konfession, politische Zugehörigkeit, soziale Stellung
	▪ la lingua **italiana** ▪ la religione **cattolica** ▪ un delegato **socialista** ▪ la famiglia **reale**	
Die folgenden Adjektive werden dem Substantiv vorangestellt, wenn sie nicht besonders betont sind. ▪ bello ▪ grande ▪ breve ▪ interessante ▪ brutto ▪ lungo ▪ buono ▪ nuovo ▪ cattivo ▪ piccolo ▪ giovane ▪ vecchio Vor dem Substantiv ändern die Adjektive buono, bello und grande, wie oben aufgeführt, ihre Form.	Die folgenden Adjektive werden dem Substantiv nachgestellt, wenn sie besonders hervorgehoben werden. ▪ bello ▪ grande ▪ breve ▪ interessante ▪ brutto ▪ lungo ▪ buono ▪ nuovo ▪ cattivo ▪ piccolo ▪ giovane ▪ vecchio Nach dem Substantiv ändern buono, bello und grande ihre Form nicht.	Hervorhebung
▪ La signora Bianchi è una **bella** donna. (Frau Bianchi ist eine schöne Frau.)	▪ La signora Bianchi è una donna **bella.** (Frau Bianchi ist eine besonders schöne Frau.)	
Die Adjektive molto, poco und tutto und Ordnungszahlen, die wie ein Adjektiv verwendet werden (mezzo), stehen vor dem Substantiv.		molto, poco, tutto, Ordnungszahlen
▪ Ha letto **molti** libri. ▪ Ha comprato **mezzo** chilo di mele.		
Dem Substantiv vorangestellt, stehen die folgenden Adjektive nicht in	Dem Substantiv nachgestellt, haben die folgenden Adjektive ihre ur-	Bedeutungsunterschied

Das Adjektiv

Adjektive vor dem Substantiv		Adjektive nach dem Substantiv	
ihrer ursprünglichen Bedeutung.		sprüngliche Bedeutung.	
▪ alto	hochrangig	▪ alto	hoch, groß
▪ antico	ehemalig	▪ antico	sehr alt
▪ caro	lieb	▪ caro	teuer
▪ certo	gewisser	▪ certo	sicher
▪ dolce	lieb	▪ dolce	süß
▪ grande	bedeutend	▪ grande	(körperlich) groß
▪ nuovo	neu	▪ nuovo	neu(artig)
▪ povero	bedauernswert	▪ povero	arm, mittellos
▪ presente	vorliegend	▪ presente	gegenwärtig
▪ puro	nur	▪ puro	rein, klar
▪ semplice	nur	▪ semplice	einfach
▪ solo	einzig	▪ solo	alleinstehend
▪ vecchio	alt	▪ vecchio	alt (an Jahren)
▪ vero	wirklich	▪ vero	echt

▪ Questa è la **sola** risposta possibile. (Dies ist die **einzig mögliche** Antwort.)	▪ È un uomo **solo**. (Er ist ein **alleinstehender** Mann.)

lange, mehrsilbige Adjektive	Lange, mehrsilbige Adjektive und Adjektive, die eine Beifügung bei sich haben, werden dem Substantiv nachgestellt.
	▪ L'Italia è un paese **meraviglioso**. ▪ Questa macchina è troppo **cara**.
mehrere Adjektive	Zwei und mehr Adjektive, die sich auf das gleiche Substantiv beziehen, stehen nach demselben.
	▪ Paolo è un ragazzo **amabile, gentile** ed **intelligente**.
Partizipien	Partizipien, die wie ein Adjektiv verwendet werden, werden dem Substantiv in der Regel nachgestellt.
	▪ Paolo non può venire perché ha una gamba **rotta**.

Übungen zur Stellung des Adjektivs

1. Setzen Sie die Adjektive in Klammern vor oder hinter das Substantiv.

1. Quella fu l'(volta, ultima) che la vidi.

2. Michela e Laura hanno (amici, molti).

3. Hai veramente (pazienza, poca) con Claudia!

4. Abbiamo (carte, poche) per poter giocare.

5. La (volta, prima) che lo vidi mi sembrò molto simpatico.

6. Stai attento quando apri la (porta rotta).

7. Le comprò un (vestito, troppo costoso) per lui.

richtig   falsch

2. Setzen Sie die Adjektive in Klammern vor oder hinter das Substantiv.

1. La nostra (classe, spaziosa e chiara) è invidiata da tutti.

2. Preferite le (mele, rosse e dolci)?

3. È un (gioco, divertente e istruttivo).

4. Vittorio è un (uomo, elegante e gentile).

5. Loriana ha i (capelli, corti e neri).

6. Non è un (animale, né pericoloso né aggressivo).

7. Ho conosciuto poche (donne, simpatiche ed entusiaste) come te.

richtig   falsch

Die entsprechenden Lösungen befinden sich auf Seite 272.

Der Vergleich (La comparazione)

Ein Vergleich wird im Italienischen durch die folgenden Möglichkeiten ausgedrückt.

Di

vor Substantiven, Namen, Pronomen

Vor Substantiven, Namen oder Pronomen wird der Vergleich durch di (als) ausgedrückt.

- La chiesa è più vecchia **delle** mura cittadine.
- Mia sorella è più vecchia **di** me.

Zahlen

Zahlen werden im Vergleich mit di angeschlossen.

- Il signor Rossi è molto ricco. Ha molte case. Sono più **di** dieci.

Che

vor Verben, Adjektiven, Adverbien, Präpositionen

Vor Verben, Adjektiven, Adverbien und Präpositionen wird der Vergleich durch che (als, wie) ausgedrückt.

- Oziare è più bello **che** lavorare.
- Il libro è più grosso **che** interessante.
- Meglio tardi **che** mai.

Wird mit più oder meno ein Mehr oder Weniger die Menge oder Anzahl betreffend ausgedrückt, so wird der zweite Teil des Vergleichs mit che angeschlossen.

- Si comprano più appartamenti **che** case.
- Si prende più la macchina **che** il treno o l'autobus.

Che non, di quel che, di quanto

vor Nebensätzen

Folgt ein Nebensatz, wird der Vergleich durch che non, di quel che, di quanto (als, wie) ausgedrückt.

- Possiede più case **che non si** creda.
- Possiede più case **di quel che si** creda.
- Possiede più case **di quanto si** creda.

(Così) ... come, (tanto) ... quanto

vor Adjektiven

Zum Ausdruck des gleichen Grades (Positiv) einer Eigenschaft steht (così) ... come oder (tanto) ... quanto ((eben)so ... wie).

- Una volta le macchine non erano **(così)** care **come** oggi.
- Una volta le macchine non erano **(tanto)** care **quanto** oggi.

Übungen zum Vergleich

1. Setzen Sie di, che oder come ein.

1. Aveva detto più ... quanto gli fosse consentito.

2. Lo spettacolo che si vedeva dalla finestra della nostra camera era più emozionante ... quanto avessimo immaginato.

3. Aveva lavorato intensamente, ma si era stancato meno ... quanto avesse temuto.

4. Giuseppe fu considerato migliore ... me nel gioco degli scacchi.

5. Dopo il corso di specializzazione, Pasquale si sentiva più sicuro ... prima.

6. Il nuovo lavoro di Sandra è più faticoso ... quello vecchio.

7. Danilo è il più bravo ... tutti.

8. Perché tutti sono più gentili con te ... con me?

9. Questa giacca è più bella ... utile.

10. È vero che si vive meglio al nord ... al sud?

11. Il tuo gatto è più annoiato ... malato.

12. In questo periodo è meglio partire col treno ... con l'aereo.

13. Giunsi a casa più morto ... vivo.

14. Sembra sia più facile imparare a sciare ... a nuotare.

15. Claudia è un'alunna diligente ... sua sorella Enrica.

16. Ho un'auto veloce ... la tua.

17. Era un bel giovane: gentile ... educato.

18. Io sono indignato ... te.

19. Una camicia costosa ... la tua, non l'ho mai vista.

20. Era una goduria per un collezionista ... me.

richtig   falsch

Die entsprechenden Lösungen befinden sich auf Seite 272.

Das Adverb (L'avverbio)

Mit dem Adverb (Umstandswort) werden Verben, Adjektive und Adverbien näher bestimmt. Mit dem Adjektiv werden Substantive näher bestimmt.
Das Adverb ist stets unveränderlich und dient zur Definition der Art und Weise, des Ortes, der Zeit, der Menge, des Grades und der Intensität.

Ursprüngliche Adverbien (Avverbi semplici)

Die ursprünglichen Adverbien haben keine besondere Form.

- Ho dormito bene.
- È venuto qui.

Abgeleitete Adverbien (Avverbi derivati)

Abgeleitete Adverbien hängen generell an die weibliche Form des Adjektivs die Endung -mente an.

- Lavora intensamente.
- Si può capire facilmente questa regola.

	Adjektiv	Adverb
Adjektiv auf -o	certo, certa	certa mente
gleiche Form männlicher und weiblicher Adjektive	veloce	veloce mente
Adjektive auf -le	facile	facil mente
Adjektive auf -re	particolare	particolar mente

Umschreibung durch in modo + Adjektiv, in maniera + Adjektiv, con + Substantiv

Einige Adjektive können entweder kein Adverb bilden, sie werden auch als Adverb verwendet, oder das Adverb klingt schwerfällig. Man kann sie dann durch Ausdrücke wie in modo/maniera, di + Adjektiv oder con + Substantiv umschreiben.

- Lo spiega in modo/maniera facile.
- Lavora in modo/maniera preciso.
- Lavora con precisione.
- Parla in modo/maniera paziente.
- Parla con pazienza.
- di nuovo (nuovamente)

verbaler Ausdruck

Häufig wird im Italienischen ein verbaler Ausdruck verwendet, wo im Deutschen ein Adverb steht.

- Preferisce fare i suoi compiti subito.
  (Er macht seine Hausaufgaben lieber gleich.)
- Mi piace leggere.
  (Ich lese gern.)

Unregelmäßig gebildete Adverbien

Einige Adjektive bilden das entsprechende Adverb unregelmäßig.

Adjektiv (männlich)	Adjektiv (weiblich)	Adverb
buono	buona	bene
cattivo	cattiva	male
leggero	leggera	leggermente
violento	violenta	violentemente

Übungen zur Bildung des Adverbs

1. Ändern Sie die folgenden Adjektive in Klammern in Adverbien.

1. (Sicuro) Paolo comprerà il pane.

2. Bisogna informarsi (buono) prima di scegliere dove andare.

3. Gli risponderò (breve).

4. Osservavo (triste) la pioggia che cadeva con insistenza.

5. Vi siete informati (buono)?

6. Abbiamo preso (veloce) le valigie e ci siamo incamminati verso l'uscita.

7. Spero di dormire (profondo) almeno stanotte

8. Si dedicò (molto) agli altri.

9. I bambini giocano (allegro) sul prato di fronte casa mia.

10. Gli occhi (lento) si aprirono e ne spuntò un verde smeraldo.

richtig   falsch

Die entsprechenden Lösungen befinden sich auf Seite 272.

Die Steigerung des Adverbs (I gradi dell'avverbio)

Das Italienische kennt die folgenden Steigerungsformen des Adverbs.

Positiv (Il positivo)

Der Positiv ist die Grundstufe des Adverbs. Er drückt aus, dass mehrere Wesen, Dinge bezüglich eines Merkmals gleich sind; gleicher Grad.

> ▪ Anna e Gianna cantano meravigliosamente.
> (Anna und Gianna singen wunderbar.)

Komparativ (Il comparativo)

Der Komparativ drückt aus, dass mehrere Wesen, Dinge bezüglich eines Merkmals ungleich sind; ungleicher Grad.

Steigerung: più + Adverb

Verminderung meno + Adverb

> ▪ Anna canta più appassionatamente.
> (Anna singt leidenschaftlicher.)
> ▪ Questi libri si leggono meno facilmente.
> (Diese Bücher lesen sich weniger leicht.)

Relativer Superlativ (Il superlativo relativo)

Beim Adverb kennt das Italienische keinen relativen Superlativ.

Absoluter Superlativ (Il superlativo assoluto)

Der absolute Superlativ drückt einen sehr hohen Grad aus und wird durch Einfügen von -issimamente oder Anhängen von -issimo, bei den nicht abgeleiteten Adverbien, gebildet. Der absolute Superlativ wird meist durch molto, assai, oltremodo oder tutto umschrieben.

> ▪ Si può risolvere questo problema facilissimamente.
> ▪ Si può risolvere questo problema molto facilmente.
> ▪ Si può risolvere questo problema assai facilmente.

Unregelmäßig gesteigerte Adverbien

Positiv	Komparativ	Superlativ
bene	meglio	benissimo/ottimamente
male	peggio	malissimo/pessimamente
molto	più	moltissimo
poco	meno	pochissimo

Übungen zur Steigerung des Adverbs

1. Setzen Sie die folgenden Adverbien in den Komparativ und verwenden Sie più.

1. Oggi abbaimo trovato la strada (facilmente) di ieri.

2. Il ghepardo si mosse ancor (velocemente).

3. Le prove di recitazione sono andate (bene) di quanto pensassimo.

4. La ruota girava sempre (lentamente).

5. Il dirigente aveva criticato (aspramente) del solito il lavoro svolto.   richtig   falsch

2. Setzen Sie die folgenden Adverbien in den Komparativ und verwenden Sie meno.

1. Parla (apertamente) di quanto sembri.

2. Enrico mangia (velocemente) di suo nonno.

3. Non credere che all'estero troverai lavoro (difficilmente).

4. Ha risposto alle domande (male) dell'ultima volta.

5. Ho guadagnato (poco) del mese scorso.   richtig   falsch

3. Setzen Sie die folgenden Adverbien in den absoluten Superlativ.

1. Pur viaggiando (spesso) in macchina, Mario non si è ancora abituato alle lunghe file.

2. Carlo mi ha raccontato che è stato (male) ieri notte.

3. Quando ho iniziato questo corso, parlavo (poco) l'italiano.

4. Mi ricordo (bene) che quando ero piccolo mio nonno mi portava in barca con lui.

5. Ho un nuovo lavoro che mi piace (molto).

6. Ascoltate **(attentamente)** quello che ho da dirvi perché non lo ripeterò una seconda volta.

7. Adesso è veramente **(tardi)**: dobbiamo andare.

8. **(Stranamente)** Flavio non ha avvertito che non sarebbe venuto.

9. Siamo stati trattati **(bene)** in quel locale.

10. Poiché il mio forno funziona **(male)**, non lo uso spesso.

richtig   falsch

Die entsprechenden Lösungen befinden sich auf Seite 272.

Die Stellung des Adverbs (La posizione dell'avverbio)

Im Allgemeinen steht das Adverb nach dem Verb, vor dem Adjektiv oder einem anderen Adverb.

Nach dem Prädikat

Die Adverbien der Art und Weise stehen in den einfachen und den zusammengesetzten Zeiten in der Regel nach dem Prädikat.

- Mi sento **male.**
- Mi sono sentito **male.**

Vor dem Prädikat

Die Adverbien der Art und Weise können in den einfachen und den zusammengesetzten Zeiten vor das Prädikat treten, wenn sie besonders hervorgehoben werden sollen.

- **Male,** mi sento.
- **Male,** mi sono sentito.

Adverbien der Art und Weise

Nach dem Prädikat

Die Adverbien der Menge stehen in den einfachen und den zusammengesetzten Zeiten in der Regel nach dem Prädikat.

- Paolo parla **tanto.**
- Paolo ha parlato **tanto.**

Nach dem Hilfsverb

Die Adverbien der Menge können in den zusammengesetzten Zeiten zwischen das Hilfsverb und das Partizip treten, wenn sie besonders hervorgehoben werden sollen.

- Paolo ha **tanto** parlato di te.
- Anna ha **tanto** lavorato.

Adverbien der Menge

Nach dem Prädikat

Die Adverbien der unbestimmten Zeit stehen in den einfachen und den zusammengesetzten Zeiten in der Regel nach dem Prädikat.
Già tritt immer zwischen Hilfsverb und Prädikat.

- Paolo dice **sempre** la verità.
- Paolo ha detto **sempre** la verità.
- Paolo è **già** venuto.

Vor dem Prädikat

Die Adverbien der unbestimmten Zeit können in den zusammengesetzten Zeiten zwischen das Hilfsverb und das Partizip treten, wenn sie hervorgehoben werden sollen.

- Paolo ha **sempre** detto la verità.
- Anna ha **sempre** parlato di te.

Adverbien der unbestimmten Zeit

Satzanfang

Die Adverbien der bestimmten Zeit können am Satzanfang stehen.

- **Stamattina,** Paolo è partito.
- **Ieri,** ho incontrato tua sorella.

Satzende

Die Adverbien der bestimmten Zeit können am Satzende stehen.

- Paolo è partito **stamattina.**
- Ho incontrato tua sorella **ieri.**

Adverbien der bestimmten Zeit

Die Adverbien des Ortes können am Satzanfang stehen.

- **Qui** ho abitato molti anni.
- **Davanti** c'è posto!

Die Adverbien des Ortes können am Satzende stehen. Ortsadverbien stehen vor Zeitadverbien.

- Ho abitato **qui** molti anni.
- Si è seduto **dietro.**

Adverbien des Ortes

Übungen zur Stellung des Adverbs

1. **Setzen sie die Adverbien in Klammern an die richtige Position.**

1. Gianna piangeva quando Marco la vide. (forte)

2. Riconosco i miei occhiali da sole perché hanno dei graffi sulle lenti. (facilmente)

3. Il famoso autore morì. (dignitosamente)

4. A lezione non abbiamo capito tutto. (sempre)

5. Abbiamo mangiato troppo? (forse)

6. Il compito in classe è stato difficile. (troppo)

7. Luigi è bravo a giocare a scacchi. (incredibilmente)

8. Quel disegno era bello che la maestra lo volle appendere alla parete. (talmente)

9. Ma questa casa non è piccola per voi? (un poco)

10. Abbiamo sentito che domani il tempo sarà caldo per poter andare al mare. (abbastanza)

11. Abbiamo incontrato lei. (solamente)

12. Vi va di venire con noi al mare? (domani)

13. Siamo venuti qui. (direttamente)

14. Andiamo a raccogliere i funghi? (oggi)

15. Se vieni da me lunedì, fammelo sapere. (prima)

richtig   falsch

Die entsprechenden Lösungen befinden sich auf Seite 272 ff.

Adverb oder Adjektiv (Avverbio o aggettivo)

Adverb und Adjektiv haben unterschiedliche Funktionen im Satz, d. h. Adjektive stehen zur näheren Bestimmung von Substantiven, Adverbien stehen zur näheren Bestimmung von Verben, Adjektiven oder anderen Adverbien.

Adjektiv

Bezüglich eines Substantivs steht das Adjektiv. Es beschreibt die Eigenschaft(en) des Substantivs.

- Paolo è **intelligente**.
- La signora Bianchi è molto **gentile**.

bezüglich des
Substantivs

Adverb

Bezüglich eines Verbs steht das Adverb. Es beschreibt die Art und Wiese einer Tätigkeit.

- Mi ha ascoltato **attentamente**.
  (Er hörte mir **aufmerksam** zu.)
  (Das Zuhören war aufmerksam, nicht er.)

Bezüglich eines Adjektivs oder eines anderen Adverbs steht das Adverb. Das Adverb bezeichnet den Grad, die Menge eines anderen Adjektivs oder Adverbs.

- È un uomo **molto** povero.
- Marcia **molto** lentamente.

Adjektiv

Bei einigen Verben steht das Adjektiv in der Funktion eines Adverbs. In dieser Funktion ist das Adjektiv unveränderlich.

- andare dritto/forte/piano
- cantare giusto/sbagliato
- comprare/vendere/pagare caro
- contare giusto/sbagliato
- costare caro/poco
- dire chiaro e tondo
- giocare giusto/sbagliato
- gridare forte
- guardare fisso
- lavorare duro
- parlare forte/piano/italiano/tedesco
- pensare/sentire giusto/falso
- tenere alto/fermo
- vedere chiaro/doppio/nero
- vestirsi giovane/vecchio
- volare alto/basso
- votare comunista/progressista

- Paolo e Luigi hanno parlato **forte**.
  (Paolo und Luigi haben **laut** gesprochen)

bezüglich des
Verbs

bezüglich des
Adjektivs, Adverbs

Übungen zum Adverb oder Adjektiv

1. Ersetzen Sie die Adjektive in Klammern durch das Adjektiv oder Adverb.

1. Ti faccio (tanto) auguri.

2. Abbiamo regalato loro un vaso (grande) da poter mettere all'entrata.

3. Compra per favore un chilo di mele (rosso).

4. Per questo compito, dovrete usare dei fogli (rettangolare).

5. Noi tutti amiamo la lingua (italiano).

6. Sabrina ha comprato dei tappeti e un divano (antico).

7. È la giornata (giusto) per andare a cavallo.

8. Mia nonna ha solo gatti (nero).

9. Ha sempre delle (strano) teorie filosofiche che non tutti capiscono.

10. Le regalò una collana di oro (fino).

11. Dovete partire (subito).

12. Parli (buono) tu!

13. La strada è questa; la ricordo (perfetto).

14. A casa di Michela c'è (sempre) movimento.

15. Perché avete parlato (sgarbato) alla cuoca?

16. Suono il pianoforte meno (buono) di quanto vorrei.

17. Da grande sarò (certo) famosa.

18. Sei (eccessivo) elegante per una semplice festa in campagna.

19. L'operazione era (tale) complessa e pericolosa che nessuno sperava nella sua buona riuscita.

20. Il corso è stato (pratico) abolito.

richtig   falsch

Die entsprechenden Lösungen befinden sich auf Seite 273.

Die Grundzahlen (I numeri cardinali)

Einer		Zehner		Hunderter, Tausender	
0	zero	10	dieci	100	cento
1	uno	11	undici	101	centouno
2	due	12	dodici	102	centodue ...
3	tre	13	tredici	200	duecento
4	quattro	14	quattordici	300	trecento
5	cinque	15	quindici	400	quattrocento
6	sei	16	sedici	500	cinquecento
7	sette	17	diciassette	600	seicento
8	otto	18	diciotto	700	settecento
9	nove	19	diciannnove	800	ottocento
		20	venti	900	novecento
		21	ventuno	1.000	mille
		22	ventidue	1.001	milleuno
		23	ventitré	1.002	milledue ...
		24	ventiquattro	2.000	duemila
		25	venticinque	3.000	tremila ...
		26	ventisei	10.000	diecimila ...
		27	ventisette	100.000	centomila ...
		28	ventotto	200.000	duecentomila ...
		29	ventinove	1.000.000	un milione ...
		30	trenta	2.000.000	due milioni ...
		40	quaranta		
		50	cinquanta		
		60	sessanta		
		70	settanta		
		80	ottanta		
		90	novanta		

Das Zahlwort

uno

Uno hat vor Substantiven dieselben Formen wie der unbestimmten Artikel.

- **un** minuto
- **un**'ora

Nu.	Genus	Vor Vokal	Vor Konsonant	Vor s- + Konsonant, z-, und gn-	Vor pn-, ps- und x-
Sing.	mask.	un	un	uno	uno, un
	fem.	un'	una	una	una

uno, otto

Folgt uno oder otto auf eine Zehnerzahl, entfällt deren Endvokal.

- trent**uno**
- trent**otto**

tre

Tre erhält in Zusammensetzungen mit anderen Zahlen den Akzent.

- **tre**
- vent**itré**

mille

Mille wird zu mila, wenn eine andere Grundzahl, die größer 1 ist, vorangeht.

- due**mila**
- tre**mila**

zero, milione miliardo

Zero, milione und miliardo sind Substantive und enden im Plural auf -i. Folgende Substantive werden (außer bei zero) mit di angeschlossen, folgt eine weitere Zahl auf milione entfällt di.

- Ha guadagnato tre **milioni**.
- Il progetto costa due **miliardi** di dollari.
- Il progetto costa due **milioni** e tre-mila dollari.

Zahlen von vier und mehr Stellen werden je drei Stellen von rechts durch Punkt getrennt.

- **10.000**
- **1.000.000**

Die Ordnungszahlen (I numeri ordinali)

Einer		Zehner		Hunderter, Tausender	
		10°	decimo	100°	centesimo
1°	primo	11°	undicesimo	101°	centounesimo
2°	secondo	12°	dodicesimo	102°	centoduesimo...
3°	terzo	13°	tredicesimo	200°	du(e)centesimo...
4°	quarto	14°	quattordicesimo	300°	trecentesimo...
5°	quinto	15°	quindicesimo	400°	quattrocentesimo
6°	sesto	16°	sedicesimo	500°	cinquecentesimo
7°	settimo	17°	diciasettesimo	600°	se(i)centesimo
8°	ottavo	18°	diciottesimo	700°	settecentesimo
9°	nono	19°	diciannovesimo	800°	ottocentesimo
		20°	ventesimo	900°	novecentesimo
		21°	ventunesimo	1.000°	millesimo
		22°	ventiduesimo	2.000°	duemillesimo
		30°	trentesimo	10.000°	diecimillesimo
		40°	quarantesimo	100.000°	centomillesimo...
		50°	cinquantesimo	200.000°	duecentomillesimo...
		60°	sessantesimo	1.000.000°	milionesimo...
		70°	settantesimo	2.000.000°	duemilionesimo
		80°	ottantesimo		
		90°	novantesimo		

Die Ordnungszahlen stehen mit dem bestimmten Artikel und richten sich in Geschlecht und Zahl nach dem Wort, auf das sie sich beziehen. Als Ziffer geschrieben, wird der Ordnungszahl für männliche Substantive ° und für weibliche [a] hinzugefügt. Es steht kein Punkt wie im Deutschen.

- Abito al **terzo** piano, al nimero 5 di via Mulino.
- I miei genitori si siedono alla **prima** tavola.
- Abito al 3° (terzo) piano.
- I miei genitori si siedono alla 1[a] (prima) tavola.

kein Punkt bei Ziffern

Bei Herrschernamen und häufig bei den Jahrhunderten wird die Ordnungszahl nachgestellt, als römische Ziffer geschrieben und nicht mit Punkt versehen.

- Vittorio Emanuele III (Vittorio Emanuele **Terzo**) fu re d'Italia dal 1900 al 1946.
  (Viktor Emanuel III (Viktor Emanuel der Dritte) war von 1900 bis 1946 König von Italien.)

kein Punkt bei römischen Ziffern

Die Bruchzahlen (I numeri frazionari)

Für die gemeinen Brüche gilt folgende Formel: $\dfrac{\text{Zähler}}{\text{Nenner}} = \dfrac{\text{Grundzahl}}{\text{Ordnungszahl}}$

Grundzahl > 1	Ist die Grundzahl > 1, so steht die Ordnungszahl im Plural und richtet sich im Geschlecht nach ihrem Bezugswort.	
		1 un
		5 quinto
		3 tre
		7 settimi

Bruch mit ganzer Zahl	Bei Brüchen, die eine ganze Zahl enthalten, wird zwischen der Zahl und dem Bruch e eingefügt.	2 2/5 due **e** due quinti 1 1/2 uno **e** mezzo 3 1/2 tre **e** mezzo

1/2, mezzo	1/2, mezzo steht ohne Artikel, alle anderen Brüche mit einer 1 im Zähler stehen mit dem unbestimmten Artikel. Vorangestelltes mezzo richtet sich in Geschlecht und Zahl nach dem folgenden Substantiv, nachgestelltes mezzo ist unveränderlich.	Questo pacchetto pesa **mezzo** (1/2) chilogrammo. (Dieses Paket wiegt **ein halbes** Kilo.) Ho comprato due **mezzi** litri di latte. Ho comprato due metri e **mezzo** di questa stoffa.

bei Maßangaben	Bei Maßangaben wird die Bruchzahl dem Bestimmungswort nachgestellt.	Ogni sera, il signor Rossi beve un litro e **un quarto** di vino.

Dezimalbrüche (Le frazioni decimali)

Für die Dezimalbrüche gilt folgende Formel:	Grundzahl Komma Grundzahl
Die Ziffern nach dem Komma werden in der Regel nicht einzeln gesprochen.	• **3,23 tre virgola ventitre** • **52,45 cinquantadue virgola quarantacinque**

Die Uhrzeit und andere Zeitangaben (L'ora ed altre indicazioni temporali)

Die Uhrzeit (L'ora)

Zeitangaben in Stunden stehen mit dem bestimmten Artikel, wobei ora und minuto meist weggelassen werden.
Bei una entfällt ora grundsätzlich.
Bei 1 Uhr, 1 Stunde stehen ora, der Artikel und essere im Singular, sonst stehen die Zeitangaben im Plural.
Bei offiziellen Zeitangaben werden 24 Stunden gezählt.

- È l'una e cinque (minuti).
  (Es ist ein Uhr und 5 (Minuten).)
- Sono le due (ore) e uno (un minuto).
  (Es ist zwei Uhr und eine Minute.)
- Arriviamo alle nove (ore) e cinque.
- Il treno arriva alle quindici e trentacinque (15:35).

Das Datum (La data)

Beim Datum werden, im Gegensatz zum Deutschen, Grundzahlen verwendet. Nur für den Ersten des Monats kann die Ordnungszahl stehen.

- Roma, il primo aprile.
- Roma, l'uno aprile.
- Roma, il ventitré agosto 2010

Grundzahlen im Datum, außer beim Ersten

Das Datum im Brief wird nicht wie im Deutschen durch Punkt, sondern durch Schrägstrich getrennt.

- Roma, (il) quindici aprile 2010
- Roma, 15 aprile 2010
- 15/4/2010

Schrägstrich beim Datum im Brief

Die ersten beiden Ziffern in Jahreszahlen dürfen nicht zusammengezogen werden, d. h. mille darf nicht fehlen.
Die Jahreszahlen stehen mit dem bestimmten Artikel. Im Deutschen stehen die Jahreszahlen ohne Präposition.

- Sono nato nel millenovecentosessantaquattro (1964).
  (Ich bin neunzehnhundertvierundsechzig geboren)

Präposition in bei Jahreszahlen

Das Alter (L'età)

Das Alter wird angegeben mit avere + Grundzahl + anni. Im Deutschen wird zur Angabe des Alters sein verwendet.

- Ho trent'anni.
  (Ich bin 30 Jahre alt.)

in Altersangaben avere (nicht essere)

Die Uhrzeit (L'ora)

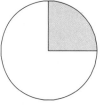 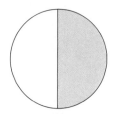 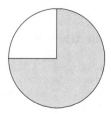

un quarto d'ora   mezz'ora   tre quarti d'ora

Che ora è?/Che ore sono?

è l'una e un quarto,

è l'una e quindici

sono le due e trenta,

sono le due e mezzo

sono le quattro
meno un quarto
sono le quattro e
quarantacinque

sono le dodici,
è mezzogiorno,
è mezzanotte

sono le nove e venti

sono le nove meno
venti

Das Pronomen (Il pronome)

Die Pronomen (Fürwörter) vertreten Personen und Sachen, die Subjekt, indirektes oder direktes Objekt sind.

Paolo scrive una lettera. **Egli** scrive una lettera.

Subjekt

Do la lettera **a Maria.** **Le** do la lettera.

Indirektes Objekt (dare qc a qn)

Ho visto **Maria e Gianna.** **Le** ho viste.

Direktes Objekt (vedere qn)

Es ist zu beachten, dass ein Wort, das im Deutschen direktes Objekt ist, im Italienischen indirektes Objekt sein kann und umgekehrt. Um welches Objekt es sich handelt, hängt davon ab, mit welcher Ergänzung das jeweilige Verb stehen kann. Indirekte Objekte werden im Italienischen meist mit a, di oder da an das Verb angeschlossen und sind folglich auch durch ein indirektes Objektpronomen zu ersetzen. Direkte Objekte werden ohne Präposition an das Verb angeschlossen und sind folglich auch durch ein direktes Objektpronomen zu ersetzen.

Substantivische Pronomen (I pronomi)

Die substantivischen Pronomen können ohne ein Substantiv verwendet werden.

- Dov'è il tuo libro? Ho dimenticato **il mio.**

Attributive Pronomen (I pronomi attributivi, gli aggettivi pronominali)

Die attributiven Pronomen können nicht ohne Substantiv stehen.

- Dov'è il **tuo** libro?
- Ho letto **questo** libro.

Das Personalpronomen (Il pronome personale)

Das Personalpronomen (persönliches Fürwort) steht stellvertretend für Personen und Sachen, die Subjekt oder Objekt sind.

Das unbetonte Personalpronomen (Il pronome personale atono)

Das unbetonte Personalpronomen steht stellvertretend für Personen und Sachen, die Subjekt oder Objekt sind und muss immer in Verbindung mit einem Verb stehen.

Nu.	Pers.	Genus	Subjekt	Indirektes Objekt	Direktes Objekt
Sing.	1	mask.	-	mi	mi
		fem.			
	2	mask.	-	ti	ti
		fem.			
	3	mask.	egli, esso	gli	lo, l'
		fem.	ella, essa	le	la, l'
	Anrede	mask.	-	Le	La
		fem.			
Plur.	1	mask.	-	ci	ci
		fem.			
	2	mask.	-	vi	vi
		fem.			
	Anrede	mask.	-	Vi	Vi
		fem.			
	3	mask.	essi	loro (gli)	li
		fem.	esse	loro (gli)	le
	Anrede	mask.	-	Loro	Li
		fem.	-	Loro	Le

Die Subjektpronomen

Die Subjektpronomen vertreten Personen und Sachen, die Subjekt sind. Dabei vertreten egli, esso bzw. essi eine bzw. mehrere männliche Personen oder Sachen, ella, essa bzw. esse vertreten eine bzw. mehrere weibliche Personen oder Sachen. Die Subjektpronomen werden meist weggelassen, da die konjugierte

- Luigi è un buon amico. (Egli) è un buon amico.
- Luigi e Ugo sono i miei amici. (Essi) sono i miei amici.
- Questo libro è molto interessante. (Esso) è molto interessante.
- Questi libri sono molto interessanti. (Essi) sono molto interessanti.
- Gianna è una buona amica. (Ella)

Verbform bereits Person und Zahl angibt. Sie werden nur zur Hervorhebung verwendet oder wenn nicht deutlich werden würde wer bzw. was gemeint ist.

> è una buona amica.
> ▪ La porta è aperta. (Essa) è aperta.
> ▪ Gianna e Isabella sono le mie amiche. (Esse) sono le mie amiche.
> ▪ Le porte sono aperte. (Esse) sono aperte.

Die Objektpronomen

In der gesprochenen Sprache werden Objekte zur Hervorhebung häufig an den Satzanfang gestellt. Diese werden dann durch das entsprechende unbetonte Objektpronomen vor dem Verb wieder aufgenommen.

> ▪ Tua moglie, la abbondonerai?
> (Was, du verlässt deine Frau?)
> ▪ Non dirglielo ai tuoi genitori.
> (Sag es ja nicht deinen Eltern.)

Personen, die Objekt sind

Die indirekten Objektpronomen vertreten Personen, die indirektes Objekt sind.
Insbesondere vertreten gli bzw. le eine männliche bzw. weibliche Person, loro vertritt mehrere männliche oder weibliche Personen, die indirektes Objekt sind.

> ▪ Scrivo la lettera a Luigi. Gli scrivo la lettera.
> ▪ Scrivo la lettera a Gianna. Le scrivo la lettera.
> ▪ Scrivo la lettera a Luigi e Ugo. Scrivo loro la lettera.
> ▪ Scrivo la lettera a Gianna e Luisa. Scrivo loro la lettera.

Personen, die indirektes Objekt sind

Das indirekte Objektpronomen loro wird in der Umgangssprache häufig durch gli ersetzt, was jedoch Missverständnisse in sich birgt, da gli sonst für eine Person steht.

> ▪ Scriverò loro una lettera.
> (Ich werde ihnen einen Brief schreiben.)
> ▪ Gli scriverò una lettera.
> (Ich werde ihm/ihnen einen Brief schreiben.)

loro

Die direkten Objektpronomen vertreten Personen, die direktes Objekt sind.
Dabei vertreten lo bzw. li eine bzw. mehrere männliche Personen oder Sachen, la bzw. le vertreten eine bzw. mehrere weibliche Personen oder Sachen, die direktes Objekt sind. Lo und la werden vor Vokal oder -h zu l' apostrophiert.
Es ist zu beachten, dass sich das participio passato in Geschlecht und Zahl nach dem vorausgehenden Objektpronomen richtet.

> ▪ Ieri ho visto Luigi. L'ho visto ieri.
> ▪ Ieri ho visto Luigi e Ugo. Li ho visti ieri.
> ▪ Ho letto il libro. L'ho letto.
> ▪ Ho letto i libri. Li ho letti.
> Ieri ho visto Anna. L'ho vista ieri.
> Ieri ho visto Anna e Gianna. Le ho viste ieri.
> Ho scritto la lettera. L'ho scritta.
> Ho scritto le lettere. Le ho scritte.

Personen, die direktes Objekt sind

participio passato richtet sich nach dem vorausgehenden Objektpronomen

Das Pronomen lo kann auch in neutraler Funktion stehen und bezieht sich als solches auf einen vorausgehenden Satzinhalt. Im Deutschen wird es durch es, das übersetzt.

> ▪ Paolo era già andato a casa, ma io non lo sapevo.
> (Paolo war schon nach Hause gegangen, aber ich wusste es nicht.)

lo

Die Anredepronomen

Die Anredepronomen ti bzw. vi bezeichnen eine bzw. mehrere Personen, die man duzt. Man schreibt sie klein.
Le bzw. La dienen zur Anrede einer männlichen oder weiblichen Person, die indirektes bzw. direktes Objekt ist, die man siezt.
Loro dient der Anrede mehrerer männlicher oder weiblicher Personen, die indirektes Objekt sind und die man siezt.
Li bzw. Le dienen der Anrede mehrerer männlicher bzw. weiblicher Personen, die direktes Objekt sind und die man siezt.
Statt des sehr formell klingenden Loro wird in der Handelskorrespondenz oder für die Anrede von Personen, die man gut kennt, aber nicht duzt, häufig das weniger förmliche Vi verwendet.
Die Pronomen der höflichen Anrede (Le, La, Li, Loro, Vi) schreibt man groß.

- Posso assicurarti che vengo.
  (Ich kann dir versichern, dass ich komme.)
- Posso assicurarvi che vengo..
  (Ich kann euch versichern, dass ich komme.)
- Le è piaciuto il film?
  (Hat Ihnen (eine Person) der Film gefallen?)
- Posso assicurarLe che vengo.
  (Ich kann Ihnen (eine Person) versichern, dass ich komme.)
- Ho già spiegato Loro come stanno le cose.
  (Ich habe Ihnen (mehrere Personen) schon erklärt, wie die Dinge stehen.)
- Signori, Li prego di informarmi subito.
  (Meine Herren, bitte informieren Sie mich sofort.)
- Signore, La prego di informarmi subito.
  (Meine Damen, bitte informieren Sie mich sofort.)
- Posso assicurarVi che vengo subito.
  (Ich kann Ihnen versichern, dass ich sofort komme.)

Aufeinandertreffen zweier unbetonter Pronomen

Trifft ein unbetontes indirektes Objektpronomen auf die folgenden unbetonten direkten Objektpronomen oder auf das Pronominaladverb ne, ergeben sich folgende Formen.

Indirektes Objekt	Direktes Objekt				
	lo	la	li	le	ne
mi	me lo	me la	me li	me le	me ne
ti	te lo	te la	te li	te le	te ne
gli	glielo	gliela	glieli	gliele	gliene
le	glielo	gliela	glieli	gliele	gliene
ci	ce lo	ce la	ce li	ce le	ce ne
vi	ve lo	ve la	ve li	ve le	ve ne
loro	Loro ist stets unveränderlich.				

Das betonte Personalpronomen (Il pronome personale tonico)

Das betonte Personalpronomen steht stellvertretend für Personen und Sachen, die Subjekt oder Objekt sind und kann mit und ohne Verb stehen.

Nu.	Pers.	Genus	Subjekt	Indirektes Objekt	Direktes Objekt
Sing.	1	mask. fem.	io	me	me
	2	mask. fem.	tu	te	te
	3	mask.	lui	lui	lui
		fem.	lei	lei	lei
	Anrede	mask. fem.	Lei	Lei	Lei
Plur.	1	mask. fem.	noi	noi	noi
	2	mask. fem.	voi	voi	voi
	Anrede	mask. fem.	Voi	Voi	Voi
	3	mask. fem.	loro	loro	loro
	Anrede	mask. fem.	Loro	Loro	Loro

Die Subjektpronomen

Die Subjektpronomen werden meist weggelassen, da die konjugierte Verbform Person und Zahl bereits angibt. Sie werden nur zur Hervorhebung verwendet oder wenn nicht deutlich werden würde wer bzw. was gemeint ist.

- Paolo e Gianna sono buoni amici. Era lei (Gianna) che l'ha aiutato.
- Paolo è un buon amico. Era lui che mi ha detto tutta la verità.
- In casa mia il padrone sono io.

Hervorhebung

Die Objektpronomen

Zur besonderen Hervorhebung steht die betonte Form der Objektpronomens.

- A me non hai mai pensato.
- Perché trovano da ridere sempre di me?

Hervorhebung

Die betonten Objektpronomen stehen, wenn ein weiteres Objekt folgt.

- Ho parlato a lei e a suo fratello.
- Ha spiegato il caso a lui e a Anna.

vor weiteren Objekten

Das Pronomen

in Sätzen ohne konjugiertes Verb	In Sätzen oder Satzteilen ohne konjugiertes Verb.	• Detta lei la verità, potremmo andare a casa.
nach di	Nach Präpositionen, vor allem nach der Präposition di.	• Hanno parlato di me. • È partito con lei.
nach anche, neppure	Nach den Konjunktionen anche und neppure. Nach ecco steht die unbetonte Objektform.	• Anche lei lo sapeva. • Eccoti. (Da bist du ja.)
im Vergleich	Im Vergleich nach di (als), come (wie) und quanto (wie).	• Paola è più gentile di lui. (Paola ist freundlicher als er.)
im Ausruf	In Ausrufen.	• Povero te! (Du Armer!)

Die Anredepronomen

Anrede	Tu, te bzw. voi dienen zur Anrede von einer bzw. mehreren Personen, die man duzt. Tu ist Subjekt, te ist indirektes oder direktes Objekt, voi ist Subjekt oder Objekt. Lei bzw. Loro dienen zur Anrede von einer bzw. mehrerer Personen, die Subjekt oder Objekt sind und die man siezt. Für Loro wird in der Handelskorrespondenz oder für die Anrede von Personen, die man gut kennt, aber nicht duzt, häufig das weniger förmlich klingende Voi verwendet. Die Anredepronomen im Subjektfall werden meist weggelassen und nur zur besonderen Hervorhebung verwendet. Die Anredepronomen schreibt man klein, die Pronomen der höflichen Anrede (Lei, Loro, Voi) schreibt man groß.	• (Tu) devi andare a prenderla. (Du musst sie abholen.) • Ha chiamato te e non me. (Er hat dich gerufen und nicht mich.) • (Voi) dovete andare a prenderla. (Ihr müsst sie abholen.) • Ha chiamato voi e non noi. (Er hat euch gerufen und nicht uns.) • Potrebbe (Lei) aprire la porta per favore? (Könnten Sie (eine Person) bitte die Tür öffnen?) • Potrebbero (Loro) aprire la porta per favore? (Könnten Sie (mehrere Personen) bitte die Tür öffnen?) • Potreste (Voi) aprire la porta per favore? (Könnten Sie (mehrere Personen) bitte die Tür öffnen?) • Signor Rossi, abbiamo parlato di Lei. (Herr Rossi, wir haben von Ihnen gesprochen.) • Signore, spero che non abbiano nulla in contrario se andiamo con Loro. (Meine Damen, ich hoffe, Sie haben nichts dagegen, wenn wir mit Ihnen gehen.) • Signore, spero che non abbiano nulla in contrario se andiamo con Voi. (Meine Damen, ich hoffe, Sie haben nichts dagegen, wenn wir mit Ihnen gehen.)

Die Stellung des Personalpronomens (La posizione del pronome personale)

Beim Verb

Die Pronomen stehen vor dem Prädikat, d. h. in den einfachen Zeiten vor dem konjugierten Verb, in den zusammengesetzten Zeiten vor dem Hilfsverb.

vor dem Verb

Subjekt(pron.)	indir. Obj. pron.	dir. Obj.pron.	Prädikat
Paolo	me	lo	dice.
Paolo	me	l'	ha detto.

Loro wird dem Prädikat stets nachgestellt.

loro

Subjekt(pron.)	dir. Obj.pron	Prädikat	loro
Paolo	l'	ha dato	loro.

Bei der Si-Konstruktion stehen die unbetonten Objektpronomen vor dem Reflexivpronomen.

vor dem Reflexivpronomen

Dir. Obj. pron.	Reflexivpron.	Prädikat	adv. Bestimmung
Ti	si	è messo	davanti.

Die Pronominaladverbien ci, vi und ne stehen hinter den Personalpronomen und vor dem Prädikat. Ci und vi stehen vor ne.

ci, vi, ne

Objekt	indir. Obj.pron.	Pron. adv.	Prädikat	adv. Best.
Della marmellata	ve	ne	do	un po'.

Beim Infinitiv

Die Pronomen werden ohne Betonungsänderung an den Infinitiv angehängt. Der Endvokal des Infinitivs entfällt. Infinitive auf -rre werden um -re verkürzt.

nach dem Infinitiv

Subjekt(pron.)	Prädikat	Infinitiv + Pron.	adv. Bestimmung
Paolo	vuole	prenderti	alla stazione.
Paolo	vuole	tradurlo (von tradurre).	

Das Pronomen loro wird dem Infinitiv nachgestellt und nicht angehängt.

loro

Subjekt(pron.)	Prädikat	Infinitiv	loro	Objekt
Paolo	vuole	spiegare	loro	il problema.

Ist der Infinitiv mit den Modalverben dovere, potere, sapere, volere oder Verben wie andare a, venire a verbunden, so können die Pronomen entweder an den Infinitiv angehängt oder dem Modalverb vorangestellt werden.

Subjekt(pron.)	Modalverb	Infinitiv + **Pron.**
• Paolo	può	spiegarme**lo.**

Subjekt(pron.)	**Pronomen**	Modalverb	Infinitiv
• Paolo	**me lo**	può	spiegare.

vor fare, lasciare + Infinitiv

Die Pronomen stehen vor fare ((veran)lassen), lasciare ((zu)lassen), auf die ein Infinitiv folgt.

Pronomen	Verb	Infinitiv
• **Lo**	lascia	uscire.

loro

loro steht nach einem Modalverb oder fare ((veran)lassen), lasciare ((zu)lassen), auf die ein Infinitiv folgt.

Subjekt(pron.)	Modalverb	Infinitiv	**loro.**
• Paolo	può	spiegarlo	**loro.**
• Paolo	lascia	uscire	**loro.**

Beim gerundio

nach dem gerundio

Die Pronomen werden ohne Betongungsänderung an das gerundio angehängt.

gerundio + **Pronomen**	Objekt	Hauptsatz
• Lavando**mi**	i capelli	mi cadde lo shampoo.

Bei der Konstruktion stare + gerundio tritt das Pronomen vor stare.

Pronomen	stare + gerundio	Objekt
• **Mi**	sto preparando	per l'esame.

Beim participio passato

nach dem participio passato

Die Pronomen können an das participio passato, das nicht zur Bildung der zusammengesetzten Zeiten verwendet wird, angehängt werden.

Subjekt(pron.)	Prädikat	Objekt	Part. + **Pron.**	Objekt
• Anna	ha letto	le lettere	scritte**le**	da Maria.

Beim bejahten Imperativ

nach dem Imperativ der 2. Person, der 1. Person Plural

Die Pronomen werden an die Formen des Imperativ der 2. Person Singular und Plural sowie an die Formen der 1. Person Plural angehängt.
Bei Pronomen, die an einsilbige Imperative (z. B. di', fa') angehängt werden, wird der Endkonsonant, außer bei gli, verdoppelt.
Loro steht nach dem Imperativ, wird jedoch nicht angehängt.

Imperativ + **Pronomen**	Objekt
▪ Dimmi	la verità.
▪ Dim**mela**.	
▪ Di**gliela**.	

Imperativ + **loro**	Objekt
▪ Dica **loro**	la verità.

Dem Imperativ der 3. Person Singular und Plural stehen die Pronomen voran.

vor dem Imperativ der 3. Person

Indirektes Obj.pron.	direktes Obj.pron.	Imperativ
▪ **Me**	**lo**	spieghi.

Beim verneinten Imperativ

Dem verneinten Imperativ der 2. Person Singular und Plural sowie der 1. Person Plural können die Pronomen sowohl angehängt werden als auch voranstehen.

vor oder nach dem Imperativ der 2. Person oder 1. Person Plural

non	**Objektpronomen**	Imperativ
▪ Non	**glielo**	mostrare.

non	Imperativ + **Pronomen**
▪ Non	mostrar**glielo.**

Dem Imperativ der 3. Person Singular und Plural stehen die Pronomen voran.

vor dem Imperativ der 3. Person

non	direktes Obj.pron.	Imperativ
▪ Non	**lo**	faccia.

Bei ecco

Die Objektpronomen werden an ecco angehängt.

nach ecco

Ecco + **Objektpronomen**
▪ Ecco**mi!**

Übungen zum Personalpronomen

1. **Setzen Sie die entsprechende Objektform des betonten oder unbetonten Personalpronomens ein.**

1. Io non sono come te; a ... interessa come vanno le cose in questa città.

2. Non puoi pensare sempre e solo a ... .

3. Domenica sono stato a casa di Mario e mi sono fermato da ... circa un'ora.

4. Non so che gusti abbia Martina. Sapete se a ... piacciono i fiori?

5. L'Alitalia augura a ... e alla sua famiglia un buon viaggio.

6. Se ... resterà un po' di tempo verrò a trovarti.

7. Il nonno ... ha fatto una domanda. Rispondi.

8. Vittorio ha bussato alla porta, ... fai entrare per favore?

9. Le sue compagne non ... rivolgono più la parola, forse non la sopportano.

10. La strada è questa; ... ricordo perfettamente.

11. Dottore, ... posso parlare sinceramente?

12. Signora, ... chiedo scusa.

13. Signora, ... posso invitare a cena?

14. La professoressa disse agli sudenti che avrebbe dato ... ancora mezz'ora per completare il compito.

15. Daria e Marco sono qui da una settimana e a poco a poco ... iniziamo a conoscere.

16. ... farò vedere, signori ... tutta Napoli, i posti più belli e i più i nteressanti

17. Signori, ... prego di venire.

18. La lavagna è tutta sporca, chi ... pulisce?

19. I genitori parlarono ai figli e dissero ... che sarebbero partiti per qualche mese.

20. I figli amavano molto i genitori e ... rallegrò la notizia del loro
arrivo.   richtig   falsch

**2. Ersetzen Sie die fett gedruckten Substantive durch das ent-
sprechende betonte Personalpronomen.**

1. Parlò a Luigi col cuore in mano.

2. E'un peccato per Sergio se non studia.

3. Andammo a trovare Vincenzo e sua moglie.

4. Era gelossissima di Ugo. Forse perché non le dava attenzioni?

5. Nessuno è più forte di Vittorio!

6. L'anello di sua nonna lo regalò a Gianna come ricordo.

7. Credi che le donne forti come Isabella abbiano più possibilità di
successo?

8. Ho sentito la vicina lamentarsi ad alta voce del suo matrimonio.
Chissà che problemi ci sono tra Anna e suo marito.

9. Non ho più avuto notizie di Chiara.

10. I nonni lasciarono tutta l'eredità ai loro figli.
                                                                           richtig   falsch

**3. Setzen Sie die entsprechende Objektform des betonten und
unbetonten Personalpronomens in der richtigen Reihenfolge
ein.**

1. Mi piacerebbe fare un viaggio in Italia, se le mie condizioni eco-
nomiche ... permettessero.

2. Ho saputo che hai fatto sviluppare le foto. ... fai vedere?

3. Che belli i tuoi occhiali da sole. ... presti una volta?

4. So che hai comprato la casa nuova. Quando ... fai vedere?

5. Se mi chiedi con tanta insistenza il libro a prestito, ... do
volentieri.

6. Se hai bisogno dei biglietti ... posso spedire.

7. Puoi usare la mia motocicletta se vuoi. ... presto volentieri.

8. Le chiavi non sono qui. … ho date ieri, ricordi?

9. Cappuccetto Rosso domandò gentilmente al lupo quale fosse la strada per arrivare dalla nonna; il lupo … indicò, leccandosi già i baffi.

10. Gianni gli telefonerà, se … ha promesso.

11. Poiché questi pantaloni non mi entrano più, … darò a Marta.

12. Ti piacciono le scarpe di Caterina? … ha regalate Alberto.

13. Abbiamo bisogno di aiuto ma Giovanni e Luca non … possono garantire.

14. È una prova difficile ma molti … fanno.

15. Vorremmo tanto delle caramelle. … compri nonno?

16. … fate vedere i vostri cani?

17. Vi porterò due bei regali dall'italia, … prometto.

18. Vado a chiamare i bimbi, così … faccio conoscere.

19. Perché piangete? La punizione … siete proprio meritata!

20. Avete già visto le novità? Paolo … ha mostrate?

richtig   falsch

Die entsprechenden Lösungen befinden sich auf Seite 273.

Das Reflexiv- und Reziprokpronomen (Il pronome riflessivo e reciproco)

Das Reflexivpronomen (rückbezügliches Fürwort) bezieht sich „zurück" auf das Subjekt, d. h. Pronomen und Subjekt bezeichnen dieselbe Person.
Das Reziprokpronomen (Fürwort der Gegenseitigkeit) drückt ein gegenseitiges Verhältnis aus (einander, gegenseitig) und hat die gleichen Formen wie das Reflexivpronomen.

Gen.	1. Pers. Sg.	2. Pers. Sg.	3. Pres. Sg.	1. Pers. Pl.	2. Pers. Pl.	3. Pers. Pl.
mask.						
	mi	ti	si	ci	vi	si
fem.						
			sé			sé

Die Reflexivpronomen stehen in Verbindung mit den reflexiven Verben.	▪ (Io) **mi** lavo. ▪ La porta **si** apre.
Die Reziprokpronomen kommen nur im Plural vor und stehen mit einem Verb im Plural.	▪ **Ci** conosciamo da molto tempo. (Sie kennen **einander/sich** seit langem.) ▪ Gianna e Luigi **si** amano molto.
Si steht in der Si-Konstruktion zur Umschreibung eines unbestimmten Subjekts (man) oder des Passivs, wenn der Urheber, die Ursache der Handlung unbekannt ist oder bleiben soll.	▪ Sabato non **si** lavora in questa ditta. (Am Samstag wird in dieser Firma nicht gearbeitet.) ▪ **Si** sono visti molti errori. (Molti errori sono stati visti.)
Das betonte Reflexivpronomen sé steht bei Präpositionen und zur Betonung der eigenen Person (selbst). In Verbindung mit stesso entfällt der Akzent.	▪ Paolo vuole sempre tutto per **sé**. ▪ Ha fiducia in **sé**. (Er vertraut auf sich selbst.) ▪ Ha fiducia in **se** stesso.

Trifft das Reflexivpronomen si auf eine der folgenden direkten Objektformen des unbetonten Personalpronomens oder auf das Pronominaladverb ne, so ändert sich seine Form wie folgt.

Reflexiv- pronomen	Direkte Objektpronomen				Pron.adv.
	lo	la	li	le	ne
si	se lo	se la	se li	se le	se ne

Die Stellung des Reflexivpronomens (La posizione del pronome riflessivo)

Beim Verb

vor dem Prädikat

Das Reflexivpronomen steht in den einfachen und zusammengesetzten Zeiten immer vor dem Prädikat.

Subjekt	Reflexivpronomen	Prädikat
▪ Anna	si	lava.
▪ Anna	si	è lavata.

nach den indirekten Objektpronomen in der Si-Konstruktion

In Verbindung mit den unbetonten Personalpronomen, die indirektes Objekt sind, tritt das Reflexivpronomen der Si-Konstruktion unmittelbar vor das Prädikat.

Personalpronomen	Reflexivpron.	Prädikat	Nebensatz
▪ Mi	si	dice	che...
▪ Mi	si	è detto	che...

vor den indirekten Objektpronomen

Mit den unbetonten Personalpronomen, die indirektes Objekt sind, tritt das Reflexivpronomen vor das Personalpronomen und ändert seine Form wie oben aufgeführt.

Reflexivpronomen	Personalpronomen	Prädikat
▪ Se	la	compra.

hinter ci, vi, vor ne

Mit den Pronominaladverbien ci, vi und ne tritt das Reflexivpronomen hinter ci und vi und vor ne, vor dem es seine Form wie oben aufgeführt ändert.

Subjekt (pron.)	ci, vi	Reflexivpron.	Prädikat	Adverb
▪ Paolo	ci	si	prepara	bene.

Reflexivpronomen	ne	Prädikat
▪ Se	ne	parla.

Beim Infinitiv

nach dem Infinitiv

Das Reflexivpronomen wird an den Infinitiv angehängt, der dabei seinen Endvokal verliert. Infinitive auf -rre werden auf -re verkürzt.

Subjekt	Personalpronomen	Prädikat	Inf. + Refl. pron.
▪ Mia madre	mi	ha detto di	lavarmi.

nach dem Infinitiv + Modalverb, vor dem Modalverb + Infinitiv

Ist der Infinitiv mit den Modalverben dovere, potere, sapere, volere oder Verben wie andare a, venire a verbunden, so kann das Reflexivpronomen entweder an den Infinitiv angehängt oder dem Modalverb vorangestellt werden.

Subjekt	Pers.pron.	Prädikat	Modalverb	Inf.+ **Refl.pron.**
▪ Mia madre	mi	ha detto che	devo	lavar**mi.**

Subjekt	Pers.pron.	Prädikat	**Refl.pron.**	Modalverb	Infinitiv
▪ Mia madre	mi	ha detto che	mi	devo	lavare.

Beim participio passato und gerundio

Das Reflexivpronomen wird an das participio passato und an das gerundio angehängt.

nach dem participio passato, gerundio

participio + **Refl.pron.**	Pers.pron.	Prädikat	Objekt
▪ Lavato**mi,**	mi	cadde	il sapone.

gerundio + **Refl.pron.**	Pers.pron.	Prädikat	Objekt
▪ Lavando**mi,**	mi	cadde	il sapone.

Beim Imperativ

Das Reflexivpronomen wird an die 2. Person Singular und an die 1. und 2. Person Singular des bejahten und verneinten Imperativs angehängt.
Der 3. Person Singular und Plural werden die Pronomen vorangestellt.
Dem verneinten Imperativ kann das Reflexivpronomen in allen Personen auch vorangestellt werden.

nach dem Imperativ der 1. und 2. Person, vor dem Imperativ der 3. Person

Subjekt	Prädikat	Imperativ + **Reflexivpronomen**
▪ Mia madre	ha detto:	«Lava**ti.**»
▪ Mia madre	ha detto:	«Non laviamo**ci.**»

Subjekt	Prädikat	**Reflexivpronomen** + Imperativ
▪ Mia madre	ha detto:	«**Si** lavi.»
▪ Mia madre	ha detto:	«Non **ti** lavare.»

Übungen zum Reflexivpronomen

1. Setzen Sie das entsprechende Reflexivpronomen ein.

1. Per tutta l'estate ... riposerò dalle fatiche scolastiche.

2. In compagnia di Roberto ... diverto, ma con Luca posso parlare di argomenti interessanti.

3. Se ... affretti, arrivi in tempo alla stazione.

4. Come ... chiami?

5. Il mio fratellino ... chiama Danilo.

6. Dove ... trova il cestino della spazzatura?

7. Il nostro desiderio è di vedervi presto; ... auguriamo che sia anche il vostro.

8. «Ora ... avviciniamo a Bologna» disse la voce.

9. Dopo aver dormito su questo materasso ... sentirete riposati come non mai.

10. Non ... vergognate di come siete vestiti?

richtig   falsch

Die entsprechenden Lösungen befinden sich auf Seite 273.

Das Possessivpronomen (Il pronome possessivo)

Das Possessivpronomen (besitzanzeigendes Fürwort) drückt ein Besitzverhältnis aus und steht stellvertretend für Personen und Sachen.
Es kann substantivisch (il pronome possessivo) und attributiv (l'aggettivo possessivo) verwendet werden, ohne dass sich seine Form ändert.

Nu.	Pers.	Genus	Singular	Plural
Sing.	1	maskulin	mio	miei
		feminin	mia	mie
	2	maskulin	tuo	tuoi
		feminin	tua	tue
	3	maskulin	suo	suoi
		feminin	sua	sue
	Anrede	maskulin	Suo	Suoi
		feminin	Sua	Sue
Plur.	1	maskulin	nostro	nostri
		feminin	nostra	nostre
	2	maskulin	vostro	vostri
		feminin	vostra	vostre
	Anrede	maskulin	Vostro	Vostri
		feminin	Vostra	Vostre
	3	maskulin	loro	loro
		feminin	loro	loro
	Anrede	maskulin	Loro	Loro
		feminin	Loro	Loro

Die Possessivpronomen richten sich in Geschlecht und Zahl nach dem Besitzobjekt und nicht nach dem Geschlecht des Besitzers.

- Paolo e Luigi dicono: «È la nostra casa.»
- Anna e Maria dicono: «Sono i nostri libri.»

es richtet sich nach dem Geschlecht des Besitzobjekts

Suo bzw. sua bezeichnen einen Besitzer und ein männliches bzw. weibliches Besitzobjekt.
Suoi bzw. sue bezeichnen einen Besitzer und mehrere männliche bzw. weibliche Besitzobjekte.
Loro bezeichnet mehrere Besitzer und ein bzw. mehrere männliche oder weibliche Besitzobjekte.

- Ha trovato il suo libro.
  (Er/sie hat sein/ihr Buch gefunden.)
- Ha trovato la sua chiave.
  (Er/sie hat seinen/ihren Schlüssel gefunden.)
- Ha trovato i suoi libri.
  (Er/sie hat seine/ihre Bücher gefunden.)
- Ha trovato le sue chiavi.
  (Er/sie hat seine/ihre Schlüssel gefunden.)
- Hanno trovato il loro libro/i loro libri.
  (Sie haben ihr Buch/ihre Bücher gefunden.)

suo, sua, suoi, sue, loro

Das Pronomen

di + betontes Per-
sonalpronomen

Wenn aus dem Zusammenhang nicht klar hervorgeht, welcher Besitzer mit suo bezeichnet wird, so wird suo durch di + betontes Personalpronomen ersetzt. Das Besitzobjekt steht mit dem Artikel.

> - È venuto suo padre?
>   (Ist sein/ihr Vater gekommen?)
> - È venuto il padre di lui?
>   (Ist sein Vater gekommen?)
> - È venuto il padre di lei?
>   (Ist ihr Vater gekommen?)

proprio

In Sätzen, die kein bestimmtes Subjekt enthalten, wird suo durch proprio ersetzt.

> - Non si deve pensare sempre al proprio benessere.
>   (Man darf nicht immer nur an sein eigenes Wohlergehen denken.)

Anrede

Die Anredepronomen tuo bzw. vostro bezeichnen eine bzw. mehrere Personen, die man duzt.
Suo bzw. Loro bezeichnen eine bzw. mehrere Personen, die man siezt.
Auch die Pronomen der Anrede richten sich, wie oben dargestellt, in Geschlecht und Zahl nach dem Besitzobjekt.
Dem sehr formell klingenden Loro wird in der Handelskorrespondenz oder für die Anrede von Personen, die man gut kennt, aber nicht duzt, häufig das weniger förmlich klingende Vostro vorgezogen.
Die Pronomen der höflichen Anrede (Suo, Sua, Suoi, Sue, Vostro, Vostra, Vostri, Vostre, Loro) werden großgeschrieben.

> - Ho trovato la tua chiave.
>   (Ich habe deinen Schlüssel gefunden.)
> - Ho trovato la vostra chiave.
>   (Ich habe euren Schlüssel gefunden.)
> - Ho trovato la Sua chiave.
>   (Ich habe Ihren (eine Person) Schlüssel gefunden.)
> - Ho trovato la Loro chiave.
>   (Ich habe Ihren (mehrere Personen) Schlüssel gefunden.)
> - Abbiamo allegato a questa lettera la Vostra conferma d'ordinazione in tre copie.
>   (Wir haben diesem Schreiben Ihre Auftragsbestätigung in dreifacher Ausfertigung beigelegt.)

mit essere

In der Bedeutung von *gehören* stehen die Possessivpronomen mit essere.

> - Questa macchina è mia.
>   (Das Auto gehört mir.)

Das Possessivpronomen wird sowohl mit als auch ohne Artikel verwendet.

Mit Artikel	Ohne Artikel
attributive Possessivpronomen: Die attributiv verwendeten Possessivpronomen.	Gehört das Possessivpronomen zum Prädikat, entfällt der Artikel.
- Dove sono i miei pantaloni?	- È mio dovere.
loro: Loro steht immer mit dem bestimmten Artikel.	
- La loro casa è molto grande.	
Verwandtschaftsbezeichnungen: Vor Verwandtschaftsbezeichnungen im Plural.	Vor Verwandtschaftsbezeichnungen im Singular.

Mit Artikel	Ohne Artikel	
▪ I miei fratelli vivono con le loro famiglie in Francia.	▪ Mio fratello vive con sua moglie in Francia.	
Vor Verwandtschaftsbezeichnungen im Singular, die zum Beispiel durch ein Adjektiv näher bestimmt sind oder durch eine Nachsilbe abgewandelt sind.		
▪ Il nostro fratello maggiore vive in Francia.		
Vor Zärtlichkeitsformen.		Zärtlichkeitsformen
▪ Il mio fratellino è il migliore del mondo.		
	Possessivpronomen der Anrede und Possessivpronomen in Ausrufen.	in Ausrufen
	▪ Mia cara Anna ... ▪ Mamma mia!	
	Possessivpronomen in Beifügungen.	in Beifügungen
	▪ Vorrei presentarVi il dottor Rossi, mio compagno di scuola.	
	Possessivpronomen, die in Verbindung mit essere stehen (gehören).	mit essere
	▪ È Suo questo libro? (Gehört dieses Buch Ihnen?)	
Possessivpronomen in speziellen Wendungen werden mit dem unbestimmten Artikel verbunden.		unbestimmter Artikel in speziellen Wendungen
▪ Un mio amico vive con la sua famiglia in Francia. (Einer meiner Freunde lebt mit seiner Familie in Frankreich.)		

Übungen zum Possessivpronomen

1. Setzen Sie das entsprechende Possessivpronomen ein.

1. Ho dimenticato di dire a ... papà che mi dovrebbe venire a prendere a scuola.

2. Quei trucchi sono ... (1. Pers. Sing.) ma se vuoi li puoi usare.

3. Di chi sono queste scarpe? Sono ... (1. Pers. Sing.).

4. Ieri ho conosciuto ... (2. Pers. Sing.)nonna e la trovo molto simpatica.

5. I compiti non completati sono ... (3. Pers. Sing.).

6. Sono certo che un giorno quelle proprietà saranno ..., signore.

7. Ti prego di informarmi sempre sulla salute di ... (1. Pers. Plur.) padre.

8. Stiamo così bene a casa ... (2. Pers. Plur.) che quasi quasi restiamo qui.

9. I turisti erano talmente stanchi che vollero subito raggiungere il ... albergo.

10. Professori, i ... giudizi sono molto imporatnti per noi.

richtig   falsch

2. Setzen Sie das entsprechende Possessivpronomen mit oder ohne dem bestimmten Artikel ein.

1. Sono ... (2. Pers. Sing.) i pantaloni da stirare?

2. I pantaloni che hai messo a lavare non sono tuoi ma ... (3. Pers. Sing.).

3. ... madre, signore, ha detto che l'aspetta a casa.

4. Con ... immenso dispiacere, dovremmo andarcene prima del previsto.

5. Venezia e Firenze sono due città meravigliose: ... palazzi, ... chiese ... musei vengono visitati ogni anno da milioni di turisti.

6. Se mi volete dare ... cappotti, signori.

7. Qua c'è tuo fratello ma dov'è ... (1. Pers. Sing.)?

richtig   falsch

Die entsprechenden Lösungen befinden sich auf Seite 273.

Das Demonstrativpronomen (Il pronome dimostrativo)

Das Demonstrativpronomen (hinweisendes Fürwort) weist auf eine oder mehrere bestimmte Personen oder Sachen und richtet sich in Geschlecht und Zahl nach seinem Bezugswort.

Das substantivische Demonstrativpronomen (Il pronome dimostrativo)

Nu.	Genus	Questo	Quello	Colui	Tale
Sing.	mask.	questo	quello	colui	tale
	fem.	questa	quella	colei	tale
Plur.	mask.	questi	quelli	coloro	tali
	fem.	queste	quelle	coloro	tali

Ciò und lo stesso sind unveränderlich.

Questo

Stellvertretend für Personen und Sachen in der Nähe (dieser).

- Vedi questi libri? Dammi **questo**.
(Siehst du diese Bücher? Gib mir dieses.)

Quello

Stellvertretend für Personen und Sachen in der Ferne (jener).

- Vedi questi libri? Dammi **quello**.
(Siehst du diese Bücher? Gib mir jenes.)

Näherliegendes, Fernerliegendes

Quello

Ein vorangehendes Substantiv, das nicht ständig wiederholt werden soll, kann durch quello wieder aufgenommen werden.

- Di queste due case **quella** bianca è la più bella.
(Di queste due case la casa bianca è più bella.)

vorangehendes Substantiv

Quello

Es leitet einen folgenden Relativsatz ein und

Colui

Es leitet einen folgenden Relativsatz ein und

Tale

Es leitet einen folgenden Relativsatz ein und

Einleitung eines Relativsatzes

Quello	Colui	Tale
steht stellvertretend für Personen und Sachen, wobei neutral verwendetes quello vor che zu quel verkürzt werden sollte.	steht stellvertretend für Personen.	steht stellvertretend für Sachen.
• Ecco quello che ho cercato. • È più furbo di quel che pensi.	• Colui che è partito per ultimo ha dimenticato di spegnere la luce.	• I difetti erano tali che non si poteva accetare la fornitura.

Satzinhalt

Ciò	Lo stesso
Stellvertretend für einen ganzen Satzinhalt (das).	Stellvertretend für einen ganzen Satzinhalt (dasselbe).
• Ciò non mi piace. (Das gefällt mir nicht.)	• Dire e fare. Non è lo stesso. (Sagen und machen. Das ist nicht das gleiche.)

Das attributive Demonstrativpronomen (L'aggettivo dimostrativo)

	Nu.	Gen.	Questo	Quello	Tale	Lo stesso	Medesimo
vor Kon.	Sing.	mask.	questo	quel	tal(e)	lo stesso	medesimo
		fem.	questa	quella	tale	la stessa	medesima
	Plur.	mask.	questi	quei	tali	gli stessi	medesimi
		fem.	queste	quelle	tali	le stesse	medesime
vor –s + Konsonant	Sing.	mask.	questo	quello	tale	lo stesso	medesimo
		fem.	questa	quella	tale	la stessa	medesima
	Plur.	mask.	questi	quegli	tali	gli stessi	medesimi
		fem.	queste	quelle	tali	le stesse	medesime
vor Vokal	Sing.	mask.	quest'	quell'	tale	lo stesso	medesimo
		fem.	quest'	quell'	tale	la stessa	medesima
	Plur.	mask.	questi	quegli	tali	gli stessi	medesimi
		fem.	queste	quelle	tali	le stesse	medesime

Questo

Es weist auf Personen oder Sachen in der Nähe (dieser).

- Puoi darmi **questo** libro?
(Kannst du mir dieses Buch geben?)

Quello

Es weist auf Personen oder Sachen in der Ferne (dieser).

- Puoi darmi **quel** libro?
(Kannst du mir jenes Buch geben?)

Tale

Es weist auf folgende oder zuvor genannte Personen und Sachen (solch).

Vor männlichen Substantiven im Singular wird es meist zu tal verkürzt.

- Hai già visto **tal** signore?
- Puoi darmi **tal** libro?

Näherliegendes, Fernerliegendes

Questo

In Zeitangaben, die auf die Gegenwart weisen.

- **Questa** mattina ho incontrato tua sorella.
(Heute Morgen habe ich deine Schwester getroffen.)

Quello

In Zeitangaben, die nicht auf die Gegenwart weisen.

- **Quella** mattina incontrò tua sorella.
(An jenem Morgen habe ich deine Schwester getroffen.)

Zeitangaben

Lo stesso

Es weist auf „die gleichen" Personen oder Sachen im Singular und Plural (der, die, das gleiche). Wird stesso dem Substantiv nachgestellt, steht es in der Bedeutung *selbst*.

- Paolo e mio fratello Luigi hanno **lo stesso** hobby.
(Paolo und mein Bruder Luigi haben dasselbe Hobby.)
- Gli alunni **stessi** hanno risolto il problema.
(Die Schüler selbst haben das Problem gelöst.)

Medesimo

Es weist auf „die gleichen" Personen oder Sachen im Singular und Plural (der, die, das gleiche).

- Paolo e mio fratello Luigi hanno **il medesimo** hobby.
- Tutti gli alunni hanno svolto **il medesimo** tema.

„die gleiche" Person, Sache

Übungen zum Demonstrativpronomen

1. **Setzen Sie die richtigen Formen von** questo, quello **oder** tale
   ein.

1. Qual è il tuo spazzolino? ... con il manico arancione.

2. Poiché abbiamo tante caramelle a casa, vorrei regalare ... a
   Matteo.

3. La seta indiana è più pregiata di ... italiana.

4. «Mi dia mezzo chilo di ciliegie», dice la massaia, «ma non ci
   metta solo ... rosse.»

5. La situazione è ... che non può più essere risolta.

6. In ... giorni verrà presentato il progetto al quale lavoriamo da
   due anni.

7. Verresti a cena con me ... sera?

8. Secondo quanto ho sentito dire, ... uomo è un detective e
   forse ti può aiutare.

9. Finché vivrò non dimenticherò mai ... giorno in cui ti conobbi.

10. Le spiegazioni di ... insegnante non sono sempre chiare.

richtig   falsch

Die entsprechenden Lösungen befinden sich auf Seite 273 ff.

Das Relativpronomen (Il pronome relativo)

Das Relativpronomen (bezügliches Fürwort) bezieht sich auf ein oder mehrere unmittelbar vorausgehende Substantive, die Subjekt, indirektes oder direktes Objekt sind. Es leitet einen Nebensatz, den sogenannten Relativsatz ein.

Rel.pron.	Nu.	Gen.	Subjekt	Indir. Obj.	Dir. Obj.
chi	Sing.	mask.			
		fem.	chi	chi	chi
	Plur.	mask.			
		fem.			
che	Sing.	mask.			
		fem.	che	che	che
	Plur.	mask.			
		fem.			
cui	Sing.	mask.			
		fem.	-	cui	-
	Plur.	mask.			
		fem.			
il quale	Sing.	mask.	il quale	al* quale	il quale
		fem.	la quale	alla quale	la quale
	Plur.	mask.	i quali	ai quali	i quali
		fem.	le quali	alle quali	le quali
quello che	Sing.	mask.	quello che	quello che	quello che
		fem.	quella che	quella che	quella che
	Plur.	mask.	quelli che	quelli che	quelli che
		fem.	quelle che	quelle che	quelle che
colui che	Sing.	mask.	colui che	colui che	colui che
		fem.	colei che	colei che	colei che
	Plur.	mask.	coloro che	coloro che	coloro che
		fem.	coloro che	coloro che	coloro che
quanto	Sing.	mask.	quanto	quanto	quanto
		fem.	quanta	quanta	quanta
	Plur.	mask.	quanti	quanti	quanti
		fem.	quante	quante	quante

*Stellvertretend für Präpositionen mit indirektem Objekt wurde hier a verwendet.
Che cosa (was), il che (was), ciò che (was), dove (wo), quando (wann) sind unveränderlich.

Das Pronomen

Chi

bezüglich des Subjekts, Objekts

Chi vertritt eine oder mehrere Personen, die Subjekt, direktes oder indirektes Objekt sind (wer, wem, wen). Es kann nicht vor einem Substantiv stehen.

- **Chi** cerca il pericolo, perirà in esso.
  (**Wer** sich in Gefahr begibt, kommt darin um.)
- Esco con **chi** mi pare.
  (Ich gehe aus mit **wem** es mir gefällt.)

Che

Che bezieht sich auf eine oder mehrere Personen oder Sachen, die Subjekt, direktes oder indirektes Objekt sind (der).
Es kann nur mit einem unmittelbar vorangehenden Substantiv stehen.

- Ecco l'uomo **che** ha dimenticato la sua macchina.
  (Da ist **der** Mann, **der** sein Auto vergessen hat.)
- Ho dimenticato i libri **che** ho messo sul tavolo.

Cui

bezüglich des Subjekts, Objekts

Cui bezieht sich auf eine oder mehrere (vorausgehende) Personen oder Sachen, die indirektes Objekt sind (deren). Es steht nach Präpositionen, meist di oder a.
Die Präposition a kann in Verbindung mit cui weggelassen werden.

- Il presidente, la **cui** figlia ha avuto un incidente, è arrivato.
  (Der Präsident, **dessen** Tochter einen Unfall hatte, ist angekommen.)
- Ecco il direttore per **cui** lavoro da 10 anni.
- La ditta (a) **cui** ho spedito questa lettera.

Il quale

Il quale bezieht sich auf eine oder mehrere (vorausgehende) Personen oder Sachen, die Subjekt, indirektes oder direktes Objekt sind (der(jenige)).

Es steht meist im Plural und nach Präpositionen statt cui.
Im Singular steht es meist nur bezüglich einer bestimmten Person oder Sache oder anstelle von che zur Verdeutlichung wer oder was gemeint ist.

- La sorella di Paolo, **la quale** (che) parte stasera, è qui.
  (Die Schwester von Paolo, die heute Abend abreist, ist hier.)
- La sorella di Paolo, **il quale** (che) parte stasera, sta arrivando.
- Ecco i direttori per **i quali** lavoro da 10 anni.

Quello che

bezüglich bestimmter Personen, Sachen

Bezüglich einer oder mehrerer bestimmter Personen oder Sachen, die Subjekt, direktes oder indirektes Objekt sind (derjenige).
Es kann mit und ohne folgendes Substantiv stehen.
In Verbindung mit tutto bezeichnet es die Anzahl (alle diejenigen).

- **Quello che** ho visto ieri era tuo padre.
  (**Denjenigen, den** ich gestern gesehen habe, war dein Vater.)

Colui che

Bezüglich einer oder mehrerer bestimmter Personen, die Subjekt oder indirektes oder direktes Objekt sind (derjenige).
Es kann nicht vor einem folgenden Substantiv stehen.
Statt colui che wird meist chi verwendet.

- **Colui che** (chi) cerca il pericolo, perirà in esso.
- Ecco **colei che** ho visto stamattina.

Quello che

- Penso a tutti **quelli che** soffrono.
(Ich denke an alle diejenigen, die leiden.)

Colui che

Quello che

Quello che bezieht sich auf einen vorangehenden Satzinhalt (was) und ist in dieser Funktion unveränderlich.

- Io so **quello che** ho visto.
(Ich weiß, was ich gesehen habe.)

Che cosa

Che cosa bezieht sich auf einen vorangehenden Satzinhalt (was) und ist unveränderlich.
Che cosa steht häufig statt quello che vor allem in der Umgangssprache.

- Io so **che cosa** ho visto.
(Ich weiß, was ich gesehen habe.)

bezüglich eines Satzinhalts

Il che

Il che bezieht sich auf einen vorangehenden Satzinhalt (was) und ist unveränderlich.

- Voglio cambiare vita, **il che** non è facile.

Ciò che

Ciò che bezieht sich auf einen vorangehenden Satzinhalt (was) und ist unveränderlich.
In Verbindung mit tutto bezeichnet es die Menge (alles was).

- Io so **ciò che** ho visto.
(Ich weiß, was ich gesehen habe.)
- Dico tutto **ciò che** so.
(Ich sage alles, was ich weiß.)

Quanto

Quanto bezeichnet die Anzahl von Personen, Sachen (wie viele, so viele). Zur Bezeichnung der Menge ist es unveränderlich.

- Non puoi figurarti **quanti** turisti hanno aspettato all'aeroporto.
(Du kannst dir nicht vorstellen, wie viele Touristen am Flughafen gewartet haben.)
- Dico **quanto** so.
(Ich sage so viel ich weiß.)

Quando

Quando bezeichnet die Zeit und ist unveränderlich (wann).
Zur Bezeichnung der Zeit kann auch che statt in cui, nel quale stehen.

- Il giorno **quando/che** è arrivato mio padre fu un giorno di gioia.
(Der Tag, an dem mein Vater ankam, war ein Freudentag.)

Menge, Anzahl; Zeit

Übungen zum Relativpronomen

1. Setzen Sie chi, che, cui die entsprechenden Formen von il quale ein.

1. I genitori cercano di creare esempi ... servano da guida per il futuro dei figli.

2. Se la notizia ... mi hai riportato fosse vera, sarebbe uno scandalo.

3. Non c'è nessuno ... osa dubitare delle tue parole .

4. Il paesaggio, ... si può ammirare dal nostro balcone, è molto romantico.

5. A ... vincerà la gara di sabato verrà consegnato un premio speciale.

6. Per ... non può andare in vacanza, questa iniziativa è un'occasione per svagarsi.

7. Dicono tutti che le vacanze al mare sono divertenti, ma certamente non per ... ama la solitudine.

8. Secondo te è vero il detto: ... tace acconsente?

9. Ti posso affidare il mio cane per il periodo in ... devo assentarmi?

10. Componi dieci periodi in ... sia contenuto un pronome relativo invariabile.

11. Durante il mio viaggio ho visto pesci di ... conoscevo l'esistenza solo dai documentari che ho seguito alla televisione.

12. Nella città di Venezia si trova la basilica di San Marco, la ... piazza antistante è molto ampia.

13. Sono arrivati ieri dei miei amici che da tempo non vedevo e con ... ho trascorso dei bellissimi giorni.

14. Anche quest'anno le Olimpiadi, a ... partecipano giovani atleti di tutte le nazioni, sono molto attese.

15. Lo zio di Andrea ama molto stare con i ragazzi, a ... trasmette la propria esperienza.

richtig   falsch

Die entsprechenden Lösungen befinden sich auf Seite 274.

Das Interrogativpronomen (Il pronome interrogativo)

Das Interrogativpronomen (Fragefürwort) leitet direkte und indirekte Fragesätze ein und fragt nach einer oder mehreren Personen oder Sachen, die Subjekt, indirektes oder direktes Objekt sind.

Int. pron.	Nu.	Genus	Subjekt	Indir. Objekt	Dir. Objekt
chi	Sing.	mask.			
		fem.	chi	chi	chi
	Plur.	mask.			
		fem.			
che	Sing.	mask.			
		fem.	che	che	che
	Plur.	mask.			
		fem.			
quale	Sing.	mask.	quale	quale	quale
		fem.			
	Plur.	mask.	quali	quali	quali
		fem.			
quanto	Sing.	mask.	quanto	quanto	quanto
		fem.	quanta	quanta	quanta
	Plur.	mask.	quanti	quanti	quanti
		fem.	quante	quante	quante

Che cosa (was), quando (wann), come (wie) und dove (wo) sind unveränderliche Fragewörter.

Das Pronomen

	Chi	Quale	(Che) Cosa
in Fragen nach Personen, Sachen	Chi fragt nach einer oder mehreren beliebigen Personen (wer, wen, wem) und kann nicht in Verbindung mit einem Substantiv stehen.	Quale fragt nach einer oder mehreren Personen oder Sachen aus einer bestimmten Anzahl und kann mit und ohne ein Substantiv stehen (welcher). Vor männlichen Substantiven im Singular, die mit Konsonant bzw. Vokal beginnen, wird es oft zu qual bzw. qual' verkürzt.	Cosa oder che cosa fragt nach einer beliebigen Sache generell (was) und kann nicht in Verbindung mit einem Substantiv stehen. In der Umgangssprache wird statt che cosa häufig nur cosa verwendet.
	▪ Chi hai incontrato alla stazione? (Wen hast du am Bahnhof getroffen?) ▪ Chi ha invitato alla sua festa? ▪ A chi l'hai detto? ▪ Di chi è il libro?	▪ Quale dei due ragazzi che giocano nel giardino è tuo figlio? (Welcher von den beiden Jungen, die im Garten spielen, ist dein Sohn?)	▪ Che cosa/cosa hai visto? (Was hast du gesehen?) ▪ Che cosa/cosa vuoi? ▪ Che cosa/cosa hai perduto?

	Che	Come
in Fragen nach der Eigenschaft, Art und Weise	Che fragt nach der Eigenschaft, Art und Weise und ist unveränderlich (was für ein). Es steht in Verbindung mit einem Substantiv oder vor Adjektiven und Adverbien.	Come fragt nach der Art und Weise und ist unveränderlich (wie?).
	▪ Che persone hai incontrato alla stazione? (Was für Personen hast du am Bahnhof getroffen?) ▪ Che libri hai comprato? ▪ Che bugiardo! (Was für ein Lügner!) ▪ Che freddo!	▪ Come si può risolvere questo problema? (Wie kann man dieses Problem lösen?)

	Quanto
in Fragen nach der Anzahl, Menge	Quanto fragt nach der Anzahl von Personen und Sachen und steht vor einem Substantiv,

Quanto

nach dem es sich in Geschlecht und Zahl richtet (wie viele).
In Fragen nach der Menge steht es ohne Substantiv und ist unveränderlich (wie viel).

- **Quante** persone hai incontrato in città?
(Wie viele Personen hast du in der Stadt getroffen?)
- **Quanti** libri di quest' autore hai letto?
- **Quanto** calore!
(Was für eine Hitze!)
- Può dirmi **quanto** costa questo libro?
(Können Sie mir sagen, wie viel dieses Buch kostet?)

Quando

Quando fragt nach der Zeit (wann?).

- **Quando** hai incontrato mia madre?
(Wann hast du meine Mutter getroffen?)
- Per **quando** puoi terminare questo lavoro?

Che

Che fragt nach der Uhrzeit in der Wendung **che** ora è?, **che** ore sono?

- **Che** ora è? È l'una.
(Wie viel Uhr ist es? Es ist ein Uhr.)
- **Che** ore sono? Sono le tre.
(Wie viel Uhr ist es? Es ist drei Uhr.)

Dove

Dove fragt nach dem Ort (wo?).
Mit nachfolgendem è wird dove zu dov'è verkürzt.

- **Dove** sono i miei pantaloni?
- **Dov'**è la mia chiave?
(Wo ist mein Schlüssel?)

in Fragen nach der Zeit, dem Ort

Übungen zum Interrogativpronomen

1. Setzen Sie che, chi oder quale ein.

1. ... ore sono?

2. ... desideri hai per il tuo compleanno?

3. In ... anno sei nato?

4. Per ... è questo regalo?

5. Di ... parlate tutto il tempo?

6. ... vuole giocare con me?

7. ... esercizi avete già fatto?

8. ... di questi barattoli contiene il sale?

9. Mi vuoi dire ... è la tua decisione?

10. ... di questi abiti preferisci?

richtig   falsch

2. Ersetzen Sie die fett gedruckten Wörter durch das entsprechende Interrogativpronomen.

1. Il treno per Catania parte alle tre.

2. In questo periodo fa bel tempo in Sicilia.

3. Luigi vuole pulire gentilmente la lavagna.

4. Michele ha nascosto il registro di classe.

5. I miei genitori provengono da Roma.

6. La ragazza che porta i pantaloni gialli è mia sorella.

7. Canteremo queste canzoni per il concerto di fine anno.

8. Vogliamo iniziare con questo articolo.

9. Ho scritto 20 frasi utilizzando i pronomi interrogativi.

10. Ho portato due amici con me.

richtig   falsch

Die entsprechenden Lösungen befinden sich auf Seite 274.

Die Indefinitpronomen (I pronomi indefiniti)

Die Indefinitpronomen (unbestimmte Fürwörter) stehen stellvertretend für eine oder mehrere unbestimmte Personen oder Sachen.

Qualcuno, qualcheduno **und** qualcosa, qualche cosa

Qualcuno, qualcheduno	Qualcosa, qualche cosa	
Substantivisches Indefinitpronomen zur Bezeichnung einer unbestimmten Person ((ir-gend)jemand). Qualcuno, qualcheduno stehen nur im Singular und richten sich im Geschlecht nach der Person, die sie vertreten.	Substantivisches Indefinitpronomen zur Bezeichnung einer unbestimmten Sache ((ir-gend)etwas). Qualcosa, qualche cosa ist kein Femininum, steht nur im Singular, ist unveränderlich und steht nie in Verbindung mit non oder senza. Adjektive werden mit di angeschlossen.	unbestimmte Person, Sache

- **Qualcuno** vuole parlare con Paolo.
  (Jemand möchte mit Paolo sprechen.)
- Stamattina ho visto **qualcuna** delle vicine.

- Vuole leggere **qualcosa/qualche cosa**?
  (Möchten Sie etwas lesen?)
- È successo **qualcosa/qualche cosa** di terribile.

Numerus	Genus	Qualcuno	Qualcheduno
Singular	maskulin	qualcuno	qualcheduno
	feminin	qualcuna	qualcheduna

Nessuno **und** niente, nulla

Nessuno	Niente, nulla	
Substantivisches und attributives Indefinitpronomen zur Bezeichnung einer unbestimmten Person, Sache (niemand, keiner). Es steht nur im Singular und richtet sich im Geschlecht nach seinem Bezugswort.	Substantivisches Indefinitpronomen zur Bezeichnung einer unbestimmten Sache (nichts). Niente, nulla sind in Geschlecht und Zahl unveränderlich. Vor Vokal werden sie meist zu nient', null' verkürzt.	unbestimmte Person, Sache

	Nessuno	Niente, nulla
	Steht nessuno hinter dem Verb, so muss non vor das Verb treten, non entfällt, wenn nessuno vor das Verb tritt.	Stehen niente, nulla hinter dem Verb, so muss non vor das Verb treten, non entfällt, wenn niente, nulla vor das Verb treten. Adjektive werden mit di angeschlossen.
	▪ Non c'è **nessuno** in strada. (Es ist niemand auf der Straße.) ▪ **Nessuno** disse niente. ▪ Non ho **nessun**'idea a questo proposito.	▪ **Niente/nulla** è successo. ▪ Non ho visto **nient**'altro/**null**'altro. ▪ Non riesco a vedere **niente/nulla**. ▪ Non è **niente/nulla** di terribile.
im Fragesatz	Im fragenden Satz und nach senza und non mai hat es positive Bedeutung (jemand, jeder, irgendeiner).	In fragenden Sätzen, nach senza und non mai haben niente und nulla positive Bedeutung (etwas).
	▪ Hai **nessun**'osservazione da fare? (Hast du irgendeine Bemerkung zu machen?) ▪ Le ha creduto senza **nessun** dubbio. (Er hat ihr ohne jeden Zweifel geglaubt.)	▪ Hai bisogno di **niente/nulla**? (Brauchst du etwas?)

	Nu.	Genus	Nessuno	Niente, nulla
vor Konsonant	Sing.	mask.	nessun	
		fem.	nessuna	
vor -s + Konsonant, vor -z, -gn, -pn -ps, -x	Sing.	mask.	nessuno	niente, nulla
		fem.	nessuna	
vor Vokal	Sing.	mask.	nessun	
		fem.	nessun'	nient', null'

Alcuno **und** qualche

	Alcuno	Qualche
unbestimmte Anzahl, Menge	Substantivisches und attributives Indefinitpronomen zur Bezeich-	Attributives Indefinitpronomen zur Bezeichnung einer unbestimm-

Alcuno	Qualche
nung einer unbestimmten Anzahl von Personen oder Sachen (einige, manche). Es richtet sich in Geschlecht und Zahl nach seinem Bezugswort.	ten Anzahl von Personen oder Sachen (manche, einige) oder einer unbestimmten Menge (etwas). Es ist in Geschlecht und Zahl unveränderlich.
▪ **Alcuni** hanno superato l'esame. (Einige/manche haben die Prüfung bestanden.) ▪ Ho letto alcuni libri di quest'autore.	▪ Ho consultato qualche dottore. (Ich habe einige Ärzte aufgesucht.) ▪ È rimasto qualche giorno. (Er ist einige Tage geblieben.)
In fragenden und verneinten Sätzen hat es negative Bedeutung (niemand, keiner). Nach senza behält es seine positive Bedeutung (jemand, (irgend)einer).	Es steht nie in Verbindung mit non oder senza. Dies gilt auch für die Zusammensetzungen mit qualche.
▪ Non c'è alcun problema. (Es gibt kein Problem.) ▪ Ho fatto tutto senza alcun problema. (Ich habe alles ohne jedes Problem gemacht.)	

in verneinten und fragenden Sätzen

Numerus	Genus	vor Konsonant	vor -s + Konsonant, -z, -gn, -pn, -ps, -x	vor Vokal
Singular	maskulin	alcun	alcuno	alcun
	feminin	alcuna	alcuna	alcun'
Plural	maskulin	alcuni	alcuni	alcuni
	feminin	alcune	alcune	alcune

Ogni, ognuno **und** ciascuno, ciascheduno

Ogni	Ognuno	Ciasc(hed)uno
Attributives Indefinitpronomen zur Bezeichnung jeder beliebigen Person, Sache (jeder (be-	Substantivisches Indefinitpronomen zur Bezeichnung jeder Person ohne Ausnahme (jeder).	Substantivisches und attributives Indefinitpronomen zur Bezeichnung jeder Person, Sa-

jede beliebige Person, Sache

Ogni	Ognuno	Ciasc(hed)uno
liebige)). Es ist in Geschlecht und Zahl unveränderlich.	Es ist in Geschlecht und Zahl unveränderlich.	che ohne Ausnahme (jeder, alle). Es steht nur im Singular und richtet sich im Geschlecht nach seinem Bezugswort.
• **Ogni** studente ha la sua propria camera. • Ho letto **ogni** libro di quest'autore.	• **Ognuno** ha la sua propria camera. • **Ognuno** ha i suoi difetti.	• **Ciascuna** ha la sua propria camera. (Jede hat ihr eigenes Zimmer.) • **Ciascun** alunno ha ricevuto un libro.

Numerus	Genus	vor Konsonant	Vor -s + Kon., -z, -gn, -pn, -ps, -x	vor Vokal
Singular	maskulin	ciascun, ciaschedun	ciascuno, ciascheduno	ciascun ciaschedun
	feminin	ciascuna, ciascheduna	ciascuna, ciascheduna	ciascun' ciaschedun'

Chiunque, qualunque **und** qualsiasi

	Chiunque	Qualunque	Qualsiasi
beliebige Personen, Sachen	Substantivisches Indefinitpronomen zur Bezeichnung einer beliebigen Person (jeder beliebige, wer auch immer). Es ist in Geschlecht und Zahl unveränderlich.	Attributives Indefinitpronomen zur Bezeichnung einer beliebigen Sache (jeder beliebige, was auch immer). Es ist in Geschlecht und Zahl unveränderlich und kann seinem Bezugswort nachgestellt werden. Nachgestellt steht es in der Bedeutung *gewöhnlich*.	Attributives Indefinitpronomen zur Bezeichnung einer oder mehrerer beliebigen Personen oder Sachen (jeder beliebige, welcher auch immer). Es ist in Geschlecht und Zahl unveränderlich und kann seinem Bezugswort im Singular nachgestellt werden. Steht das Bezugswort im Plural muss es nachgestellt werden.
	• **Chiunque** è in grado di capirlo. (Jeder ist in der Lage es zu verstehen.)	• Ho comprato una **qualunque** macchina. • Ho comprato una macchina **qualunque**.	• Ho comprato una **qualsiasi** macchina. • Ho comprato delle macchine **qualsiasi**.

Uno

Uno

Substantivisches Indefinitpronomen zur Bezeichnung einer beliebigen oder unbestimmten Person (einer, jemand; man).

Es steht nur im Singular und richtet sich im Geschlecht nach seinem Bezugswort.

- **Una** di loro mi ha domandato se vieni.
  (**Eine** von ihnen hat mich gefragt, ob du kommst.)
- **Uno** può ottenere tutto se lavora duramente.
  (**Man** kann alles erreichen, wenn man hart arbeitet.)

unbestimmte beliebige Person

Altro **und** altri

Altro

Substantivisches und attributives Indefinitpronomen zur Bezeichnung einer oder mehrerer „anderer" Personen, Sachen (anderer).
Zur Bezeichnung einer unbestimmten Person, Sache kann es mit dem unbestimmten Artikel verbunden werden, zur Bezeichnung einer bestimmten Person, Sache kann es mit dem bestimmten Artikel verbunden werden.
Es (und der bestimmte Artikel) richtet sich in Geschlecht und Zahl nach seinem Bezugswort.

- Non aspettare gli **altri**.
- Ho comprato l'**altra** macchina.
- Dammi un **altro** libro.

Altri

Substantivisches Indefinitpronomen zur Bezeichnung einer oder mehrerer „anderer" Personen (anderer).
Es ist in Geschlecht und Zahl unveränderlich.

- Paola, e non **altri**, mi ha fatto visita.
  (Paola und keine andere hat mich besucht.)

„andere" Personen, Sachen

Numerus	Genus	Altro	L'altro	Un altro
Singular	maskulin	altro	l'altro	un altro
	feminin	altra	l'altra	un'altra
Plural	maskulin	altri	gli altri	-
	feminin	altre	le altre	-

Tale **und** taluno

„solche" Personen, Sachen

Tale	Taluno
Substantivisches und attributives Indefinitpronomen zur Bezeichnung einer oder mehrerer „solcher" Personen oder Sachen ((solch) einer).	Substantivisches und attributives Indefinitpronomen zur Bezeichnung einer unbestimmten Person oder Sache (irgendeiner, irgendjemand, mancher).
Es richtet sich in Geschlecht und Zahl seinem Bezugswort, dem es nachgestellt werden kann.	Es richtet sich in Geschlecht und Zahl seinem Bezugswort. Im Plural steht es zur Bezeichnung einer unbestimmten Anzahl von Personen oder Sachen (einige, manche).

- Conosco **un tale** di Roma. (Ich kenne einen aus Rom.)
- Non ho visto mai una persona tale/una tale persona.
- Non ho visto mai tali casi.

- Taluno potrebbe dire il contrario.
- Ha visto talune macchine passare.

	Nu.	Gen.	vor Konsonant	vor -s + Konsonant, -z, -gn, -pn, -ps, -x	vor Vokal
Tale	Sing.	mask.	tal	tale	tal
		fem.	tale	tale	tal'
	Plur.	mask.	tali	tali	tali
		fem.	tali	tali	tali
Taluno	Sing.	mask.	talun	taluno	talun
		fem.	taluna	taluna	talun'
	Plur.	mask.	taluni	taluni	taluni
		fem.	talune	talune	talune

Tutto **und** tutto il

Tutto	Tutto il
Substantivisches Indefinitpronomen zur Bezeichnung „aller" Personen, Sachen ohne Ausnahme (alle, jeder). Es richtet sich in Geschlecht und Zahl nach seinem Bezugswort. Die neutrale Form tutto bezieht sich auf ein Ganzes und ist stets unveränderlich (alles). Vor Relativsätzen muss dem substantivischen Indefinitpronomen tutto das Stützwort quello hinzugefügt werden. Tutto kann durch quanto verstärkt werden. Tutto + Adjektiv bezieht sich auf ein Ganzes (ganz).	Attributives Indefinitpronomen zur Bezeichnung „der ganzen" Person, Sache (der ganze). Im Plural bezeichnet es „alle" Personen, Sachen (alle). Es richtet sich in Geschlecht und Zahl nach seinem Bezugswort. Statt des bestimmten Artikels kann auch der unbestimmte Artikel oder das Demonstrativpronomen questo oder quello stehen. In Verbindung mit Städte- oder Ländernamen oder in einigen festen Wendungen fehlt der Artikel (a tutta forza, a tutta velocità).

„alle" Personen, Sachen, „der ganze"

- Venite **tutti** qui.
  (Kommt alle her.)
- **Tutto** è in ordine.
  (Alles ist in Ordnung.)
- **Tutti** quelli che lo conoscono lo amano.
- **Tutto** quanto è in ordine.
- Eravamo **tutti** sorpresi.
  (Wir waren ganz überrascht.)

- **Tutta** la scuola si prende gioco di questo professore.
  (Die ganze Schule macht sich über diesen Lehrer lustig.)
- Ho letto **tutti** questi libri.
  (Ich habe alle diese Bücher gelesen.)
- Ho perduto **tutta** una giornata.
- **Tutta** Roma era in piedi.

Numerus	Genus	Tutto	Tutto il
Singular	maskulin	tutto	tutto il
	feminin	tutta	tutta la
Plural	maskulin	tutti	tutti i
	feminin	tutte	tutte le

Molto, tanto **und** poco

	Molto	Tanto	Poco
„viele", „so viele", „wenige" Personen, Sachen	Substantivisches und attributives Indefinitpronomen zur Bezeichnung „vieler" Personen, Sachen (viel, viele). Es richtet sich in Geschlecht und Zahl nach seinem Bezugswort.	Substantivisches und attributives Indefinitpronomen zur Bezeichnung „so vieler" Personen, Sachen (so viel, so viele). Es richtet sich in Geschlecht und Zahl nach seinem Bezugswort.	Substantivisches und attributives Indefinitpronomen zur Bezeichnung „weniger" Personen, Sachen (wenig, wenige). Es richtet sich in Geschlecht und Zahl nach seinem Bezugswort. Es kann mit dem unbestimmten Artikel stehen (ein bisschen).
	▪ **Molti** lo sanno. ▪ **Molti** studenti hanno passato l'esame. ▪ È caduta **molta** pioggia.	▪ **Tanti** lo sanno. **Tanti** studenti hanno passato l'esame. ▪ È caduta **tanta** pioggia.	▪ **Pochi** lo sanno. **Pochi** studenti hanno passato l'esame. ▪ È caduta **poca** pioggia.
unbestimmte Menge	Als Neutrum bezeichnet es eine unbestimmte Menge und ist unveränderlich (viel).	Als Neutrum bezeichnet es eine unbestimmte Menge und ist unveränderlich (so viel).	Als Neutrum bezeichnet es eine unbestimmte Menge und ist unveränderlich (wenig).
	▪ È successo **molto** nel frattempo.	▪ È successo **tanto** nel frattempo!	▪ È successo **poco** nel frattempo.

Numerus	Genus	Molto	Tanto	Poco
Singular	maskulin	molto	tanto	poco
	feminin	molta	tanta	poca
Plural	maskulin	molti	tanti	pochi
	feminin	molte	tante	poche

Troppo **und** parecchio

	Troppo	Parecchio
„zu viele", „ziemlich viele" Personen, Sachen	Substantivisches und attributives Indefinitpronomen zur Bezeichnung „zu vieler" Personen, Sachen (zu viel, zu viele). Es richtet sich in Geschlecht und Zahl nach seinem Bezugswort.	Substantivisches und attributives Indefinitpronomen zur Bezeichnung „ziemlich vieler" Personen, Sachen (ziemlich viel, ziemlich viele). Es richtet sich in Geschlecht und Zahl nach seinem Bezugswort.
	▪ **Troppi** lo sanno. ▪ **Troppi** studenti non hanno passato l'esame.	▪ **Parecchi** lo sanno. ▪ **Parecchi** studenti non hanno passato l'esame.

Troppo **und** parecchio

	Troppo		Parecchio
	Als Neutrum bezeichnet es eine unbestimmte Menge und ist unveränderlich (zu viel).		Als Neutrum bezeichnet es eine unbestimmte Menge und ist unveränderlich (ziemlich viel).
▪	È successo **troppo** nel frattempo.	▪	È successo **parecchio** nel frattempo.

unbestimmte Menge

Numerus	Genus	Troppo	Parecchio
Singular	maskulin	troppo	parecchio
	feminin	troppa	parecchia
Plural	maskulin	troppi	parecchi
	feminin	troppe	parecchie

Stesso **und** medesimo

	Stesso		Medesimo
	Substantivisches und attributives Indefinitpronomen zur Bezeichnung „gleicher" Personen, Sachen (der gleiche). Es richtet sich in Geschlecht und Zahl nach seinem Bezugswort. In neutralem Sinn steht lo stesso in der Bedeutung *das gleiche*.		Substantivisches und attributives Indefinitpronomen zur Bezeichnung „gleicher" Personen, Sachen (der gleiche). Es richtet sich in Geschlecht und Zahl nach seinem Bezugswort.
▪	Abito nella **stessa** strada.	▪	Ho comprato la **medesima** giacca. (Ich habe die gleiche Jacke gekauft.)
▪	Ho comprato lo **stesso**. (Ich habe den gleichen/das gleiche gekauft.)	▪	Abito nella **medesima** strada.

„gleiche" Personen, Sachen

Numerus	Genus	Stesso	Medesimo
Singular	maskulin	(lo) stesso	(il) medesimo
	feminin	(la) stessa	(la) medesima
Plural	maskulin	(gli) stessi	(i) medesimi
	feminin	(le) stesse	(le) medesime

Übungen zu den Indefinitpronomen

1. Setzen Sie qualcuno **oder** qualcosa **ein.**

1. Se ... entra in giardino il cane abbaia.

2. Gino starà sicuramente raccontando ... delle sue solite storielle.

3. ... lanciò l'allarme ma qualcun altro cercò di mettere tutto a tacere.

4. Il karatè, che è uno sport di difesa, non è violento, come ... pensa.

5. Antonio potrebbe fare ogni tanto ... di utile.

6. Chi ha ... da dichiarare?

7. Prepariamoci ... da mangiare!

richtig   falsch

2. Setzen Sie nessuno **oder** niente, nulla **ein.**

1. ... di noi è perfetto: chi è privo di colpe «scagli la prima pietra».

2. La fontana di Trevi è uno dei tanti monumenti che si possono ammirare a Roma, capitale di bellezze artistiche che non si trovano in ... altra parte del mondo.

3. Non vi è ... che osa dubitare delle tue parole.

5. Non ho ... intenzione di venire a cena con te.

6. Ma dai, che Giuseppe non ha ... contro di te.

7. Avevamo condannato l'uso della bomba atomica ma non riuscimmo a fare ... per impedirne l'utilizzo.

8. Non c'è ... di cui essere preoccupati.

richtig   falsch

3. Setzen Sie alcuno **oder** qualche **ein.**

1. Sul nostro comodino ci sono i fazzoletti, la lampada, ... penne, il telefono e dei libri.

2. Partirò presto per Roma, ma farò una tappa a Bologna per visitare ... amici.

3. Sono tutti soddisfatti: non c'è ... motivo di preoccuparsi.

4. Ci fermeremo a Roma solo per ... notti.

5. Non avrei mai immaginato che si sarebbe comportato come se non avesse ricevuto ... educazione.

6. Molte persone leggono solo per trascorrere il tempo in ... modo.

7. A chi non piace ricevere ogni tanto ... carezza?

richtig falsch

4. Setzen Sie ogni, ognuno oder ciascuno bzw. ciascheduno ein.

1. A scuola abbiamo un professore per ... materia.

2. Appena ritornerò dal mio viaggio, ti racconterò ... cosa, promesso.

3. Rosa ha una parola d'incoraggiamento per ... di quei ragazzi.

4. ... ha il suo passato e la sua storia.

5. Le ultime interrogazoni furono rimandate affinché ... ragazzo potesse prepararsi per bene.

6. ... di loro, in base alle regole aeroportuali, non potrà imbarcarsi con valigie superiori a venti chilogrammi.

7. Tutto si era sempre svolto a meraviglia; le giornate trascorrevano con serenità e ... si sentiva come a casa.

richtig falsch

5. Setzen Sie chiunque, qualunque oder qualsiasi ein.

1. ... mi cerchi, di' che sono occupato.

2. È vietato a ... scattare foto ai quadri.

3. ... cerchi in questo libro un buon strumento per imparare la grammatica, è sulla buona strada.

4. Farebbe ... cosa per un viaggio per l'Europa.

5. ... genitore starebbe accanto al proprio figlio malato.

6. All'età di due anni Angela sapeva parlare e pronunciare con chiarezza ... parola.

7. Franca potrebbe arrivare in ... momento.

richtig falsch

6. Setzen Sie uno, l'altro, un'altro oder altri ein.

1. Ho tante amiche; ... si chiama Loriana, l'altra Laura, la terza Angela, la quarta Cristina ecc.

2. Il ghepardo è un felino di bell'aspetto, forse ... fra i più belli.

3. Le une hanno i capelli lunghi, ... corti.

4. Luca vuole sempre esporre la propria opinione, senza rendersi conto che ... spesso lo deridono.

5. ... sedia è più comoda di questa.

6. Non trovo più ... calzino. Tu per caso lo hai visto?

7. Resteremo ... anno in Italia per imparare meglio la lingua.

richtig   falsch

7. Setzen Sie tutto und seine Formen ein.

1. Vedendola impallidire, ... cercarono di venirle in aiuto.

2. Giocammo a tombola ... la sera a casa dei nonni.

3. Anna cercava il vocabolario di italiano in ... le stanze.

4. ... il popolo godeva della dolcezza della natura.

5. Prese il bimbo in braccio e in ... fretta attraversò la via.

6. Oggi ti cade ... di mano!

7. Il Monte Bianco, che appare in ... la sua maestosità, è la più alta montagna delle Alpi.

richtig   falsch

8. Setzen Sie molto, tanto oder poco ein.

1. Ho ... progetti per il prossimo anno.

2. Con ... attenzione Gianna incominciò a ricopiare con la penna quanto aveva scritto a matita.

3. Se dovessi incontrarlo ora, dopo ... anni, non lo riconoscerei.

4. Ti auguro ... felicità.

5. Conosco i miei studenti da ... mesi.

6. Abbiamo ... informazioni riguardo l'incidente.

7. Avevano ... fiducia in Franco, ma lui li stupì tutti.

richtig   falsch

9. Setzen Sie troppo oder parecchio ein.

1. Gli ha lanciato la palla con ... energia.

2. A causa delle ... buche in città, le strade sono quasi impraticabili con i mezzi a due ruote.

3. Marco ha fatto ... errori nel dettato di italiano.

4. Sono stata ... volte a Venezia, eppure non mi stanco mai di ammirarne le bellezze.

5. Quest'anno, nel mese di dicembre, è nevicato per ... giorni sui monti.

6. Nella via principale c'è spesso ... gente che passeggia.

7. Poiché Federica aveva ... freddo, le prestammmo un maglione.

richtig   falsch

Die entsprechenden Lösungen befinden sich auf Seite 274.

Die Pronominaladverbien ne, ci und vi (Gli avverbi pronominali ne, ci und vi)

Die Pronominaladverbien ne, ci und vi sind eigentlich Ortsadverbien, d. h. sie stehen stellvertretend für eine Ortsbestimmung. Sie können jedoch auch in den folgenden Funktionen verwendet werden.

	Ne	Ci	Vi
stellvertretend für Ortsangaben	Es steht stellvertretend für Ortsangaben mit da (von ... her) und di.	Es steht stellvertretend für Ortsangaben mit a, da (bei, zu) in und su.	Es steht stellvertretend für Ortsangaben mit a, da (bei, zu) in und su.
	▪ Vengo da casa. **Ne** vengo. (Ich komme von zu Hause. Ich komme von dort.)	▪ Vado a Roma. **Ci** vado. (Ich gehe nach Rom. Ich gehe dorthin.)	▪ Vado a Roma. **Vi** vado. (Ich gehe nach Rom. Ich gehe dorthin.)
stellvertretend für Personen, Sachen	Es steht in übertragenem Sinn stellvertretend für Personen und Sachen und ersetzt Ergänzungen mit da und di.	Es steht in übertragenem Sinn nur für Sachen und ersetzt Ergänzungen mit a, da, in, su.	Es steht in übertragenem Sinn nur für Sachen und ersetzt Ergänzungen mit a, da, in, su.
	▪ Abbiamo parato di questo libro. **Ne** abbiamo parlato. (Wir haben von diesem Buch gesprochen. Wir haben davon gesprochen.) ▪ Abbiamo parlato di Paolo e Luigi. **Ne** abbiamo parlato. (Wir haben von Paolo und Luigi gesprochen. Wir haben von ihnen gesprochen.)	▪ Penso sempre alle vacanze. **Ci** penso sempre. (Ich denke immer an die Ferien. Ich denke immer daran.)	▪ Penso sempre alle vacanze. **Vi** penso sempre. (Ich denke immer an die Ferien. Ich denke immer daran.)

Übungen zu den Pronominaladverbien

1. **Setzen Sie ne, ci, oder vi en.**

1. Mi da delle mele? Quante ... vuole, Signora ?

2. Per quanto ... so, le difficoltà dell'esame non sono come tu le immagini.

3. Abbiamo studiato gli usi e i costumi dei Romani e ... abbiamo ammirato la sobrietà e la praticità.

4. Sentendo quella orribile notizia, ... rimasi sconvolto.

5. Non sopportò oltre: salutò tutti e se ... andò.

6. Poiché Torino mi piace molto, ... tornerei volentieri.

7. È vero, avrei dovuto telefonarle per il compleanno ma non ... ho pensato.

8. Sotto il banco ... sono le nostre cartelle.

9. Domani ho l'appuntamento dal dentista, ti ricordi a che ora ... devo andare?

10. Ti ricordi la casa dei nonni? Ora ... passiamo accanto.

11. Non ... è nessuno che osa dubitare delle tue parole .

12. L'aspirante scrittore non comprendeva perché il suo lavoro fosse stato rifiutato visto che ... aveva dedicato tanto tempo.

13. Oggi l'Africa è stata quasi completamente esplorata e le popolazioni che ... abitano, sono del tutto civilizzate.

14. L'Italia non è soltanto una penisola infatti ... appartengono anche delle isole.

15. Amava la musica, che considerava la più preziosa delle arti e ... si dedicò con ardore.

Die entsprechenden Lösungen befinden sich auf Seite 275.

Die Konjunktion (La congiunzione)

Konjunktionen sind Bindewörter und verbinden ganze Sätze oder Satzteile.
Es ist zu beachten, dass manche Konjunktionen den congiuntivo verlangen.
Diese sind im Folgenden durch * gekennzeichnet. Konjunktionen, die sowohl mit
indicativo als auch mit congiuntivo stehen, sind durch ** gekennzeichnet.
Man unterscheidet nebenordnende oder beiordnende Konjunktionen (congiunzioni
coordinative), die gleichartige Sätze (z. B. Hauptsatz und Hauptsatz) verbinden
und unterordnende Konjunktionen (congiunzioni subordinative), die Nebensätze
einleiten.

Temporale Konjunktionen (Congiunzioni temporali)

Zeitpunkt, -raum

Die temporalen Konjunktionen geben
den Zeitraum, Zeitpunkt an.

> ▪ **Dacché** lui è venuto mangia inces-
> santemente.

▪ allorché	als	▪ mentre	während
▪ (non) appena**	sobald	▪ prima che*	bevor
▪ dopo che	nachdem	▪ quando	wenn, als
▪ finché**	bis, solange	▪ da quando	seitdem
▪ fino a che**	solange als		

Finale Konjunktionen (Congiunzioni finali)

Absicht, Zweck

Die finalen Konjunktionen drücken
eine Absicht, einen Zweck aus.

> ▪ Partiamo presto **affinché** sia possi-
> bile arrivare in tempo.

▪ affinché*	damit	▪ così... che	so ... dass
▪ ché**	damit, dass	▪ di modo che**	so, derart, dass
▪ cosicché	so dass	▪ perché*	damit

Kausale Konjunktionen (Congiunzioni causali)

Grund, Ursache

Kausale Konjunktionen geben den
Grund, die Ursache an.

> ▪ Non posso venire **dato che** piove.
> ▪ Il treno è in ritardo, **dunque** non
> arriviamo in tempo.

▪ ché	weil	▪ perciò	deshalb
▪ dunque	also, folglich	▪ poiché	da
▪ giacché	da ja	▪ quindi	also, folglich
▪ perché**	weil	▪ siccome	da

Konsekutive Konjunktionen (Congiunzioni consecutive)

Folge, Wirkung

Konsekutive Konjunktionen drücken
die Folge, die Wirkung aus.

> ▪ Oggi non usciamo **cosicché** pos-
> siamo incontrarci a casa.

▪ che**	dass	▪ in modo che	so dass
▪ cosicché	so dass	▪ quindi	also, folglich
▪ così ... che	so dass	▪ senza che*	ohne dass
▪ dunque	also, folglich		

Konzessive Konjunktionen (Congiunzioni concessive)

Konzessive Konjunktionen drücken
die Einräumung, das Zugeständnis aus.

- benché*   obwohl
- come se*   wie wenn
- malgrado che*   obwohl

- **Malgrado** non abbia molto tempo, ti aiuterò.

Einräumung

- nonostante*   obwohl
- sebbene*   obwohl
- tuttavia   trotzdem

Konditionale Konjunktionen (Congiunzioni condizionali)

Konditionale Konjunktionen dienen
zum Ausdruck der Bedingung.

- se**   wenn, falls; ob
- nel caso che*   falls
- a condizione che*   unter der Bedingung, dass

- Te lo do **se** lo vuoi.
- **Nel caso che** piova, non verrò.

Bedingung

- malgrado che*   falls
- salvo che*   vorausgesetzt, dass
- supposto che*   angenommen, dass

Auf se (wenn, falls) darf kein futuro
oder condizionale folgen, es leitet
Bedingungssätze ein. Auf se (ob)
kann das condizionale folgen, es
leitet indirekte Fragesätze ein.

- **Se** piove, non vengo.
  (Wenn es regnet, komme ich nicht.)

- Mi ha domandato **se** tu verresti.
  (Er fragte mich, **ob** du kommen würdest.)

kein futuro
oder condi-
zionale nach
se (wenn, falls)

Adversative Konjunktionen (Congiunzioni avversative)

Adversative Konjunktionen drücken
den Gegensatz aus.

- inoltre   außerdem
- ma   aber, sondern
- né ... né   weder ... noch
- neanche   auch nicht
- nemmeno   nicht einmal
- neppure   auch nicht

- Non volevo venire, **però** ora ho deciso che vengo.

- non solo ... ma anche   nicht nur ... sondern auch
- o ... o   entweder ... oder
- però   aber, dennoch
- seppure*   selbst wenn

Vergleichende Konjunktionen (Congiunzioni comparative)

Vergleichende Konjunktionen brin-
gen einen Vergleich zum Ausdruck.

- come ... così   wie ... so
- (così)...come   (eben)so ...wie
- come   wie

- Se lavora rapidamente **come** me possiamo terminare il lavoro presto.

- come se*   als ob
- e ... e   sowohl ... als auch
- (tanto) ... quanto   (eben)so wie

Anreihende Konjunktionen (Congiunzioni coordinative)

Anreihende Konjunktionen verbinden
Sätze und Satzteile.

- anche   auch
- cioè   das heißt

- Faccio tutto il lavoro **e** poi posso andare a casa.

- e, ed   und
- o. oppure   oder

Vor Vokal oder stummem -h wird e
zu ed.

- Anna **ed** il suo amico Paolo vanno alla stessa scuola.

Die Präposition (La preposizione)

Mit der Präposition (Verhältniswort) werden bestimmte Verhältnisse und Beziehungen gekennzeichnet.
Nicht jede Präposition kann in Verbindung mit jedem beliebigen Wort verwendet werden. Häufig ändert die Präposition die Bedeutung eines Wortes. Es empfiehlt sich daher jedes Wort von Anfang an mit seinen möglichen Präpositionen zu lernen.

Präposition	In räumlicher Bedeutung	In zeitlicher Bedeutung	In übertragener Bedeutung
a(d)	an, auf, bei, in, nach, zu	um (Zeitpunkt), bis, an	an, auf, für, in, mit, zu, je, pro
accanto a	an, bei, neben		
addosso a	auf, neben, bei, in, im		
attorno a	um ... herum	gegen	
attraverso a	durch, quer ... über		
avanti	vor	vor	
a/per causa di			wegen
circa	nahe bei	ungefähr um	was anbetrifft
con		an, am	durch, mit, zu, gemäß, nach
in confronto a			verglichen mit
contro	gegenüber		auf, an, gegen, in
da	aus... heraus, bei, von, von .. her, zu	ab, seit, von ... an	als, durch, mit, nach, von, zu
davanti a	vor		
dentro (di)	in ... hinein	innerhalb	
di	von, aus	an, am, bei, in, während	an, auf, aus, bei, für, mit, von, vor, über, zu
dietro (di)	hinter	nach	auf, bei, gegen, gemäß, nach
dirimpetto a	gegenüber		
dopo (di)	nach, hinter	nach, seit	
durante		während	
eccetto			außer
entro	in(nerhalb)	in(nerhalb von)	
di/in faccia a	gegenüber		
a favore di			für, zugunsten

A wird vor Wörtern, die mit Vokal und stummem -h beginnen gelegentlich zu ad. Dentro, dietro, dopo, fra, presso, senza, sopra, sotto, tra und verso werden vor Personalpronomen mit di verbunden.

Präposition	In räumlicher Bedeutung	In zeitlicher Bedeutung	In übertragener Bedeutung
fin(o a)	an, bis, nach, zu	bis	
fino da		ab, seit, von ... an	
fra (di)	zwischen, unter	zwischen, in(nerhalb)	unter, zwischen, von, aus, auf, bei,
di fronte a	gegenüber		im Vergleich zu
(al di) fuori (di)	außer(halb), aus ... hinaus/heraus		
grazie a			dank
in	an, auf, durch, in, nach, zu	in, im, innerhalb, binnen, an, am	an, auf, aus, bei, für, in, mit, zu
incontro a	auf ... zu, entgegen		
insieme			zusammen
intorno a	um (... herum)	gegen	auf, von, über
invece di			(an)statt, anstelle
lontano da	fern (von)		
lungo	entlang, längs	durch, hindurch	
in luogo di			(an)statt, anstelle
malgrado			trotz, ungeachtet
in mezzo a	mitten in, mitten auf		
nonostante			trotz, ungeachtet
a partire da	von ... an, ab	von ... an, ab	
per	auf, durch, umher	(für ...) lang, hindurch, während	durch, für, per, um, wegen, zu
presso (di)	(nahe) bei, zu		bei, in
prima di	vor	vor	
secondo	auf, über		laut, gemäß
senza (di)			ohne, außer
sin(o)	bis	bis	
sopra (di)	auf, über, oberhalb		über, von, mehr als
sotto (di)	unter, unterhalb	gegen, während	unter, gegen, auf
su	auf, in, über	gegen, um	auf, bei, gegen, über
tra (di)	unter, zwischen	in(nerhalb), binnen	aus, bei, mit, unter, von, wegen
verso (di)	auf ... zu, bei, nach	gegen, um	gegen(über), vor
vicino a	nahe bei, neben		

Sin(o) steht nur mit anderen Präpositionen, Adverbien und wird oft zu sin verkürzt.

Übungen zur Präposition

1. Setzen Sie die korrekte Präposition ein.

1. Questo è l'unico negozio ... Milano dove si possono trovare sconti permanenti.

2. Presto potremo andare tutti ... il mare.

3. È libero il posto ... te?

4. Vittorio poggiò la bicicletta ... il muro e se ne andò.

5. Ieri Giuseppe è tornato tardi ... il ufficio.

6. Partiremo ... Catania alle 11.30.

7. Poiché l'autobus si fermava ... casa nostra, potevate andare da soli a scuola.

8. Cosa ci sarà mai ... quella scatola?

9. ... dove sei?

10. Mettetevi in fila uno ... l'altro.

11. ... a me vive una famiglia con cinque bambini.

12. ... la piazza principale devi percorrere la strada per ancora 200 metri e sei arrivato.

13. Dobbiamo percorrere ancora un lungo rettilineo, ... al prossimo semaforo.

14. ... la Francia e la Gran Bretagna si trova il Canale della Manica.

15. Il paesino che cerchi si trova un po' ... Milano.

richtig   falsch

2. Setzen Sie die korrekte Präposition ein.

1. Saremo ... Palermo da settembre ... dicembre.

2. Ti aspettato ... due ore! Che fine hai fatto?

3. ... inverno andiamo a sciare sulla Alpi.

4. Poiché nacque ... il 1987, non fu costretto a fare il servizio militare.

5. ... tutta la mia vita non ho mai conosciuto un tipo interessante come te.

6. Ti prometto che ... otto giorni il vestito sarà pronto.

7. La piscina resterà aperta dal 24 luglio ... al 5 settembre.

8. Ti aspetto ... le 10 e le11.

9. Giulio è nato ... 1978.

10. Possiamo vederci ... di venerdì mattina?

richtig   falsch

3. Setzen Sie die korrekte Präposition ein.

1. Perché non andate un po' ... passeggio?

2. Il bimbo, invece di giocare ... i giocattoli, preferisce guardare la televisione.

3. Voterai ... la proposta di legge?

4. Cambiando lavoro Nicola passò ... stelle alle stalle.

5. Cosa nascondi ... quelle strane parole?

6. La professoressa quel giorno era proprio ... di sé.

7. Danilo prese ... moglie Cristina.

8. Abbiamo scambiato di nuovo Daria ... sua sorella.

9. Non appena lo chiamai, il gatto corse ... il giardino.

10. Lavoro ... una casa editrice che si occupa di libri per la scuola.

11. Parlate ... bassa voce altrimenti sveglieremo l'intero condominio.

12. Vedo molto spesso Claudia e Giacomo passeggiare ai giardini ... un grosso cane.

13. Il Capo di Istituto prenderà seri provvedimenti ... gli alunni indisciplinati.

14. Giuseppe ha regalato alla sua fidanzata un anello ... mille euro.

15. È un ragazzo ... eccezionale intelligenza.

richtig   falsch

Die entsprechenden Lösungen befinden sich auf Seite 275.

Der Aussagesatz (La proposizione enunciativa)

Im Aussagesatz wird ein Sachverhalt mitgeteilt bzw. behauptet.

Der bejahte Aussagesatz (La proposizione enunciativa affermativa)

Im bejahten Aussagesatz gilt generell folgende Wortstellung, wobei das Subjektpronomen meist weggelassen wird.

Subjekt(pronomen)	Prädikat	Objekt
▪ Maria	scrive	una lettera.
▪ (Ella)	scrive	una lettera.

Aussagesatz mit 2 Objekten

direktes Objekt vor indirektem Objekt

Enthält der bejahte Aussagesatz ein direktes und ein indirektes Objekt, so steht das direkte Objekt (meist eine Sache) in der Regel vor dem indirekten Objekt mit a (meist eine Person).

Subjekt	Prädikat	direktes Objekt	indirektes Objekt
▪ Maria	scrive	una lettera	a suo padre.

indirektes Objekt vor direktem Objekt

Enthält der bejahte Aussagesatz ein direktes und ein indirektes Objekt, so steht das indirekte Objekt vor dem direkten Objekt, wenn es länger ist als das indirekte Objekt oder wenn es besonders betont werden soll.

Subjekt	Prädikat	indirektes Objekt	direktes Objekt
▪ Maria	scrive	a suo padre	una lettera di 50 pagine.

Ist das direkte Objekt ein Infinitiv oder Nebensatz, so steht es nach dem indirekten Objekt.

Subjekt(pron.)	indir. Obj. pron.	Prädikat	direktes Objekt
▪ Paolo	mi	ha detto	di venire.
▪ Paolo	mi	ha detto	che viene.

indirektes Objektpronomen vor direktem Objektpronomen

Ist das indirekte und das direkte Objekt ein Pronomen, so steht das indirekte Objektpronomen vor dem direkten Objektpronomen.

Subjekt(pron.)	indir. Obj. pron.	dir. Obj. pron.	Prädikat
▪ Paolo	me	lo	dice.
▪ Paolo	me	l'	ha detto.

Aussagesatz mit prädikativer Ergänzung

Prädikative Ergänzungen stehen, wenn sie sich auf das Subjekt beziehen, unmittelbar nach dem Verb.

nach dem Verb

Subjekt	Prädikat	präd. Ergänzung
Maria	sembra	molto intelligente.

Prädikative Ergänzungen stehen, wenn sie sich auf das direkte Objekt beziehen, unmittelbar nach demselben.

nach dem Objekt

Subjekt	Prädikat	direktes Objekt	präd. Ergänzung
Maria	ha letto	un libro	molto interessante.

Aussagesatz mit adverbialen Bestimmungen

Adverbiale Bestimmungen können sowohl am Satzanfang als auch am Satzende stehen.

Satzanfang, Satzende

Adv. Best.	Subjekt(pron.)	Prädikat	Objekt
Stamattina	Paolo	ha letto	un libro.

Subjekt	Prädikat	Objekt	adv. Bestimmung
Gli alunni	hanno letto	questo libro	a scuola.

Adverbiale Bestimmungen können auch zwischen dem Subjekt und dem Prädikat stehen.

zwischen Subjekt und Prädikat

Subjekt(pron.)	adv. Bestimmung	Prädikat	Objekt
L'automobile	prima della guerra	era	un lusso.

Inversion von Subjekt und Prädikat

Inversion von Subjekt und Prädikat heißt, das Subjekt tritt hinter das Prädikat, wenn es hervorgehoben werden soll.

Prädikat vor Subjekt

Adverbiale Bestimmung	Prädikat	Subjekt
In questa casa	è nata	la mia amica Anna.

In eingeschobenen Sätzen, besonders bei der direkten Rede, wird das Subjekt dem Prädikat nachgestellt.

Direkte Rede	Prädikat	Subjekt
«Non è vero»,	ha detto	mio padre.

Der verneinte Aussagesatz (La proposizione enunciativa negativa)

Im verneinten Aussagesatz wird ein Sachverhalt verneint. Die Verneinung wird durch zahlreiche Adverbien, Pronomen oder Konjunktionen der Verneinung ausgedrückt, von denen non am häufigsten verwendet wird.

Non

vor dem Prädikat

Non steht grundsätzlich vor dem Prädikat. Das Subjektpronomen wird meist weggelassen.

Subjekt(pron.)	non	Prädikat	Objekt
▪ Maria	non	compra	un libro.
▪ (Ella)	non	ha comprato	un libro.

vor dem Objektpronomen + Prädikat

Wird das Objekt durch ein Pronomen ersetzt, so steht non vor dem Objektpronomen, auf das unmittelbar das Prädikat folgt.

Subjekt	non	Objektpronomen	Prädikat
▪ Maria	non	lo	compra.
▪ Maria	non	l'	ha comprato.

vor dem infinito presente und perfetto

In Verbindung mit dem infinito presente bzw. infinito perfetto steht non vor diesem.

Subjekt(pron.)	Prädikat	non	Infinitiv	Objekt
▪ (Io)	spero di	non	ascoltare	tali parole.
Paolo	spera di	non	avere preoccupato	il signor Rossi.

Ist das Objekt ein Pronomen, so steht non vor dem Infinitiv, an den das Objektpronomen angehängt wird. Beim infinito perfetto wird das Objektpronomen an das Hilfsverb im Infinitiv angehängt, das Partizip folgt.

Subjekt	Prädikat	non	Inf. + Obj. pron.	Partizip
▪ Paolo	spera di	non	preoccuparlo.	
▪ Paolo	spera di	non	averlo	preoccupato.

Non ... più

umschließt das Prädikat oder Hilfsverb

Non ... più (nicht mehr) umschließt das Prädikat, d. h. non steht vor dem Prädikat, più folgt danach. In den zusammengesetzten Zeiten kann es das Prädikat umschließen oder es umschließt das Hilfsverb, das Partizip folgt nach.

Subjekt	non	Prädikat	più
▪ Paolo	non	viene	più.
▪ Paolo	non	è venuto	più.

Subjekt	non	Hilfsverb	più	Partizip
Paolo	non	è	più	venuto.

Non ... neanche, non ... neppure

Non ... neanche und non ... neppure (auch nicht) umschließen das Prädikat, d. h. non steht vor dem Prädikat, neanche bzw. neppure folgen danach. In den zusammengesetzten Zeiten können sie das Prädikat umschließen oder sie umschließen das Hilfsverb, das Partizip folgt nach.

umschließt das Prädikat oder Hilfsverb

Subjekt	non	Prädikat	neanche, neppure
Paolo	non	viene	neanche/neppure.
Paolo	non	è venuto	neanche/neppure.

Subjekt	non	Hilfsverb	neanche, neppure	Partizip
Paolo	non	è	neanche/neppure	venuto.

Non ... nemmeno

Non ... nemmeno (nicht einmal) umschließt das Prädikat, d. h. non steht vor dem Prädikat, nemmeno folgt danach. In den zusammengesetzten Zeiten kann es das Prädikat umschließen oder es umschließt das Hilfsverb, das Partizip folgt.

umschließt das Prädikat oder Hilfsverb

Subjekt	non	Prädikat	nemmeno	Objekt
Paolo	non	fa	nemmeno	i suoi compiti.
Paolo	non	ha fatto	nemmeno	i suoi compiti.

Subjekt	non	Hilfsverb	nemmeno	Partizip	Objekt
Paolo	non	ha	nemmeno	fatto	i suoi compiti.

Non ... affatto

Non ... affatto (überhaupt nicht) umschließt das Prädikat, d. h. non steht vor dem Prädikat, affatto folgt danach. In den zusammengesetzten Zeiten kann es das Prädikat umschließen oder es umschließt das Hilfsverb, das Partizip folgt nach.

umschließt das Prädikat oder Hilfsverb

Subjekt	non	Prädikat	affatto
Paolo	non	ascolta	affatto.
Paolo	non	ha ascoltato	affatto.

Subjekt	non	Hilfsverb	affatto	Partizip
Paolo	non	ha	affatto	ascoltato.

Non ... che

Non ... che (nur) kann außer dem Subjekt auch andere Satzglieder wie direkte oder indirekte Objekte einschränken. Dabei steht non vor dem konjugierten Verb, che steht vor dem einzuschränkenden Satzglied.

umschließt das Prädikat

Non	Prädikat	che	Objekt
Non	ho	che	una macchina.

Non solo ... ma anche

umschließt das
Prädikat und das
einzuschränkende
Satzglied

Non solo ... ma anche (nicht nur ... sondern auch) wird segmentiert, d. h. non solo tritt vor das Prädikat, ma anche steht vor dem einzuschränkenden Satzglied.

Non solo	Prädikat	präd.Ergänzung	ma anche	präd. Ergänzung
Non solo	è	bello,	ma anche	intelligente.

Non ... né ... né

umschließt das
Prädikat und die
einzuschränkenden
Satzglieder

Non ... né ... né (weder ... noch) wird segmentiert, d. h. das erste non steht vor dem Prädikat, das erste né tritt vor das erste, das zweite né tritt vor das zweite einzuschränkende Satzglied.

Non	Prädikat	né	präd. Ergänz.	né	präd. Ergänz.
Non	è	né	bello,	né	intelligente.

Nessuno

vor, hinter dem
Prädikat
positive Bedeutung in Fragen,
nach non ... mai
und senza

Nessuno (niemand, keiner) kann vor und nach dem Prädikat stehen. Steht es hinter dem Prädikat, muss non vor das Prädikat treten, steht es vor dem Prädikat, entfällt non.
Es ist zu beachten, dass nessuno im fragenden Satz und nach non ... mai und senza positive Bedeutung hat (jemand, jeder, irgendeiner).

Nessuno	Prädikat	Objekt
Nessuno	ha detto	la verità.

Non	Prädikat	nessuno	Objekt
Non	ha detto	nessuno	la verità.

Niente, nulla

vor, hinter dem
Prädikat
positive Bedeutung in Fragen,
nach non ... mai
und senza

Niente, nulla (nichts) können vor und nach dem Prädikat stehen. Stehen sie hinter dem Prädikat, so muss non vor das Prädikat treten, stehen sie vor dem Prädikat, entfällt non.
Es ist zu beachten, dass niente und nulla im fragenden Satz und nach senza und non ... mai positive Bedeutung haben (etwas).

Niente, nulla	Prädikat	adverbiale Bestimmung
Niente, nulla	è successo	nel frattempo.

Non	Prädikat	niente, nulla	adverbiale Bestimmung
Non	è successo	niente, nulla	nel frattempo.

Übungen zum verneinten Aussagesatz

1. Verneinen Sie die folgenden Sätze.

1. Ho comprato il libro di cui mi parlavi.

2. Quando è tornato ha trovato la sua bicicletta.

3. È venuto al cinema con me.

4. Ho bisogno della macchina.

5. Ascolti i miei consigli.

6. I miei risparmi sono molti.

7. Laura mi ha prestato il suo motorino.

8. Giovanni e Cristina hanno mangiato bene.

9. Ho visto questo film.

10. Carlo si è pentito di ciò che ha fatto.

11. Avete una proposta migliore?

12. Gli studenti avevano capito la lezione.

13. Le spiegazioni di quell'insegnante sono chiare.

14. Claudio e Gianna avevano deciso di avere figli.

15. Ho scelto questo libro.

richtig   falsch

Die entsprechenden Lösungen befinden sich auf Seite 275.

Der Fragesatz (La proposizione interrogativa)

Im Fragesatz wird eine Frage formuliert.

Die direkte Frage (La proposizione interrogativa diretta)

Direkte Fragen (Fragen in der direkten Rede) bilden selbst den Hauptsatz, sie werden nicht wie die indirekten Fragen in einen Nebensatz eingebettet und durch Verben des Sagens und Denkens (domandare etc.) eingeleitet.
Die direkte Frage wird durch Fragezeichen gekennzeichnet.

Die Entscheidungsfrage

Fragen mit Ja-/
Nein-Antwort

Entscheidungsfragen enthalten kein Fragewort. Sie erwarten eine Ja- oder Nein-Antwort.
Zu den Entscheidungsfragen gehören die im Folgenden aufgeführten Fragen.

Die Intonationsfrage

Wortstellung wie
im bejahten Aussa-
gesatz

Die Frage wird durch die Intonation kenntlich gemacht, d. h. die Satzmelodie geht am Satzende nach oben. Die Wortstellung entspricht der des bejahten Aussagesatzes.

Subjekt(pronomen)	Prädikat	adverbiale Bestimmung
Paolo	è	in giardino?

Die verneinte Frage

Wortstellung wie
im verneinten Aus-
sagesatz

Die verneinte Frage wird wie der verneinte Aussagesatz mit einem Adverb oder Pronomen der Verneinung formuliert. Die Wortstellung entspricht der des entsprechenden verneinten Aussagesatzes.

Subjekt(pronomen)	non	Prädikat	Objekt
Paolo	non	viene?	
(Egli)	non	ha visto	questo film?

Die Frage mit Fragewort (La proposizione interrogativa con pronome interrogativo)

Prädikat vor Sub-
jekt (Inversion)

Fragen mit Fragewort enthalten ein Interrogativpronomen oder sonstiges Fragewort, das in der Regel am Satzanfang steht. Das Subjekt tritt hinter das Prädikat. Das Subjektpronomen wird meistens weggelassen. Es steht nur, wenn es besonders hervorgehoben werden soll.

Fragewort	Prädikat	Subjekt(pronomen)
Quando	partirai	(tu)?
Che	ha detto	Maria?

Fragewort	Prädikat	Subjekt(pronomen)
▪ **Quando**	partirai	(tu)?
▪ **Che**	ha detto	Maria?

In Fragen, die mit dem Fragewort perché (warum) eingeleitet werden, wird häufig die Wortstellung des bejahten Aussagesatzes beibehalten.

Wortstellung wie im bejahten Aussagesatz

Perché	Subjekt(pronomen)	Prädikat
▪ **Perché**	Maria	è già partita?

Perché	Prädikat	Subjekt(pronomen)
▪ **Perché**	è già partita	Maria?

Prädikat vor Subjekt (Inversion)

Die indirekte Frage (La proposizione interrogativa indiretta)

Indirekte Fragen (Fragen in der indirketen Rede) sind in einem Nebensatz, der von einem Verb des Sagens und Denkens (domandare etc.) eingeleitet wird, eingebettet. Sie werden vom Einleitungssatz nicht durch Komma abgetrennt. Der indirekte Fragesatz wird nicht durch Fragezeichen gekennzeichnet.
Die indirekte Frage kann durch ein Interrogativpronomen oder sonstiges Fragewort eingeleitet werden. Es gilt dann dieselbe Wortstellung wie im Fragesatz mit Fragewort, d. h. das Subjekt tritt hinter das Prädikat (Inversion).

kein Komma vor Einleitungssatz

Prädikat vor Subjekt (Inversion)

Einleitungssatz	Fragewort	Prädikat	Subjekt(pron.)
▪ Mi domanda	**quando**	è arrivata	sua sorella.

Indirekte Entscheidungsfragen werden mit se eingeleitet. Es gilt dann dieselbe Wortstellung wie im bejahten Aussagesatz.

Wortstellung wie im bejahten Aussagesatz

Einleitungssatz	se	Subjekt	Prädikat	Objekt
▪ Mi ha domandato	**se**	Maria	ha terminato	il lavoro.

Übungen zum Fragesatz

1. Formulieren Sie Fragesätze ohne Fragewort.

1. Luca ha avuto questa idea fantastica.

2. Nessuno li ha obbligati a venire qui.

3. Il libro che hai letto non ti è piaciuto.

4. Federica si è abituata a questa situazione.

5. I ragazzi si sono organizzati per poter andare al cinema.

6. Ugo e Ida sono partiti per la Francia.

7. Chiara e Ada sono diventate amiche.

8. La signora Rita ha cucinato tutto il giorno.

9. Hai portato il costume da bagno.

10. Il libro è rimasto sul banco.

richtig   falsch

2. Ersetzen Sie folgenden fett gedruckten Wörter durch ein Fragewort und bilden Sie einen Fragesatz.

1. Michela fa l'istruttrice di tennis.

2. Il mio scrittore preferito è Italo Calvino.

3. Vorrei una dozzina di uova.

4. Partiremo la settimana prossima.

5. Palermo si trova in Sicilia.

6. Per cena Pietro vorrebbe dei fagioli.

7. Il ragazzo comprò un chilo di farina.

8. Anna e Luca abitano al terzo piano.

9. Oggi Elisa ha mangiato un cornetto.

10. Gli studenti arriveranno alle due.

richtig   falsch

Die entsprechenden Lösungen befinden sich auf Seite 276.

Groß- und Kleinschreibung (Lettere maiuscole e minuscole)

Im Italienischen schreibt man, bis auf die folgenden Ausnahmen, alles klein.

Der Anfangsbuchstabe eines Wortes am Satzanfang.	▪ Questa mattina ho visto il signor Rossi. ▪ La signora Rossi è molto gentile.	Satzanfang
Nach einem Doppelpunkt schreibt man zur Einleitung der direkten Rede groß weiter.	▪ Paolo ha detto: «Puoi darmi questo libro?»	
Alle Eigennamen, außer den Adjektiven, die die Nationalität, ein Volk bezeichnen sowie Titel, auf die ein Name folgt und die Wochentage und Monatsnamen.	▪ Questa mattina ho visto Maria. ▪ La lingua italiana è bella. ▪ Il signor Rossi è molto gentile. ▪ È arrivato il lunedì.	Eigennamen
Die Wörter Stato und Dio werden großgeschrieben, wobei dio kleingeschrieben wird, wenn nicht der christliche Gott gemeint ist und stato wird kleingeschrieben, wenn nicht der italienische Staat gemeint ist.	▪ Lo Stato italiano è stato fondato nel 1861. ▪ I presidenti degli stati europei si sono incontrati Roma. ▪ Grazie a Dio siamo arrivati sani e salvi. ▪ I popoli pagani hanno molti dei.	Stato, Dio
Die Bezeichnungen der Jahrhunderte in der Literatur und Kunst schreibt man groß.	▪ L'Ottocento (1800 - 1899) fu l'era del realismo nella pittura.	Jahrhunderte in derKunst und Literatur
Die Pronomen der höflichen Anrede schreibt man groß.	▪ Posso assicurarLe che vengo il più presto possibile.	Pronomen der höflichen Anrede

Der Akzent (L'accento)

Die italienische Sprache kennt zwei Akzente, den accento grave (`) und den accento acuto (´), die auf die folgenden Buchstaben gesetzt werden.

Der accento grave (`)

offnes -a, -e, -o, -i, -u

Der accento grave (`) wird auf das offen ausgesprochene -a, -e und -o sowie auf -i und -u (die immer geschlossen ausgesprochen werden) gesetzt.

- comprerà
- è
- comprò
- tassì
- gioventù

Der accento acuto (´)

geschlossenes -e

Der accento acuto (´) wird auf das geschlossen ausgesprochene -e gesetzt.

- vendé
- perché
- ventitré

Im Italienischen wird normalerweise die vorletzte Silbe betont, ohne diese mit dem Akzent zu kennzeichnen. Es gibt Tendenzen, nach denen der Akzent bei Wörtern, die von dieser Betonung abweichen, grundsätzlich auf die zu betonende Silbe gesetzt werden soll, um eine genauere Aussprache zu erreichen.
Unabhängig von diesen Tendenzen, ist der Akzent in den folgenden Fällen obligatorisch.

gleich geschriebene Wörter

Einige Wörter erhalten zur Unterscheidung von einem anderen Wort, das zwar gleich geschrieben, jedoch in Betonung und Bedeutung von diesem abweicht, den Akzent auf der betonten Silbe.

àncora	Anker	ancora	noch
dà	er gibt	da	von
dì	Tag	di	von
è	ist	e	und
là	dort	la	die
lì	dort	li	sie
né	weder	ne	davon
sé	sich	se	wenn
sì	ja	si	sich
tè	Tee	te	dich

Betonung auf der letzten Silbe

Wörter, die auf der letzten Silbe betont werden, erhalten auf dieser Silbe den Akzent.

- gioventù
- papà
- tassì

3. Pers. Sing. des passato remoto, 1., 3. Pers. Sing. des futuro

Die 3. Person Singular des passato remoto, die 1. und 3. Person Singular des futuro semplice erhalten den Akzent auf dem letzten Buchstaben.

- comprò
- comprerò
- comprerà
- vendé

Die Zeichensetzung (La punteggiatura)

Bis auf die Verwendung des Kommas, weicht die Zeichensetzung (Interpunktion)
im Italienischen im Allgemeinen nicht wesentlich von der deutschen ab.
Es stehen die im Folgenden aufgeführten Satz- oder Interpunktionszeichen
(segni d'interpunzione) zur Verfügung.

Der Punkt (Il punto)

Der Punkt steht am Ende eines Satzes.	▪ Paolo è molto gentile. ▪ Maria è già arrivata.

Das Komma (La virgola)

Während im Deutschen das Komma hauptsächlich zur Trennung von Satzteilen
gesetzt wird, werden im Italienischen mit Kommas Sprechpausen angezeigt. Im
Allgemeinen werden im Italienischen weniger Kommas gesetzt als im Deutschen.

Komma	Kein Komma	
Nebensätze, die vor dem Hauptsatz stehen, werden von diesem durch Komma abgetrennt.	Nebensätze werden im Allgemeinen nicht durch Komma abgetrennt. Insbesondere wird im Italienischen vor se (wenn; ob) und che (dass) kein Komma gesetzt.	Nebensätze kein Komma vor se und che
▪ Se io fossi in te, lo farei il più presto possibile.	▪ Lo farei il più presto possibile se io fossi in te. ▪ Mi ha detto che non verrà.	
Ausmalende Relativsätze, die zum Verständnis des Satzes nicht notwendig sind, werden durch Komma vom Hauptsatz abgetrennt.	Notwendige Relativsätze, die zum Verständnis des Satzes notwendig sind, dürfen nicht durch Komma abgetrennt werden.	ausmalende, notwendige Relativsätze
▪ Cesare, che era un grand'uomo, conquistò la Gallia.	▪ Le medicine che ti ho dato sono buone.	
	Indirekte Fragesätze werden nicht durch Komma vom Hauptsatz getrennt.	indirekte Fragesätze
	▪ Sa Lei quante persone sono arrivate?	
Nebensatzverkürzungen durch Infinitiv, gerundio oder Partizip werden zwischen Kommas gesetzt,	Nebensatzverkürzungen durch Infinitiv, gerundio oder Partizip werden nicht zwischen Kommas ge-	Nebensatzverkürzung

Komma	Kein Komma
wenn die Information des Neben-satzes für das Verständnis des Hauptsatzes nicht erforderlich ist.	setzt, wenn die Information des Ne-bensatzes für das Verständnis des Hauptsatzes erforderlich ist.
▪ I turisti, spossati dal viaggio, anda-rono all'hotel subito.	▪ Le persone chiamate per prime devono andare in questa stanza.

eingeschobene Sätze

Eingeschobene Sätze werden durch Komma abgetrennt.	
▪ «Paolo», pensa Anna, «non è molto gentile.»	

adverbiale Bestimmungen

Adverbiale Bestimmungen am Satzanfang können zur besonderen Hervorhebung durch Komma abge-trennt werden.	
▪ Stasera, andiamo al cinema. ▪ A Roma, ho incontrato Paolo.	

Aufzählungen

In Aufzählungen steht das Komma zwischen gleichartigen Wörtern oder Wortgruppen, die nicht durch e, o oder oppure verbunden sind.	In Aufzählungen steht das Komma nicht zwischen gleichartigen Wör-tern und Wortgruppen, die durch e, o oder oppure verbunden sind.
▪ Ho comprato burro, formaggio, uova e pane.	▪ Ho comprato burro, formaggio, uova e pane.

Das Fragezeichen (Il punto interrogativo)

Das Fragezeichen steht zur Kenn-zeichnung einer Frage.	▪ Puoi darmi questo libro? ▪ Dov'è Maria?

Das Ausrufezeichen (Il punto esclamativo)

Das Ausrufezeichen steht zur Kenn-zeichnung eines Ausrufesatzes und nach Ausrufewörtern (Interjektio-nen). Beim Imperativ, der eine bloße Auf-forderung ausdrückt, steht kein Aus-rufezeichen.	▪ Che caldo! ▪ Che bello! ▪ Che freddo! ▪ Dammi questo libro, per favore.

Der Doppelpunkt (I due punti)

Der Doppelpunkt kann zur Einlei-tung nachfolgender Aufzählungen	▪ Qui allegato: il conto e tre copie. ▪ Paolo ha detto: «Puoi darmi il libro?»

oder eines folgenden Satzes oder zur
Einleitung der direkten Rede stehen.

Die Anführungszeichen (Le virgolette)

Die Anführungszeichen stehen am Anfang und Ende einer direkten Rede.

- Ha detto: «Dammi questo libro.»
- Ha domandato: «Puoi venire a
  prendermi all'aeroporto?»

Der Bindestrich (Il trattino)

Der Bindestrich steht im Italienisch-
en zwischen zusammengesetzten
Wörtern.

- il divano-letto
- i rapporti italo-tedeschi

Der Gedankenstrich (La lineetta)

Der Gedankenstrich kennzeichnet
den Wechsel des Themas, des Spre-
chers oder eine längere Pause und
er betont einen Gegensatz.

- L'ho cercato di nuovo – ma era inutile.
- L'avrò vista la settimana scorsa –
  pensò Marco – ma vestita in
  maniera differente.

Die Silbentrennung (La divisione in sillabe)

Die Silbentrennung erfolgt im Italienischen nach Sprechsilben und nach den folgenden Regeln.

Vokalverbindungen aus a, e, o und i, u	Vokalverbindungen aus tonstarken (a, e, o) und tonschwachen Vokalen (i, u) werden nicht getrennt.	▪ Au-stria ▪ pie-no ▪ buo-no
Vokalverbindungen aus a, e und o	Vokalverbindungen aus tonstarken Vokalen werden getrennt.	▪ ma-e-stro ▪ Pa-o-lo
Vokalverbindungen aus a, e, o und betontem i, u	Vokalverbindungen aus tonstarken Vokalen und betonten tonschwachen Vokalen werden getrennt.	▪ pa-u-ra ▪ me-lo-di-a ▪ mi-o
Doppelkonsonanten	Verbindungen aus Doppelkonsonanten werden stets getrennt	▪ cap-pel-lo ▪ ra-gaz-za
-ch, -gh, -gl, -gn	Konsonantenverbindungen aus -ch, -gh, -gl und -gn bilden eine Einheit und drüfen daher nicht getrennt werden.	▪ ri-chiu-de-re ▪ pre-ghie-ra ▪ so-gno
-l, -m, -n, -r + Konsonant	Konsonantenverbindungen werden nur getrennt, wenn der erste Konsonant ein -l, -m, -n oder -r ist.	▪ In-ghil-ter-ra ▪ Mar-co-ni ▪ Um-ber-to
-s + Konsonant	Verbindungen aus -s und nachfolgendem Konsonant bilden eine Einheit und dürfen daher nicht getrennt werden.	▪ co-sta-re ▪ cia-scu-no ▪ na-stro
Präfixe	Vorsilben (Präfixe) gelten als eine Silbe und werden vom nachfolgenden Wort getrennt.	▪ ri-chiudere ▪ tras-correre ▪ pre-valere
Apostroph	Der Apostroph ist kein Trennungszeichen, das dem Apostroph vorangehende Wort darf vom nachfolgenden Wort folglich nicht getrennt werden.	▪ un'altra volta ▪ un'anta dell'armadio ▪ qual'è

Fachausdrücke

A

Abstraktum (nome astratto)
Substantiv mit dem etwas
Nichtgegenständliches
bezeichnet wird; *Be-
griffswort*

Adjektiv (aggettivo)
bezeichnet eine Eigen-
schaft, ein Merkmal;
Eigenschafts-, Wiewort

Adjektiv, attributives (aggettivo attributivo)
Adjektiv, das unmittelbar
beim Substantiv steht

Adjektiv, prädikatives (ag-
gettivo predicativo)
Adjektiv, das mit dem
Substantiv durch ein
Verb verbunden ist

Adverb (avverbio)
bezeichnet die Art und
Weise, den Ort oder die
Zeit, die Menge, den
Grad, die Intensität;
Umstandswort

Adverbialsatz
Nebensatz anstelle einer
adverbialen Bestimmung

Akkusativ
der vierte der vier Kasus;
wen-Fall

Akkusativobjekt
Satzteil, der im Akkusativ
steht

Aktiv (attivo)
beschreibt eine Hand-
lung, die vom Subjekt
durchgeführt wird; *Tat-
form, Tätigkeitsform*
(vgl. Passiv)

Antonym (antonimo)
Wort, welches das
Gegenteil ausdrückt;
Gegen(satz)wort

Appelativum
vgl. Gattungsname

Apposition (apposizione)
substantivisches Attribut,
das meist im gleichen
Kasus steht wie das Wort,
auf das es sich bezieht;
Beisatz

Artikel (articolo)
Begleiter des Substantivs;
Geschlechtswort

Artikel, bestimmter (articolo determinativo)
der, die, das; il, la

Artikel, unbestimmter (articolo indeterminativo)
ein, eine; un, una

Attribut
hinzugefügtes Satzglied,
das für das Verständnis
des Satzes nicht notwen-
dig ist; *Beifügung*

Attributsatz
Nebensatz anstelle eines
Attributs

Aufforderungssatz (proposizione esortativa)
Satz, der eine Aufforde-
rung, einen Befehl aus-
drückt

Ausrufesatz (proposizione
esclamativa)
Satz, in dem ein Ausruf
ausgedrückt wird

Ausrufewort (interiezione)
Wort, das eine Empfin-
dung, Gemütsbewegung
ausdrückt

Aussagesatz
(proposizione enunciativa)
Satz, in dem ein Sach-
verhalt behauptet oder
mitgeteilt wird

B

Bedingungssatz
vgl. Konditionalsatz

Befehlsform
vgl. Imperativ

Begriffswort
vgl. Abstraktum

Beifügung
vgl. Attribut

Beisatz
vgl. Apposition

Bestimmung, adverbiale
Zeit-, Ortsangaben, Be-
stimmungen des Grundes
und der Art und Weise;
Umstandsbestimmung

Beugung
vgl. Flexion

Bindewort
vgl. Konjunktion

D

Dativ
der dritte der vier Kasus,
wem-Fall

Dativobjekt
Satzteil, der im Dativ steht

Deklination (declinazione)
Abwandlung der Form
von Substantiven, Arti-
keln, Pronomen und Ad-
jektiven

Demonstrativpronomen
(pronome dimostrativo)
weist auf eine bestimmte

Person oder Sache hin;
hinweisendes Fürwort

Dingwort
vgl. Substantiv

Diphthong (dittongo)
Doppellaut, Gleitlaut aus
zwei Vokalen

E

Eigenschaftswort
vgl. Adjektiv

Eigenname (sostantivo
proprio)
Substantive, die einmalige Sachen und Personen
bezeichnen

Einzahl
vgl. Singular

Entscheidungsfrage
Fragesatz, der als Antwort eine Entscheidung
erwartet; *Satzfrage*

Ergänzung, prädikative
(complemento predicativo)
Substantiv oder Adjektiv,
das sich entweder auf
das Subjekt oder Objekt
bezieht

F

Fall
vgl. Kasus

Feminin(um) (femminile)
das weibliche der drei
Genera (Geschlechter)

Finalsatz (proposizione
finale)
Nebensatz, der einen
Zweck, eine Absicht ausdrückt. Er wird meist durch
eine finale Konjunktion
eingeleitet

Finitium (verbo finito)
Verbform, die nach Person, Numerus, Modus
und Tempus bestimmt ist;
finite Verbform, Personalform

Flexion (flessione)
zusammenfassende Bezeichnung für Deklination
und Konjugation; *Beugung*

Frage, direkte (proposizione interrogativa diretta)
Frage, die selbst den
Hauptsatz bildet

Frage, indirekte (proposizione interrogativa indiretta)
Frage, die in einem Nebensatz, der von einem
Verb des Sagens und
Denkens eingeleitet wird,
eingebettet ist

Fragefürwort
vgl. Interrogativpronomen

Fragesatz (proposizione
interrogativa)
Satz, in dem eine Frage
formuliert wird

Fragewort (pronome interrogativo)
Wort, mit dem eine Frage
eingeleitet wird (z. B. Interrogativpronomen, Adverb)

Fürwort
vgl. Pronomen

Fürwort, rückbezügliches
vgl. Pronomen, reflexives

Futur I
Zeit, die die Zukunft ausdrückt; *unvollendete Zukunft*

Futur II

Zeit, die ausdrückt, dass
zu einem bestimmten
Zeitpunkt in der Zukunft
eine Handlung abgeschlossen sein wird;
vollendete Zukunft

G

Gattungsname (sostantivo
comune)
Substantiv, mit dem eine
Gattung von Lebewesen
oder Dingen bezeichnet
wird

Gegenstandswort
vgl. Konkretum

Gegenwart
vgl. Präsens

Gegen(satz)wort
vgl. Antonym

Genitiv
der zweite der vier Kasus;
wessen-Fall

Genitivobjekt
Satzteil, der im Genitiv
steht

Genus (genere)
das grammatische Geschlecht eines Substantivs, Artikels, Adjektivs
oder Pronomens

Gerundio
Verbform, mit der ein
Vorgang ausgedrückt
wird, der gerade abläuft

Geschlecht
vgl. Genus

Geschlechtswort
vgl. Artikel

Gliedsatz
Nebensatz

Grundform
vgl. Infinitiv

Grundstufe
vgl. Positiv

Grundzahl (numero cardinale)
eins, zwei, drei, dreißig, hundert etc.

H

Hauptsatz (proposizione principale)
übergeordneter Teilsatz in einem Satzgefüge, der alleine stehen kann

Hauptwort
vgl. Substantiv

Hilfsverb (verbo ausiliare)
Verb, das zur Bildung der zusammengesetzten Zeiten und des Passivs gebraucht wird

Homonym (omonimo)
gleichlautendes Wort

I

Imperativ (imperativo)
Modus, der eine Aufforderung, einen Befehl ausdrückt; *Befehlsform*

Imperfekt
vgl. Präteritum

Indefinitpronomen (pronome indefinito)
unbestimmtes Pronomen

Indikativ (indicativo)
Modus, der einen Vorgang oder Zustand als tatsächlich, wirklich darstellt; *Wirklichkeitsform*

Indirekte Rede (discorso

indiretto)
Aussagen einer Person A werden durch eine Person B an eine dritte Person C weitergegeben

Infinitiv (infinito)
Grundform des Verbs

Interjektion (interiezione)
Ausrufewort

Interpunktion (punteggiatura)
Zeichensetzung

Interpunktionszeichen (segno d'interpunzione)
Satzzeichen

Interrogativpronomen (pronome interrogativo)
Fragefürwort

Intonationsfrage
Frage, in der die Satzmelodie am Satzende nach oben geht

intransitiv (intransitivo)
nicht transitiv

Irrealis der Gegenwart
die Erfüllung der Bedingung ist unwahrscheinlich

Irrealis der Vergangenheit
die Bedingung bleibt unerfüllt

K

Kardinalzahl (numero cardinale)
Grundzahl

Kasus (caso)
der Fall, in dem ein deklinierbares Wort steht (Nominativ, Genitiv, Dativ und Akkusativ)

Kausalsatz (proposizione causale)
Nebensatz, der den Grund, die Ursache ausdrückt

Kollektivum (sostantivo collettivo)
vgl. Sammelname

Komparation (comparazione)
Steigerung (eines Adjektivs oder Adverbs)

Komparativ (comparativo)
die Steigerungsform eines Adjektivs oder Adverbs, die den ungleichen (höheren) Grad ausdrückt

Kompositum (parola composta)
zusammengesetzes Wort

Konditional (condizionale)
als Modus drückt es eine Bedingung aus, als Tempus beschreibt es einen Vorgang, der in der Zukunft stattfinden könnte bzw. in der Vergangenheit hätte stattfinden können

Konditionalsatz (proposizione condizionale)
Nebensatz, der eine Voraussetzung, Bedingung ausdrückt; *Bedingungssatz*

Kongruenz
Übereinstimmung von Satzgliedern in Person, Numerus, Genus und Kasus

Konjugation (coniugazione)
Abwandlung der Form von Verben; *Beugung*

Konjunktion (congiunzione)
Wort, das zur Verbindung von Sätzen oder Satzteilen

dient; *Bindewort*

Konjunktion, adversative
(congiunzione avversativa)
Konjunktion, die den Ge-
gensatz ausdrückt

Konjunktion, anreihende
(congiunzione coordinativa)
Konjunktion zur Verbindung
zweier Sätze oder Satzteile

Konjunktion beiordnende
(congiunzione coordinativa)
Konjunktion, die gleichartige Sätze verbindet

Konjunktion finale (con-
giunzione finale)
Konjunktion, die eine Ab-
sicht, einen Zweck aus-
drückt

Konjunktion, kausale
(congiunzione causale)
Konjunktion, die den
Grund, die Ursache angibt

Konjunktion, konsekutive
(congiunzione consecutiva)
Konjunktion, die die Folge
die Wirkung ausdrückt

Konjunktion, konzessive
(congiunzione concessiva)
Konjunktion, die eine
Einräumung, ein Zuge-
ständnis ausdrückt

Konjunktion, konditionale
(congiunzione condizionale)
Konjunktion, die die Be-
dingung ausdrückt

Konjunktion, nebenord-
nende (congiunzione co-
ordinativa)
Konjunktion, die gleichartige Sätze verbindet

Konjunktion, temporale
(congiunzione temporale)

Konjunktion, die einen
Zeitpunkt, Zeitraum an-
gibt

Konjunktion, unterordnende
(congiunzione subordinativa)
Konjunktion, die Neben-
sätze einleitet

Konjunktion, vergleichen-
de (congiunzione compa-
rativa)
Konjunktion, die einen
Vergleich zum Ausdruck
bringt

Konjunktiv (congiuntivo)
Modus, der einen Vorgang
als nicht wirklich darstellt;
Möglichkeitsform

Konkretum (sostantivo
concreto)
Substantiv, mit dem etwas
Gegenständliches be-
zeichnet wird; *Gegen-
standswort*

Konsekutivsatz (proposi-
zione consecutiva)
Nebensatz, der die Folge,
die Wirkung ausdrückt

Konsonant (consonante)
alle Laute (Buchstaben)
(b, c, d etc.) außer den
Vokalen

Konzessivsatz (proposi-
zione concessiva)
Nebensatz, der eine Ein-
räumung ausdrückt

L

Leideform
vgl. Passiv

M

männlich
vgl. maskulin

maskulin (maschile)
das männliche, der drei
Genera; *männliches
Geschlecht*

Mehrzahl
vgl. Plural

Mittelwort der Gegenwart
vgl. Partizip Präsens

Mittelwort der Vergan-
genheit
vgl. Partizip Perfekt

Mitlaut
vgl. Konsonant

modal
die Art und Weise eines
Geschehens bezeichnend

Modalsatz
Nebensatz, der die Mittel,
die Umstände ausdrückt

Modalverb (verbo modale)
Verben, die direkt mit
dem Infinitiv eines ande-
ren Verbs stehen kön-
nen

Modus (modo)
Aussageweise. Zu den
Modi zählen *Indikativ,
Imperativ, Konditional*
und *Konjunktiv*

Möglichkeitsform
vgl. Konjunktiv

N

Nachsilbe
vgl. Suffix

Nebensatz (proposizione
subordinativa)
untergeordneter Teilsatz
in einem Satzgefüge,
der nicht alleine stehen
kann; *Gliedsatz*

Negation (negazione)
Verneinung einer Aussage

Nennform
vgl. Infinitiv

Nennwort
vgl. Substantiv

Neutrum (neutro)
das sächliche der drei
Genera; *sächliches
Geschlecht*

Nomen
vgl. Substantiv

Nominativ
der erste der vier Kasus;
wer-Fall

Numerale (aggettivo nu-
merale)
vgl. Zahlwort

Numerus (numero)
Zahl eines Verbs oder
Substantivs; (An)Zahl

O

Objekt (oggetto)
Satzglied, das im Genitiv,
Dativ oder Akkusativ
steht

Objekt, direktes (comple-
mento diretto)
vgl. Akkusativobjekt

Objekt, indirektes (com-
plemento indiretto)
vgl. Dativobjekt

Objekt, präpositionales
Objekt mit einer Präpo-
sition

Objektsatz (proposizione
oggettiva)
Nebensatz anstelle eines
Objekts

Ordinalzahl
vgl. Ordnungszahl

Ordnungszahl (numero
ordinale)
*der erste, der zweite, der
dritte* etc.

P

Partizip (participio)
Verbform, die zur Bildung
der zusammengesetzten
Zeiten und des Passivs
benötigt wird

Partizip Präsens (parti-
cipio presente)
endet im Deutschen auf
-end, im Italienischen auf
-ante, -ente; *Mittelwort
der Gegenwart*

Partizip Perfekt (participio
passato)
abgewandelte Form des
Vollverbs, das zur Bildung
der zusammengesetzten
Zeiten benötigt wird
(gegangen, gesessen);
*Mittelwort der Vergan-
genheit*

Passiv (passivo)
im Passiv wird eine Hand-
lung nicht selbst vom Subjekt ausgeführt (vgl. Aktiv);
Leideform

Perfekt
Tempus, das den Voll-
zug, Abschluss eines
Vorgangs ausdrückt; *Vor-
gegenwart, vollendete
Gegenwart*

Personalform
vgl. Finitum

Personalpronomen (pro-
nome personale)
persönliches Fürwort

Personenobjekt
das Objekt ist eine Person

Personensubjekt
das Subjekt ist eine Person

Plural (plurale)
Mehrzahl (vgl. Singular)

Plusquamperfekt
Tempus, das den Voll-
zug, Abschluss einesVor-
gangs ausdrückt, bevor
eine andere Handlung
ausgeführt, abgeschlos-
sen ist; *Vorvergangenheit*

Positiv (positivo)
Vergleichsform des Ad-
jektivs oder Adverbs zum
Ausdruck des gleichen
Grades; *Grundstufe*

Possessivpronomen (pro-
nome possessivo)
besitzanzeigendes Fürwort

Prädikat (predicato)
Verb des Satzes. Es kann
aus dem Vollverb oder
aus dem Hilfsverb und
Vollverb bestehen;
Satzaussage

Präfix (prefisso)
Vorsilbe

Präposition (preposizione)
bezeichnet die Bezie-
hung, das Verhältnis zwi-
schen Dingen; *Verhält-
niswort*

Präsens
Tempus, das den Ablauf
eines Vorgangs in der
Gegenwart ausdrückt;
Gegenwart

Präteritum
Tempus, das ausdrückt,
dass ein Vorgang abge-

schlossen, beendet ist;
1.Vergangenheit

Pronomen (pronome)
Begleiter oder Stellver-
treter des Substantivs;
Fürwort

Pronomen, attributives
(pronome attributivo)
Pronomen, das nicht
ohne Substantiv stehen
kann

Pronomen, besitzanzei-
gendes
vgl. Possessivpronomen

Pronomen, bezügliches
vgl. Relativpronomen

Pronomen, fragendes
vgl. Interrogativpronomen

Pronomen, hinweisendes
vgl. Demonstrativpronomen

Pronomen, persönliches
vgl. Personalpronomen

Pronomen, rückbezügli-
ches
vgl. Reflexivpronomen

Pronomen, substantivi-
sches (pronome)
Pronomen, das ohne
Substantiv stehen kann

Pronomen, unbestimmtes
vgl. Indefinitpronomen

R

Realis
die Bedingung ist erfüll-
bar

Reflexivpronomen (pro-
nome riflessivo)
rückbezügliches Für-
wort

Relativpronomen (prono-
me relativo)
bezügliches Fürwort

Relativsatz (proposizione
relativa)
Nebensatz, der durch ein
Relativpronomen einge-
leitet wird

Relativsatz, ausmalender
(proposizione relativa
appositiva)
Relativsatz, der zum Ver-
ständnis des Satzes nicht
notwendig ist

Relativsatz, notwendiger
(proposizione relativa
determinativa)
Relativsatz, der zum Ver-
ständnis des Satzes not-
wendig ist

S

Sachobjekt
Objekt, das eine Sache
ist

Sachsubjekt
Subjekt, das eine Sache
ist

sächlich (neutro)
vgl. neutrum

Sammelname
Substantive, die eine
Gruppe gleichartiger Din-
ge oder Lebewesen be-
zeichnen

Satzaussage
vgl. Prädikat

Satzfrage
vgl. Entscheidungsfrage

Satzgefüge (periodo)
Satz, der aus mindestens
einem Hauptsatz und

einem Nebensatz besteht

Satzgegenstand
vgl. Subjekt

Sein-Passiv
vgl. Zustandspassiv

Selbstlaut
vgl. Vokal

Semantik (semantica)
Bedeutungslehre

Semasiologie (semasio-
logia)
Wortbedeutungslehre

Semiotik (semiotica)
allgemeine Zeichenlehre

Singular (singolare)
Einzahl (vgl. Plural)

Steigerung
vgl. Komparation

Stoffname (sostantivo di
materia)
Stoffnamen sind Masse-
und Materialbezeichnungen

Subjekt (soggetto)
Satzglied im Nominativ,
das eine Handlung
ausführt (wer tut etwas?);
Satzgegenstand

Subjekt, grammatisches,
unbestimmtes (soggetto
grammaticale)
Subjekt, das keine Person
bezeichnet (*es*)

Subjektsatz (proposizione
soggettiva)
Nebensatz anstelle eines
Subjekts

Substantiv (sostantivo,
nome)
Wort, das ein Lebewe-

sen, eine Pflanze oder einen Gegenstand bezeichnet; *Nomen, Nenn-, Ding-, Hauptwort*

Substantiv, abgeleitetes (sostantivo derivato)
von einer anderen Wortart abgeleitetes Substantiv

Substantiv, abgewandeltes (sostantivo alterato)
durch ein Suffix oder Präfix abgewandeltes Substantiv

Substantiv, zusammengesetztes (sostantivo composto)
Substantiv, das aus verschiedenen Wortarten zusammengesetzt ist

Suffix (sufisso)
Nachsilbe

Superlativ (superlativo)
Steigerungsform des Adjektivs, die den höchsten Grad ausdrückt

Superlativ, absoluter (superlativo assoluto)
Steigerungsform des Adjektivs oder Adverbs, die einen sehr hohen Grad ausdrückt

Synonym (sinonimo)
(beinahe) Bedeutungsgleichheit von Wörtern

Syntax (sintassi)
(Lehre vom) Satzbau

T

Tatform
vgl. Aktiv

Tätigkeitsform

vgl. Aktiv

Tätigkeitswort
vgl. Verb

Teilungsartikel (articolo partitivo)
bestimmter Artikel + di zur Bezeichnung einer unbestimmten Menge

Temporalsatz (proposizione temporale)
Nebensatz, der einen Zeitpunkt, einen Zeitraum ausdrückt

Tempus (tempo)
Zeit(form)

transitiv (transitivo)
Verb, das ein Akkusativobjekt nach sich zieht

Tunwort
vgl. Verb

U

Umlaut
bezeichnet die Vokale *ä, ö, ü* und *äu*

Umstandsbestimmung
vgl. adverbiale Bestimmung

Umstandswort
vgl. Adverb

Ursubstantiv (sostantivo primitivo)
ursprüngliches, nicht durch ein Suffix oder Präfix abgewandeltes Substantiv

V

Verb (verbo)
bezeichnet einen Zustand oder Vorgang, eine Tä-

tigkeit oder Handlung; *Zeitwort, Tätigkeitswort, Tunwort*

Verb, finites (verbo finito)
Verbform bei der Person, Zahl, Zeit und Modus (durch die Endung) gekennzeichnet sind

Verb, infinites (verbo infinito)
Verbform bei der Person, Zahl, Zeit und Modus nicht gekennzeichnet sind

Verb, intransitives (verbo intransitivo)
Verb ohne Objektergänzung

Verb, reflexives (verbo riflessivo)
Verb mit einem Reflexivpronomen

Verb, reziprokes (verbo reciproco)
Verb, dessen Reflexivpronomen ein wechselseitiges Verhältnis angibt *(einander;* si)

Verb, transitives (verbo transitivo)
Verb mit einem Akkusativobjekt

Verb, unpersönliches (verbo impersonale)
Verb, das nur in der 3. Person Singular vorkommt

Vergangenheit
vgl. Präteritum

Verhältnissatz
Nebensatzart, zu der die Adverbialsätze gehören

Verhältniswort
vgl. Präposition

Vervielfältigungszahlwort
(numero moltiplicativo)
Zahlwort, das das Viel-
fache ausdrückt

Vokal (vocale)
Laut (Buchstabe), für
dessen Aussprache kein
anderer Buchstabe benö-
tigt wird. Vokale sind *a,
e, i, o* und u (vgl. Mitlaut)

Vollverb (verbo)
Verb, das das Prädikat
alleine bilden kann

Vorgangspassiv
Passiv, das eine Hand-
lung, einen Vorgang aus-
drückt und mit *werden*
gebildet wird; *werden-
Passiv*

Vorgegenwart
vgl. Perfekt

Vorsilbe (prefisso)
vgl. Präfix

Vorvergangenheit
vgl. Plusquamperfekt

W

weiblich (femminile)
vgl. feminin(um)

Wemfall
vgl. Dativ

Wenfall
vgl. Akkusativ

Werfall
vgl. Nominativ

Werden-Passiv
vgl. Vorgangspassiv

Wes(sen)fall
vgl. Genitiv

Wiewort
vgl. Adjektiv

Wirklichkeitsform
vgl. Indikativ

Z

Zahladjektiv (aggettivo
numerale)
Adjektiv, das eine Zahl
bezeichnet; *Zahlwort*

Zahlwort
vgl. Zahladjektiv

Zeit, einfache (tempo
semplice)
ohne Hilfsverb gebildete
Zeit

Zeit, zusammengesetzte
(tempo composto)
mit einem Hilfsverb ge-
bildete Zeit

Zeitwort
vgl. Verb

Zukunft
vgl. Futur

Zukunft, unvollendete
vgl. Futur I

Zukunft, vollendete
vgl. Futur II

Zustandspassiv
Passiv, das einen Zu-
stand ausdrückt; *sein-
Passiv*

Lösungen

Lösungen zu den Übungen auf Seite 46 - 49

Übung 1

Infinito	Presente	Imperfetto	Pass. Rem.	Fut. Semp.
1. lavorare	tu lavori	tu lavoravi	tu lavorasti	tu lavorerai
2. giocare	noi giochiamo	noi giocavamo	noi giocammo	noi giocheremo
3. pagare	tu paghi	tu pagavi	tu pagasti	tu pagherai
4. vincere	io vinco	io vincevo	io vinsi	io vincerò
5. piacere	io piaccio	io piacevo	io piacqui	io piacerò
6. cuocere	io cuocio	io cocevo	io cossi	io cocerò
7. sapere	io so	io sapevo	io seppi	io saprò
8. dare	egli dà	egli dava	egli diede/dette	egli darà
9. stare	egli sta	egli stava	egli stette	egli starà
10. finire	io finisco	io finivo	io finii	io finirò
11. dormire	io dormo	io dormivo	io dormii	io dormirò
12. muovere	io muovo	io movevo	io mossi	io moverò
13. potere	egli può	egli poteva	egli poté/potette	egli potrà
14. conoscere	io conosco	io conoscevo	io conobbi	io conoscerò
15. fare	io faccio	io facevo	io feci	io farò
16. aprire	essi aprono	essi aprivano	essi apersero	essi apriranno
17. apparire	io appaio	io apparivo	io apparsi	io apparirò
18. andare	io vado	io andavo	io andai	io andrò
19. porre	io pongo	io ponevo	io posi	io porrò
20. volere	io voglio	io volevo	io volli	io vorrò
21. correre	io corro	io correvo	io corsi	io correrò
22. spegnere	io spengo	io spegnevo	io spensi	io spegnerò
23. rompere	egli rompe	egli rompeva	egli ruppe	egli romperà
24. dovere	io devo/debbo	io dovevo	io dovei/dovetti	io dovrò
25. dire	io dico	io dicevo	io dissi	io dirò
26. distinguere	io distinguo	io distinguevo	io distinsi	io distinguerò
27. udire	egli ode	egli udiva	egli udì	egli ud(i)rà
28. sonare	egli suona	egli sonava	egli sonò	egli sonerà
29. rimanere	io rimango	io rimanevo	io rimasi	io rimarrò
30. leggere	io leggo	io leggevo	io lessi	io leggerò
31. salire	io salgo	io salivo	io salii	io salirò
32. cambiare	tu cambi	tu cambiavi	tu cambiasti	tu cambierai
33. inviare	tu invii	tu inviavi	tu inviasti	tu invierai
34. scrivere	egli scrive	egli scriveva	egli scrisse	egli scriverà
35. battere	voi battete	voi battevate	voi batteste	voi batterete
36. rispondere	io rispondo	io rispondevo	io risposi	io risponderò
37. tenere	io tengo	io tenevo	io tenni	io terrò
38. giungere	egli giunge	egli giungeva	egli giunse	egli giungerà
39. sedere	io siedo	io sedevo	io sedei/sedetti	io sederò
40. venire	egli viene	egli veniva	egli venne	egli verrà
41. avere	io ho	io avevo	io ebbi	io avrò
42. mettere	io metto	io mettevo	io misi	io metterò
43. uscire	tu esci	tu uscivi	tu uscisti	tu uscirai
44. essere	tu sei	tu eri	tu fosti	tu sarai
45. vedere	egli vede	egli vedeva	egli vide	egli vedrà

Cond.	Cong. Pres.	Imperativo	Part. Pass.	Gerundio
tu lavoreresti	tu lavori	lavora	avere lavorato	lavorando
noi giocheremmo	noi giochiamo	giochiamo	avere giocato	giocando
tu pagheresti	tu paghi	paga	avere pagato	pagando
io vincerei	io vinca	-	avere vinto	vincendo
io piacerei	io piaccia	-	essere piaciuto	piacendo
io cocerei	io cuocia	-	avere cotto	cocendo
io saprei	io sappia	-	avere saputo	sapendo
egli darebbe	egli dia	dia	avere dato	dando
egli starebbe	egli stia	stia	essere stato	stando
io finirei	io finisca	-	avere finito	finendo
io dormirei	io dorma	-	avere dormito	dormendo
io moverei	io muova	-	avere mosso	movendo
egli potrebbe	egli possa	-	avere potuto	potendo
io conoscerei	io conosca	-	avere conosciuto	conoscendo
io farei	io faccia	-	avere fatto	facendo
essi aprirebbero	essi aprano	aprano	avere aperto	aprendo
io apparirei	io appaia	-	essere apparso	apparendo
io andrei	io vada	-	essere andato	andando
io porrei	io ponga	-	avere posto	ponendo
io vorrei	io voglia	-	avere voluto	volendo
io correrei	io corra	-	avere corso	correndo
io spegnerei	io spenga	-	avere spento	spegnendo
egli romperebbe	egli rompa	rompa	avere rotto	rompendo
io dovrei	io deva/debba	-	avere dovuto	dovendo
io direi	io dica	-	avere detto	dicendo
io distinguerei	io distingua	-	avere distinto	distinguendo
egli ud(i)rebbe	egli oda	oda	avere udito	udendo
egli sonerebbe	egli suoni	suoni	avere sonato	sonando
io rimarrei	io rimanga	-	essere rimasto	rimanendo
io leggerei	io legga	-	avere letto	leggendo
io salirei	io salga	-	essere salito	salendo
tu cambieresti	tu cambi	cambia	avere cambiato	cambiando
tu invieresti	tu invii	invia	avere inviato	inviando
egli scriverebbe	egli scriva	scriva	avere scritto	scrivendo
voi battereste	voi battiate	battete	avere battuto	battendo
io risponderei	io risponda	-	avere risposto	rispondendo
io terrei	io tenga	-	avere tenuto	tenendo
egli giungerebbe	egli giunga	giunga	essere giunto	giungendo
io sederei	io sieda	-	essere seduto	sedendo
egli verrebbe	egli venga	venga	essere venuto	venendo
io avrei	io abbia	abbi	avere avuto	avendo
io metterei	io metta	-	avere messo	mettendo
tu usciresti	tu esca	esci	essere uscito	uscendo
tu saresti	tu sia	sii	essere stato	essendo
egli vedrebbe	egli veda	veda	avere veduto/ avere visto	vedendo

Lösungen zu den Übungen auf Seite 53

Übung 1

1. avete detto 2. ho comprato 3. ha lanciato 4. ho promesso 5. Ho rivisto, ho rivolto 6. ho ancora deciso 7. è caduta 8. ho corso 9. ha afferrato, è fuggito 10. ho telefonato, ho mai trovato 11. è finito12. è nato 13. è tornato 14. è caduto 15. è rimasto

Lösungen zu den Übungen auf Seite 58

Übung 1

1. mi preoccupo 2. vi ricordate 3. ti vergogni 4. ci alziamo 5. si trova 6. mi vesto 7. Vi ricordate

Übung 2

1. vi dedicate 2. dedica 3. si trova 4. sente 5. mi sento 6. ci conosciamo 7. annoia 8. mi annoio 9. ti fermi 10. fermiamo

Lösungen zu den Übungen auf Seite 62

Übung 1

1. - 2. - 3. - 4. ai (a + i) 5. - 6. - 7. - 8. - 9. - 10. - 11. di 12. - 13. di 14. a 15. del (di + il) 16. di 17. della (di + la) 18. di 19. di 20. al (a + il)

Lösungen zu den Übungen auf Seite 67 - 71

Übung 1

1. portiamo 2. capisco 3. è, amano 4. Ho, sa 5. è, vado 6. stancano 7. vogliamo

Übung 2

1. Era, mancava 2. piaceva 3. erano, brillavano 4. Aveva 5.viaggiava 6. cantava 7. aveva, aveva

Übung 3

1. regalò 2. preferì 3. cominciò 4. Pronunciaste, volle 5. passò 6. controllai 7. si irritò, perse

Übung 4

1. avete detto 2. ha rotto 3. hanno dato 4. ho promesso 5.è nata 6. hanno trascorso 7. sei stata

Übung 5

1. avevano lavorato 2. avevano deciso 3. avevate promesso 4. avevano messo
5. aveva avuto 6. ebbe finito 7. ebbe sconfitto

Übung 6

1. visiterò 2. andrò 3. parlerai, sarò 4. aiuterà 5. manterrò 6. sarà 7. avrò letto

Übung 7

1. pretenderesti 2. dovrei 3. piacerebbe 4. avrebbe 5. avrei mai immaginato, si
sarebbe comportato

Übung 8

1. arrivavano 2. correva 3. riteneva 4. camminava, guardava 5. sapevo 6. hanno
offerto 7. ha acquistato 8. ha lanciato 9. ho promesso 10. avete mangiato
11. viveva, usavano, era 12. filtrava, illuminava 13. chiedevano, nascondevano,
raccoglievano 14. Dovevano, videro 15. Lavoravo, sentii

Übung 9

1. aveva detto/disse 2. avevano lavorato, diede 3. avevo aiutato, invitò 4. affermò,
aveva detto 5. avevano accompagnato, frantumarono 6. aveva ordinato, fu
portata 7. avevate cominciato, arrivò

Übung 10

1. andrà 2. andremo, permetterà 3. inizierà 4. vorranno 5. ritornerò, racconterò
6. avrò visto/veduto 7. avrai pensato

Übung 11

1. ricordo 2. ama 3. capisco 4. devo 5. entra, abbaia 6. inviterò 7. troverai, saranno

Lösungen zu den Übungen auf Seite 78 - 81

Übung 1

1. è servita 2. è ancora del tutto ricoperta 3. siamo chiamati 4. sono già caricate
5. vengono presentati 6. vengono spesso servite 7. viene descritta

Übung 2

1. erano riservati 2. era costruita 3. era amato 4. era affollata 5. veniva colto 6. ve-
nivano dati 7. venivo pagato

Übung 3

1. fui urtato 2. fui costretto 3. fu lasciata 4. fummo ospitati 5. venne assolto 6. venne pubblicato 7. vennero poi arrestati

Übung 4

1. sono stato colpito 2. è stato tratto 3. siamo stati accolti 4. sono stati coltivati
5. è stato pubblicato 6. era stato stabilito 7. era stata rinviata

Übung 5

1. saranno dati 2. sarai stimato 3. sarete ammessi 4. verrò/sarò scelto 5. verrà
trasferita 6. verrà offerto 7. sarete stati annunciati

Übung 6

1. sarei tentata 2. sareste soddisfatti 3. sarebbe certamente festeggiato 4. verrebbe
considerato 5. verrebbero ripartiti 6. verrebbero utilizzati 7. sarebbe stato causato

Übung 7

1. siano/vengano raccontate 2. sia/venga destinato 3. sia fatta 4. sia sostenuta
5. venga ricostruito 6. venga data 7. vengano rifiniti

Übung 8

1. Tolleranza e solidarietà sono/vengono considerate preziose virtù. 2. Molti musei
interessanti non sono aperti al pubblico a causa di carenza di personale. 3. Quella
canzone era dedicata a te. 4. In qualità di esperti venivate consultati spesso dal
direttore. 5. Mi fu chiesto che cosa pensassi di quello che stava succedendo. 6.
Siamo stati invitati a cena dagli zii. 7. Diverse sue opere erano già state pubblica-
te. 8. Le lampadine rotte saranno presto sostituite dal portiere. 9. Andremo a
vivere in quel palazzo dopo che sarà stato del tutto terminato. 10. Se un temporale
si formasse a meno di 40 chilometri dall'area del lancio, il decollo sarebbe/verreb-
be rinviato dal Nasa. 11. Sembrava che la gara sarebbe stata interrotta se la
pioggia non fosse cessata. 12. Nonostante vengano visti sempre insieme, non
sono poi buoni amici. 13. Cosa fareste se foste inseguiti? 14. Sembra impossibile
che le due opere, così diverse nello stile, siano state fatte negli stessi giorni.
15. Come ti saresti comportato se fossi stato invitato a cena da Laura?

Lösungen zu den Übungen auf Seite 86 - 92

Übung 1

1. stava 2. viveva 3. voleva 4. parlava 5. preferiva 6. parlava 7. parlavano

Übung 2

1. ripeteva 2. era 3. mentiva 4. sembrava 5. andavano 6. potevano 7. voleva

Übung 3

1. aveva regalato 2. aveva promesso, aveva mantenuto 3. si erano decisi
4. aveva preferito 5. avevano deciso 6. erano stancati 7. era arricchita

Übung 4

1. aveva regalato 2. aveva telefonato 3. avevano detto 4. aveva fatto 5. avevano offerto 6. aveva voluto 7. aveva finito

Übung 5

1. avrebbe fatto 2. avrebbero telefonato, sarebero arrivati 3. avrebbe visitato
4. sarebbe sfuggita 5. avrebbero fatto 6. sarebbe annoiata 7. avrebbe imparato

Übung 6

1. avrebbe voluto 2. avrebbe pagato 3. avrebbe comprato 4. avrebbe voluto
5. avrebbero saputo 6. sarebbe andato 7. sarebbero arrivati

Übung 7

1. ci, loro 2. lei 3. loro 4. me 5. lui 6. io 7. gli 8. lui 9. lei 10. le

Übung 8

1. un anno prima 2. lì 3. due minuti prima 4. il giorno prima 5. lì 6. a quell'ora
7. quell'anno 8. qualche mese prima 9. quella sera 10. Il mese seguente/successivo

Übung 9

1. Ugo chiese se gli era piaciuto il libro che gli aveva prestato. 2. Filippo disse che Flavio era andato al mare con Tania. 3. Il padre domandò se si erano pentiti di ciò che avevano fatto. 4. Francesco domandò curioso che cosa avrebbero fatto quando avrebbero raggiunto gli altri. 5. Sua madre chiese se si era coricato tardi la sera precedente. 6. Il nonno, guardando il nipote, disse incerto se aveva deciso cosa voleva. 7. L'impiegata domandò se erano riusciti a trovare le chiavi.

Übung 10

1. La maestra chiese a Salvatore perché aveva indugiato nel rispondere. 2. Filippo raccontò alla polizia che quando era tornato al parcheggio non aveva più trovato la sua macchina. 3. Il postino chiese stupito perché Gianna era scappata non appena lo aveva visto. 4. Stefania domandò a Cristina se quando stava seduta le faceva male la schiena. 5. L'insegnante spiegava che dopo quella notizia aveva deciso di partire per l'Italia. 6. La vicina domandò perché avevamo tolto quei bellissimi cespugli di rose dal giardino. 7. Il testo diceva che per quelle ragioni era scoppiata una violenta guerra.

Übung 11

1. La mamma disse a Giorgio di darle una mano. 2. La professoressa disse alla ragazza di non confondersi e di rimanere concentrata. 3. Il papà disse seccato di spegnere la televisione. 4. Mia mamma mi disse che dovevo riordinare la mia camera. 5. La maestra disse che dovevo finire il lavoro da solo. 6. Il padre ordinò a Ugo e Alberto di lavarsi le mani. 7. Il principe disse che selliate il cavallo.

Übung 12

1. Antonio pensava che doveva ancora stendere la biancheria. 2. Nella favola si leggeva che tutti avevano vissuto felici e contenti. 3. Giacomo raccontava triste a sua madre che aveva scambiato il suo cappotto con un altro e che poi non aveva più ritrovato il suo. 4. Riccardo confessò che la cena era costata meno di quanto si fosse immaginato. 5. Francesca disse che siccome lo aveva aiutato in un momento difficile, lui l'aveva ringraziata. 6. Il telegiornale informò che dopo che i ladri erano entrati nel negozio, era iniziata una sparatoria. 7. Carmela raccontò che solo dopo che le avevano affidato il cane, erano potuti partire per le vacanze. 8. Pietro si lamentò che non appena si era seduto qualcuno aveva suonato alla porta. 9. Franco disse ai suoi compagni che l'indomani sarebbe partito per Roma. 10. Chiara disse che quando avrebbe ricevuto i compiti, sarebbe potuto uscire.

Lösungen zu den Übungen auf Seite 100 - 103

Übung 1

1. Costi, costi 2. Venga 3. Viva 4. convenga 5. sia 6. stai 7. giri 8. venga 9. sia 10. sia

Übung 2

1. parli 2. abbiano 3. vieni 4. riusciate 5. possa 6. volete 7. cercate, posso 8. diciate 9. sia 10. superi

Übung 3

1. accompagni 2. sia 3. impari 4. venga 5. veda. 6. trovi 7. diano 8. vada 9. stia 10. dica

Übung 4

1. debba 2. taccia 3. partiamo 4. ha 5. vediate 6. deve/debba 7. siano 8. inizi 9. capisca 10. diciate

Übung 5

1. abbia 2. lavi 3. faccia 4. esca 5. riesca 6. opponga 7. parlino 8. voglia 9. duri, concluda 10. partiate

Übung 6

1. abbia sottratto 2. abbiano reso 3. sia stato 4. siate andati 5. abbia mai visitato 6. sia stato 7. abbia aiutato 8. sia già stata venduta 9. abbiano studiato 10. abbia avuto

Lösungen zu den Übungen auf Seite 106 - 108

Übung 1

1. resta, visiterò 2. distrai, potrai 3. stai, sembrerà 4. continui, commetterai 5. peggiorano, andremo 6. avvicini, dirò 7. riceverete, state 8. dimostri, aiuteranno 9. hai,

dovrai 10. comunichi, verrò

Übung 2

1. rischierei, posteggiassi 2. trovassi, saprei 3. arrivasse, sarebbe 4. cantassi, scriverei, produrrei 5. studiassi, sarebbe 6. sarei, dicesse 7. piacerebbe, portasse 8. dovessi, sarebbe 9. impegnassimo, migliorerebbe 10. innaffiassi, sarebbe

Übung 3

1. sarei venuto, avessi saputo 2. avessi avuto, avresti raggiunto 3. saresti stato, fosse accaduto 4. avrebbero perdonato, avessero conosciuto 5. foste usciti, avreste raggiunti 6. fossero stati presi, sareste trovati 7. avessi firmato, sarei pre-occupato 8. avreste certamente passato, foste impegnati 9. avessimo saputo, avremmo apparecchiato 10. saresti comportato, avessimo detto

Übung 4

1. continuiamo, arriveremo 2. vuoi, mostrerò 3. vuoi, dovrai 4. è, sarà 5. sarebbe, abitassimo 6. potessi, acquisterei 7. dicessi, arrabbierebbe 8. fossimo stati avverti-ti, saremmo venuti 9. avesse saputo, avrebbe attaccato 10. aveste fatto, avreste avuto

Lösungen zu den Übungen auf Seite 118 - 119

Übung 1

1. - 2. - 3. - 4. - 5. - 6. di 7. di 8. di 9. di 10. di 11. a 12. a 13. a 14. a 15. a

Übung 2
1. Vi auguro di essere sempre così uniti. 2. Sono contenta di aver finito questo esercizio. 3. Mi chiedo dove poter mangiare qualcosa. 4. Mi dispiace molto di averti offeso. 5. Le raccomandò di badare a suo figlio. 6. Ogni tanto mi sembra di parlare troppo. 7. Si vestiva in tal modo per essere guardata da tutti. 8. Il reggi-mento non sapeva dove poter andare. 9. Ti auguro di essere felice. 10. Il profes-sore parlava in quel modo per catturare l'attenzione dei ragazzi.

Übung 3

1. considerare 2. rimanere/essere rimasto 3. trattenere 4. piantare 5. avere studi-ato 6. parlare 7. essere andato 8. essere 9. restare 10. sperare

Lösungen zu den Übungen auf Seite 123 - 124

Übung 1

1. tremante 2. preoccupante 3. squillante 4. provenienti 5. brillante 6. incombente 7. sognanti

Übung 2

1. regalato 2. spiegata 3. vedute/viste 4. cucinate 5. usate 6. spediti 7. mangiate 8. aggiunto 9. finite 10. votata 11. stato 12. cambiata 13. fidato 14. andata 15. ribellate

Übung 3

1. I fiori di campo odoravano ora più forte che mai, rinfrancati dal calore 2. La malattia di Sandra, se non curata in tempo diventerà cronica. 3. Fece una lunga doccia, tornato in albergo 4. Le mie amiche, arrivate ieri col treno delle 8, sono ripartite oggi. 5. Comprato il libro, uscì dalla libreria e andò all'appuntamento.
6. Laura ebbe il permesso di uscire a giocare sul prato, poiché terminati i compiti.
7. La lavastoviglie, acquistata appena ieri, si è già rotta! 8. Il negoziante, sostituita la lavastoviglie, ci accompagnò alla cassa. 9. Le canzoni assumevano un fascino particolare, cantate da Vittorio 10. Morto un Papa, se ne fa un altro.

Lösungen zu den Übungen auf Seite 126

Übung 1

1. camminando 2. avanzando 3. dicendo 4. osservando 5. cogliendo 6. organizzando 7. costruendo

Übung 2

1. Avendo parlato senza riflettere ... 2. Vivendo spesso sotto il sole ... 3. Pur sapendo di non essere guarito ... 4. Mio cugino Matteo, camminando per la strada ...
5. Uscendo in tempo da casa ... 6. Pur non essendo particolarmente timida ...
7. Pur possedendo grandi ricchezze ...

Lösungen zu den Übungen auf Seite 134 - 135

Übung 1

1. L' 2. una 3. un 4. - 5. - 6. - 7. il

Übung 2

1. L' 2. Le 3. La 4. Il, il 5. - 6. l'/un 7. -

Übung 3

1. l' 2. La 3. La 4. la 5. una 6. - 7. -

Übung 4

1. la, la 2. Il 3. le 4. Un 5. - 6. – 7. -

Übung 5

1. Le, le 2. il 3. la, Il 4. il 5. una 6. un 7. -

Lösungen zu den Übungen auf Seite 137

Übung 1

1. delle, dei 2. degli 3. degli 4. del, del 5. dei 6. del 7. della 8. dei 9. delle, delle, delle, -, - 10. dei 11. delle 12. delle 13. dei 14. del 15. degli

Lösungen zu den Übungen auf Seite 153

Übung 1

1. mia sorella 2. la suora 3. La nuora 4. La moglie 5. la volpe maschio 6. Sua madre 7. l'uomo

Übung 2

1. i medici 2. i pacchi 3. gli uffici 4. gli alberghi 5. gli aghi 6. i monaci 7. amici 8. gli zii 9. i viaggi 10. i luoghi

Lösungen zu den Übungen auf Seite 158

Übung 1

1. nuovo 2. saggia 3. grande, chiara 4. vecchia 5. colorati, profumati 6. preziosa 7. cattive 8. sporca 9. giovane 10. corti, neri

Lösungen zu den Übungen auf Seite 161 - 162

Übung 1

1. più tranquillo 2. più intelligente 3. più ampia 4. più difficili 5. più alto

Übung 2

1. meno costoso 2. meno rumorosa 3. meno veloce 4. meno grande 5. meno elevato

Übung 3

1. il più importante 2. la più alta 3. il più stimato 4. la più grande 5. i più duri

Übung 4

1. la meno furba 2. i meno belli 3. i meno divertenti 4. le meno robuste 5. il meno prezioso

Übung 5

1. moltissimo 2. pochissimo 3. bellissimo 4. antichissime 5. modernissimi 6. poten-

tissimi, velocissimi 7. finissima 8. grandissimo 9. ricchissimi 10. capacissima

Lösungen zu den Übungen auf Seite 165

Übung 1

1. ultima volta 2. molti amici 3. poca pazienza 4. poche carte 5. prima volta
6. porta rotta 7. vestito troppo costoso

Übung 2

1. classe spaziosa e chiara 2. mele rosse e dolci 3. gioco divertente e istruttivo
4. uomo elegante e gentile 5. capelli corti e neri 6. animale né pericoloso né aggressivo 7. donne simpatiche ed entusiaste

Lösungen zu den Übungen auf Seite 167

Übung 1

1. di 2. di 3. di 4. di 5. di 6. di 7. di 8. che 9. che 10. che 11. che 12. che 13. che
14. che 15. come 16. come 17. come 18. come 19. come 20. come

Lösungen zu den Übungen auf Seite 169

Übung 1

1. Sicuramente 2. bene 3. brevemente 4. tristemente 5. bene 6. velocemente
7. profondamente 8. molto 9. allegramente 10. lentamente

Lösungen zu den Übungen auf Seite 171 - 172

Übung 1

1. più facilmente 2. più velocemente 3. meglio 4. più lentamente 5. più aspramente

Übung 2

1. meno apertamente 2. meno velocemente 3. meno difficilmente 4. peggio
5. meno

Übung 3

1. spessissimo 2. malissimo 3. pochissimo 4. benissimo 5. moltissimo 6. attentis-
simamente 7. tardissimo 8. Stranissimamente 9. ottimamente 10. pessimamente

Lösungen zu den Übungen auf Seite 174

Übung 1

1. piangeva forte 2. Riconosco facilmente 3. morì dignitosamente 4. abbiamo sempre capito 5. Abbiamo forse mangiato 6. troppo difficile 7. è incredibilmente bravo 8. talmente bello 9. un poco piccola 10. abbastanza caldo 11. ... lei solamente 12. ... al mare domani? 13. ... venuti qui direttamente 14. ... i funghi oggi? 15. ... fammelo sapere prima

Lösungen zu den Übungen auf Seite 176

Übung 1

1. tanti 2. grande 3. rosse 4. rettangolari 5. italiana 6. antico 7. giusta 8. neri 9. strane 10. fino 11. subito 12. bene 13. perfettamente 14. sempre 5. sgarbatamente 16. bene 17. certamente 18. eccessivamente 19. talmente 20. praticamente

Lösungen zu den Übungen auf Seite 192 - 194

Übung 1

1. me 2. te 3. lui 4. lei 5. Lei 6. mi 7. ti 8. lo 9. le 10. la 11. Le 12. Le 13. La 14. loro 15. li 16. Loro/Vi 17. Li/Vi 18. la 19. loro 20. li

Übung 2

1. lui 2. lui 3. lui 4. lui 5. lui 6. lei 7. lei 8. lei 9. lei 10. a loro

Übung 3

1. me lo 2. Me le 3. Me li 4. me la 5. te lo 6. te li 7. Te la 8. Te le 9. gliela 10. glielo 11. glieli 12. Gliele 13. ce lo 14. ce la 15. Ce le 16. Ce li 17. ve lo 18. ve li 19. ve la 20. ve le

Lösungen zu den Übungen auf Seite 198

Übung 1

1. mi 2. mi 3. ti 4. ti 5. si 6. si 7. ci 8. ci 9. vi 10. vi

Lösungen zu den Übungen auf Seite 202

Übung 1

1. mio 2. miei 3. mie 4. tua 5. suoi 6. Sue 7. nostro 8. vostra 9. loro 10. Loro/Vostri

Übung 2

1. tuoi 2. suoi. 3. Sua 4. nostro 5. i loro, le loro, i loro 6. i Loro/Vostri 7. il mio

Lösungen zu den Übungen auf Seite 206

Übung 1

1. Questo/Quello 2. queste 3. quella 4. quelle 5. tale 6. questi 7. questa 8. quell'
9. quel 10. quell'

Lösungen zu den Übungen auf Seite 210

Übung 1

1. che 2. che 3. che 4. che 5. chi 6. chi 7. chi 8. Chi 9. cui 10. cui 11. cui 12. cui
13. i quali/cui 14. alle (a + le) quali 15. ai (a + i) quali

Lösungen zu den Übungen auf Seite 214

Übung 1

1. Che 2. Che 3. che 4. chi 5. chi 6. Chi 7. Quali/Che 8. Quale 9. qual 10. Quale

Übung 2

1. A che ora parte il treno per Catania? 2. Che tempo fa in Sicilia in questo periodo? 3. Chi vuole pulire gentilmente la lavagna? 4. Chi ha nascosto il registro di
classe? 5. Da quale città provengono i tuoi genitori? 6. Quale di quelle ragazze è
tua sorella? 7. Quali/Che canzoni canterete per il concerto di fine anno? 8. Con
quale articolo volete iniziare? 9. Quante frasi hai scritto utilizzando i pronomi
interrogativi? 10. Quanti amici hai portato con te?

Lösungen zu den Übungen auf Seite 224 - 227

Übung 1

1. qualcuno 2. qualcuna 3. Qualcuno 4. qualcuno 5 qualcosa 6 qualcosa 7. qualcosa

Übung 2

1. Nessuno 2. nessun' 3. nessuno 5. nessuna 6. nulla/niente 7. niente/
nulla 8. niente/nulla

Übung 3

1. alcune 2. alcuni 3. alcun 4. alcune 5. alcuna 6. qualche 7. qualche

Übung 4

1. ogni 2. ogni 3. ognuno 4. Ognuno 5. ciascun 6. Ciascuno 7. ciascuno/ognuno

Übung 5

1. Chiunque 2. chiunque 3. Chiunque 4. qualunque 5. Qualunque 6. qualsiasi
7. qualsiasi/qualunque

Übung 6

1. una 2. uno 3. le altre 4. gli altri 5. L'altra 6. l'altro 7. un altro

Übung 7

1. tutti 2. tutta 3. tutte 4. Tutto 5. tutta 6. tutto 7. tutta

Übung 8

1. molti 2. molta 3. tanti 4. tanta 5. pochi 6. poche 7. poca

Übung 9

1. troppa 2. troppe 3. troppi 4. parecchie 5. parecchi 6. parecchia 7. parecchio

Lösungen zu den Übungen auf Seite 229

Übung 1

1. ne 2. ne 3. ne 4. ne 5. ne 6. ci 7. ci 8. ci 9. ci 10. ci 11. vi/ci 12. vi/ci 13. vi 14. vi
15. vi

Lösungen zu den Übungen auf Seite 234 - 235

Übung 1

1. a/di 2. al (a + il) 3. accanto a 4. contro 5. dall' (da + l') 6. da 7. davanti a
8. dentro 9. Di 10. dietro 11. Dirimpetto 12. Dopo 13. fino 14. Fra 15. fuori

Übung 2

1. a, a 2. da 3. D' 4. dopo 5. Durante 6. entro 7. fino 8. fra 9. nel (in + il) 10. prima

Übung 3

1. a 2. con 3. contro 4. dalle (da + le) 5. dietro 6. fuori 7. in 8. per 9. per 10. presso
11. a 12. con 13. contro 14. da 15. di

Lösungen zu den Übungen auf Seite 241

Übung 1

1. Non ho comprato il libro di cui mi parlavi. 2. Quando è tornato non ha trovato la sua bicicletta. 3. Non è venuto al cinema con me. 4. Non ho bisogno della macchina. 5. Non ascolti i miei consigli 6. I miei risparmi non sono molti. 7. Laura non

mi ha prestato il suo motorino. 8. Giovanni e Cristina non hanno mangiato bene. 9. Non ho visto questo film. 10. Carlo non si è pentito di ciò che ha fatto. 11. Non avete una proposta migliore? 12. Gli studenti non avevano capito la lezione. 13. Le spiegazioni di quell'insegnante non sono chiare. 14. Claudio e Gianna avevano deciso di non avere figli. 15. Non ho scelto questo libro.

Lösungen zu den Übungen auf Seite 244

Übung 1

1. Ha avuto Luca questa idea fantastica? 2. Non li ha obbligati nessuno a venire qui? 3. Non ti è piaciuto il libro che hai letto? 4. Si è abituata Federica a questa situazione?/Federica si è abituata a questa situazione? 5. Si sono organizzati i ragazzi per poter andare al cinema? 6. Sono partiti Ugo e Ida per la Francia?/Ugo e Ida sono partiti per la Francia? 7. Sono diventate amiche Chiara e Ada?/Chiara e Ada sono diventate amiche? 8. Ha cucinato la signora Rita tutto il giorno? 9. Hai portato il costume da bagno? 10. È rimasto sul banco il libro?/Il libro è rimasto sul banco?

Übung 2

1. Cosa fa Michela? 2. Qual/Chi è il tuo scrittore preferito? 3. Quante uova vuole /vuoi? 4. Quando partirete? 5. Dove si trova Palermo? 6. Cosa vorrebbe Pietro per cena? 7. Cosa comprò il ragazzo?/Quanta farina comprò il ragazzo? 8. A quale piano abitano Anna e Luca? 9. Cosa ha mangiato oggi Elisa? 10. A che ora/Quando arriveranno gli studenti?

INDEX